중국진출 첫걸음

중국상표 톡 톡
talk talk

이종기 · 정일남

세창출판사

이 도서의 국립중앙도서관 출판예정도서목록(CIP)은 서지정보유통지원시스템 홈페이지(http://seoji.nl.
go.kr)와 국가자료종합목록 구축시스템(http://kolis-net.nl.go.kr)에서 이용하실 수 있습니다.
(CIP제어번호: CIP2019043187)

추 천 사

중국과 우리나라는 지리적, 역사적으로나 경제적으로도 밀접한 관계를 이어 오고 있다. 특히 2003년부터 중국은 미국을 제치고 한국의 제1 수출 대상국이 되었고, 한국 역시 중국 입장에서 4대 수출 상대국으로 자리 잡는 등 경제적으로는 매우 밀접하다 하겠다. 최근 들어 중국의 성장둔화, 미ㆍ중 무역분쟁, 중국 자국기업의 경쟁력 강화 등으로 국내외 기업들의 탈(脫)중국화가 심화되고 있지만, 여전히 중국은 우리에게 매력적이며 간과할 수 없는 교역대상국이며 큰 시장이다.

이렇듯 세계 시장에서 중국을 무시하고 제품을 수출할 수 없는 우리의 현실을 고려하면, 중국에서 사업을 하거나 제품을 파는 등 중국에 진출하기 전에 반드시 고려해야 할 것이 있다. 바로 중국에서 상표권을 확보하는 것이다. 상표권 등의 지식재산권은 속지주의 원칙에 따라 나라별로 등록을 받아야 유효하다. 따라서 상표권 등을 비롯한 지식재산권을 중국에서 확보하지 못하면 중국으로의 제품 수출이 막히거나 분쟁에 휘말릴 염려가 있다.

이 책은 저자가 수년간 공부하며 느끼고, 또 중국 현지에서 실무적으로 경험한 내용이 잘 녹아들어 있어서, 법조인뿐만 아니라 기업종사자, 특허사무소 담당자들에게도 재미있고 유익한 책이 될 것으로 생각된다. 특히 사례나 판례 등도 많이 담고 있어서 중국에 진출했거나 진출하고자 하는 우리 기업들이 상표문제에 부딪힐 때마다 필요한 부분만을 수시로 참고할 수 있는 지침서 역할을 할 수 있을 것으로 기대된다.

또한 이 책의 저자들은 중국 유학과 중국 특허청 파견관으로 근무한 경험을 갖고 있고 우리 기업의 애로사항을 누구보다도 잘 알고 있는 우리나라의 대표적인 중국 전문가라 할 수 있다. 저자들이 오랜 기간 준비해 온 만큼 이 책을 통해 독자들이 중국 상표제도의 이해를 넓히고 더 이상 부지(不知)로 인해 피해를 입는 일이 없었으면 한다.

2019년 10월
특허청 차장 천세창

推荐信

各位韩国读者：

大家好！

非常高兴地看到这本关于中国商标制度和实务的书籍能够在韩国出版，并为此向本书作者李宗基先生，丁一男先生表示衷心祝贺。

近年来，中国的商标申请增长迅速，特别是随着外国企业或产品进入中国市场的大幅增加，外国商标申请增长也非常显著。但是，发展迅速的同时也不可避免地带来一些问题，比如恶意抢注他人商标的行为也随之增加。值得欣慰的是，中国已经开始对商标掮客等各种扰乱市场秩序的行为采取了严厉的制裁措施并取得可喜效果。例如，针对不以使用为目的的恶意申请，在修改后的《商标法》中已经加入拒绝其注册的内容。因此，为使包括韩国企业在内的外国企业在中国越来越多的经营活动所面临的障碍越来越少，中国正在做出很多努力。

在这种变化的趋势下，介绍中国商标制度和实务的书籍在韩国出版发行确实显得非常及时和令人鼓舞。李宗基先生长期在韩国特许厅任职，曾经担任商标审查员、复审审查员，是名副其实的韩国商标专家，并且，在中国大型知识产权服务机构－中科专利商标代理有限责任公司也从事商标事务多年，故而，也是一位对中国商标制度有深刻理解的中国商标专家。

这本书形式新颖、内容详实，我认为对已经或准备进入中国市场的韩国企业以及从事中国商标业务的读者一定会有很大的帮助。

感谢李宗基先生，韩国特许厅丁一男先生和本书的出版机构为中韩知识产权的交流所做出的努力。

这种努力一定会获得丰硕的成果，我坚信这一点。

中科专利商标代理有限责任公司

董事长 张立岩

추 천 사

한국 독자 여러분 안녕하십니까?

중국 상표제도와 실무에 관한 책이 한국에서 출판될 수 있다는 것을 매우 기쁘게 생각하며, 이 책의 저자인 이종기 선생, 정일남 선생에게 진심으로 축하의 말씀을 전합니다.

최근 중국의 상표 출원은 급속히 증가하였으며, 특히 외국 기업이나 제품의 중국 시장 진출이 급격히 증가함에 따라, 외국 상표 출원도 현저하게 증가하고 있습니다. 그러나 급속한 발전은 동시에 필연적으로 몇 가지 문제를 야기하게 되는데, 다른 사람의 상표를 악의적으로 선점하는 행위의 증가와 같은 것입니다. 그나마 위안이 되는 것은, 중국이 이미 상표브로커 등 각종 시장질서를 문란하게 하는 행위에 대해 엄격한 제재를 가하고 있고, 가시적인 효과가 나타나기 시작했다는 것입니다. 예를 들어, 최근 개정된 상표법에는 사용을 목적으로 하지 않는 악의적 출원은 그 등록을 거절한다는 내용이 있습니다. 따라서 한국 기업을 포함한 외국 기업이 중국에서의 사업경영 시 직면하는 장애요인들이 점점 줄어들고 있으며, 중국은 이를 위해 더 많은 노력을 기울이고 있습니다.

이러한 변화의 추세하에서, 중국의 상표 실무에 관한 책이 한국에서 출판되는 것은 매우 시의적절하고 고무적이라 할 것입니다. 이종기 선생은 한국 특허청에서 오랫동안 근무했으며, 상표 심사관, 심판관을 역임한 한국의 상표 전문가이며, 또한 중국의 대형 특허법인인 중과특허상표대리유한책임공사에서도 다년간 상표 업무를 해 왔기 때문에, 중국 상표제도에 대해서도 깊은 이해가 있는 중국 상표 전문가이기도 합니다.

이 책은 그 형식이 참신하고, 내용도 상세하여 중국 시장에 진출을 계획하고 있는 한국 기업과 중국 상표 업무에 종사하는 독자들에게 큰 도움이 될 것이라고 생각합니다.

이종기 선생, 한국 특허청의 정일남 선생 그리고 세창출판사가 중·한 지식재산권 교류를 위해 보여 주신 노력에 감사를 드립니다.

이러한 노력은 반드시 커다란 결실을 맺을 것이라는 것을 저는 굳게 믿습니다.

중과특허상표대리유한책임공사
이사장 장립암

머 리 말

중국의 상표출원은 최근 몇 년간 매년 평균 40% 내외의 가파른 증가세를 나타내고 있으며, 2018년에는 700만 건을 돌파하였다. 세계 4위 출원대국인 우리나라의 20만여 건과 비교했을 때 양적으로 엄청난 차이를 보이고 있다. 이러한 상표 출원건수의 급증뿐만 아니라 중국에서의 상표권 보호 환경도 날로 좋아지고 있다.

하지만 아직도 중국이 '여전히 짝퉁이 판을 치는데 상표등록을 해 봤자 소용 있을까', '중국 기업과 상표권 침해 소송을 하면 과연 공정하게 재판받을 수 있을까'라고 생각하는 우리 기업들이 많이 있다. 이러한 인식이 전혀 틀린 것은 아니지만 필자가 현지에서 느끼는 중국의 상표권 보호 환경은 분명 빠르게 변하고 있다.

2019년 11월 1일부터 시행되는 제4차 상표법에서는 사용을 목적으로 하지 않는 악의적 상표출원은 거절하고, 징벌적 손해배상을 5배까지 확대하는 내용 등을 골자로 하고 있다. 그동안 중국 상표브로커들에 의해 많은 피해를 입었던 우리 기업에게는 희소식이 아닐 수 없다. 이 외에도 지식재산권 소송의 2심을 최고인민법원으로 일원화하여 재판의 공정성을 대폭 확대하였고, 시장 질서를 어지럽히는 행위에 대해서는 강력한 제재를 가하고 있다.

이처럼 중국의 상표권보호 환경이 호전되고 있다 할지라도 중국진출 우리 기업이 가장 먼저 해야 될 일이 바로 상표 출원이다. 중국에서의 상표출원이 중국진출에 있어 첫걸음이자 필수적인 과정이라고 할 수 있다. 또한 상표출원 후에도 등록된 권리를 어떻게 보호하고, 침해당했을 경우에는 어떻게 대응해야 하는가에 대한 보호 전략도 수립해야 한다.

필자들은 오랫동안 중국 관련 업무와 실무를 하면서, 중국 상표제도와 실무에 대한 이해부족으로 어려움을 겪고 피해를 당하는 우리 기업들을 많이 보아 왔고, 이러한 우리 기업에게 보다 실질적인 도움을 주었으면 하는 마음에서 이 책을 집필하게 되었다. 이 책은 중국에 진출하고자 하는 우리 기업이 중국 상표출원부터 보호, 활용 및 침해대응에 이르기까지 기본적으로 알아야 하고 또 실무적으로 유의해야 할 사항들을 알기 쉽게 정리해 놓았다. 이론위주가 아니라, 실무에 필요한 내용들을 문답식으로 구성하여, 중국에 관심 있는 분이거나 우리 기업, 지식재산분야에 종사하시는 분들 모두가 쉽게 읽을 수 있도록 하였다.

우리와 중국의 제도 및 실무상의 차이점에 대한 설명과 아울러, 상표검색방법, 중국어 브랜드네이밍 방법, 인터넷 쇼핑몰이나 전시회에서의 상표권 보호 방안 등 우리 기업들이 현장에서 실제 자주 부딪히는 문제들에 대해서도 충분히 다루었다. 또한 실무적인 이해를 돕고자 다양한 사례와 판례들도 수록하였다.

탈고를 하고 나니 여기저기 부족한 점들이 보인다. 하지만 빨리 독자들에게 선을 보이는 게 낫다는 판단하에 부족하나마 우선 출판하기로 하였다. 부족한 부분은 추후에 보완하여 좀 더 나은 모습으로 재탄생할 수 있도록 할 계획이다.

아무쪼록 이 책이 중국에 진출했거나 진출하고자 하는 우리 기업에게 소중한 지침서 역할을 했으면 하는 바람이다.

이 책이 나오기까지 중국 상표의 실무적인 조언을 아끼지 않은 한지연 중국 상표대리인에게 이 자리를 빌려 감사의 말을 전하고 싶다. 또한 세심하게 원고 교정을 봐 주신 세창출판사 임길남 상무님께도 감사의 말을 전한다.

2019년 10월 북경과 대전에서
이종기, 정일남

일러두기

이 책은 중국 상표실무에 관한 내용을 질문과 답변형식으로 구성하였고, 가장 최근에 개정된(2019년 11월 1일 시행) 제4차 중국상표법을 반영하였다. 또한 23년 만에 개정되어 2018년 1월 1일부터 시행되고 있는 중국의 반부정당경쟁법(제1차 개정법)도 우리 기업과 밀접한 관련이 있어 핵심적인 내용만을 추려 제11장에 10개의 문답형식으로 이를 정리하였다(제1차 개정법에 대해 2019년 4월 수정된 영업비밀 관련 내용도 반영).

이 책에 사용되는 용어는 중국어 용어를 그대로 사용하기보다 가급적 우리식 용어로 바꾸어 사용하였고, 그 의미가 분명치 않거나 우리식 용어가 아닌 경우에는 중국어를 병기하였다.

2018년 중국국무원 조직 개편으로 공상행정관리총국이 시장감독관리총국으로 명칭이 바뀌었으나, 아직 상표법에는 공상행정관리총국 명칭을 그대로 사용하고 있어, 이 책에서도 상표법 조문에서의 명칭은 공상행정관리총국으로 표기하였고, 법규정 이외의 내용에서는 시장감독관리총국, 지방시장감독국 등으로 명칭을 정리하였다.

식별력 판단이나, 유사여부 판단 등에 관해서는 중국상표심사기준에 나와 있는 사례 중에서 발췌하였고 거기에 해설을 곁들였다. 판례로 배우는 중국상표실무의 경우 주로 지식재산보호 종합포털 IP-NAVI의 지식재산권 판례 중에서 주요한 내용을 발췌·정리하였다. 부록에는 각종 서식을 첨부하여 실제 중국상표 실무에서 사용되고 있는 양식이 어떤 형태로 되어 있는지를 알 수 있도록 하였다.

이 책은 각종 중국 서적, 논문, 지식재산권 관련 신문, 인터넷 사이트 등 다양한 자료들을 참조하였고, 중국 현지 특허법인에서 실무를 하면서 경험했던 내용들을 최대한 반영하였다.

차 례

제1장 중국 상표제도 개관

[사용 및 등록불가 상표(상표법 제10조~제11조)**]**

제2장 중국 상표 출원단계

[브랜드네이밍]

[지정상품 및 지정서비스업 지정]

제3장 상표심사, 이의신청 및 불사용신청

제4장 심 판

제5장 저명상표 보호

제6장 상표 무단선점에 대한 대응방안

[무단선점 대응 일반]

[대리인 또는 대표자의 무단 선점(상표법 제15조 제1항)]

제8장 상표권 보호

제9장 상표권 침해행위에 대한 행정적 보호방안

제10장 상표권의 사법적 보호방안

제11장 10문 10답을 통해 알아보는 중국 반부정당경쟁법

[부 록]

중국 상표제도 개관

[상표업무담당기관]

Q1.
중국에서 상표등록과 보호업무를 담당하는 기관은 어느 곳인가?

　중국에서 상표등록업무를 담당하는 기관은 국가지식산권국 상표국, 상표심사협력센터, 상표평심위원회 등이 있다.

　각 기관별 업무를 구체적으로 살펴보면, 국가지식산권국 상표국은 상표등록, 상표이의결정 및 등록, 상표의 변경·양도·갱신 등의 업무, 저명상표 인정 및 보호, 상표대리기구 관리감독, 상표관련 입법 및 규정 제정 등의 업무를 담당하고 있다. 상표국 산하에 전국 6곳(북경, 광저우, 상해, 총칭, 정주, 지남)에 설치된 상표심사협력센터에서도 심사업무를 담당하고 있는데, 상표심사에 관한 업무 중에서 국가지식산권국 상표국은 마드리드 상표심사와 이의신청 심사를, 상표심사협력센터에서는 방식심사, 일반상표에 대한 심사, 불사용취소신청에 대한 심사를 담당하고 있다. 다만, 상표와 관련한 모든 통지서는 국가지식산권국 상표국의 이름으로 작성되고 발송된다.[1]

상표평심위원회는 상표국의 거절결정에 대한 불복심판, 이의신청 결정에 대한 불복심판, 불사용취소결정에 대한 불복심판, 무효심판 사건 등을 처리하고 있다.

상표권 보호와 관련한 업무를 담당하는 기관으로는 지방시장감독관리국, 세관, 공안국 및 인민검찰원, 인민법원이 있다.

지방시장감독관리국 상표관리부서에서는 등록상표와 미등록상표의 사용행위에 대해 관리·감독하고 직권 또는 신고에 의거하여 상표 권리침해 행위를 단속한다. 주요 담당 사건으로는 ① 상표 권리침해 및 상표 사칭 사건, ② 상표 불법 사용 사건, ③ 상표 표장 불법 인쇄제작 또는 매매 사건, ④ 상표 사용허가 위반 사건, ⑤ 기타 상표 관련 법률, 법규 및 규정을 위반한 사건 등이다.

세관은 상표권자의 신청에 의해 상표권의 세관등록을 진행하며, 수출입 시 권리침해가 의심되는 화물을 압수하고, 직권에 의해 수출입 권리침해 화물을 단속하여 권리침해 화물에 대한 몰수, 벌금 등의 행정처벌을 부과한다.

공안국은 상표권 관련 범죄 혐의 사건에 대한 입안(立案), 수사 업무를 담당하며, 인민검찰원은 상표권 침해 형사사건에 대한 심사 및 체포, 기소 등의 업무를 담당한다.

---

1 현재 통지서 발송 우편봉투와 등록증은 전부 국가지식산권국의 명의로 되어 있으나, 수리통지서 등은 여전히 상표국 명의로 송부되고 있다. 국무원 조직개편(상표국이 국가지식산권국으로 편입) 후의 과도적인 시기로 인해 이런 상황이 발생하고 있으나 조직개편이 완전 마무리되면 이런 상황은 정리될 것으로 보인다.

인민법원은 상표와 관련된 행정, 민사, 형사사건의 소송업무를 담당한다. 구체적으로는 시장감독관리기관에서 내린 상표 관련 구체적 행정행위에 불복하는 사건, 상표권 권리귀속 분쟁, 침해 분쟁 등이다. 상표평심위원회에서 내린 심판 결정 또는 판결에 불복하는 행정소송은 북경시 지식재산법원이 관할한다.

≡ 참 고   국무원 조직개편

중국은 2018년 3월 국무원에 대한 대대적인 조직개편을 단행하였는데 지식재산관련 조직에도 큰 변화가 있었다. 조직개편 전까지는 특허와 상표업무를 관장하는 기관이 서로 달랐다. 즉, 전리(특허, 실용신안, 디자인)[2]에 관한 등록 및 관리 업무는 중국 국가지식산권국에서 담당하였고, 상표의 등록 및 관리 업무는 국가공상행정관리총국 상표국에서 담당하였다.

그러나 국무원 조직개편 후에는 상표국(상표평심위원회 포함)이 중국 국가지식산권국에 편입되면서 지금은 우리나라와 같이 특허, 실용신안, 디자인, 상표 업무를 동일한 기관(국가지식산권국)에서 담당하게 되었다. 또한 조직개편 전까지는 국가지식산권국이 국무원 직속기관이었으나, 조직개편 후에는 국가공상행정관리총국이 확대 개편된 시장감독관리총국(공상행정관리총국＋식품의약품감독총국＋국가질량감독검사검역총국)의 소속기관으로 그 소속이 바뀌었다.

---

2 중국은 발명, 실용신안, 디자인을 합쳐 전리(专利)라고 칭한다. 법률에 있어서도 우리나라는 특허법, 실용신안법, 디자인보호법이 별개로 제정되어 있으나 중국은 전리법으로 통일되어 있다. 즉, 중국 전리법에 발명, 실용신안, 디자인이 모두 포함되어 있다.

[상표변리사 선정]

Q2.

중국에는 상표변리사가 별도로 있는가?

우리나라는 변리사가 특허, 실용신안, 디자인, 상표 등 모든 산업재산권의 대리업무를 담당하고 있으나, 중국에서는 변리사라고 하면 일반적으로 특허변리사("专利代理师[3]"라고 함)를 지칭하며 특허, 실용신안, 디자인 등 전리를 대리하고 있다. 즉, 중국에서는 상표변리사(商标代理人)라는 정식명칭이 없고, 특허변리사처럼 자격증을 요구하는 것이 아니라 누구든지 대리사무소의 명의로 상표업무를 진행할 수 있다. 따라서 특허변리사가 상표업무를 대리할 수 없는 것은 아니다. 특허변리사일지라도 상표대리사무소에 속해 있다면, 그리고 상표업무에 익숙하다면 얼마든지 상표업무를 대리할 수 있다. 다만, 현실적으로 특허와 상표는 심사나 기술적인 면에서 차이점이 많아 이 두 가지 업무에 모두 정통한 대리인은 매우 적다고 할 수 있다.

중국도 원래 상표대리인제도를 실시하여 왔으나, 2003년에 상표대리인 자격시험을 폐지하여 지방공상행정관리국(현재의 지방시장감독관리국)에 사무소 설립 등록만 하면 누구나 상표대리업무를 수행할 수 있게 하였다. 이로 인해 2003년 147개에 불과했던 상표대리기구가 2013년에는 1만2천여 개로 폭발적으로 늘어나면서,

---

3 변리사를 전리대리인(专利代理人)이라고 해 왔으나 2019년 3월 1일부터 전리대리사(专利代理师)로 호칭을 변경하였다.

상표대리인의 자질문제와 아울러 상표대리시장의 질서를 어지럽히는 문제가 지속적으로 제기되어, 2013년 상표법 개정 시에는 상표대리기구의 신의성실원칙 준수 등 상표대리기구와 관련된 조항들이 대폭 반영되었다.

참고   중국 특허변리사 주요 통계현황

- 특허사무소 총 2,842 곳(2019. 9. 10. 기준): 북경 664개, 광동성 446개, 강소성 221개, 상해 188개, 절강성 159개 등
- 등록변리사 20,287명(2019. 6. 30. 기준): 북경 8,335명, 광동성 2,369명, 강소성 1,368명, 상해시 1,327명, 절강성 882명 등
- 2018년 변리사 자격시험 합격자 수: 5,232명(응시자 39,342명)
  *변리사 시험 합격자 수 누계 42,581명(2018년 12월 기준)
  *변리사 시험 참가인원 매년 약 3만~5만 명
- 소송대리인 1,435명(2019. 9. 10 기준): 변리사회 추천, 최고인민법원 선정
  - 변호사 없이 단독으로 행정 및 침해소송대리 가능

Q3.

中國商標

중국에 상표대리를 위탁할 때 일반 특허사무소에 맡기면 되는 것인가? 아니면 상표대리를 전문으로 하는 상표대리기구에 맡겨야 하는가?

중국에서 상표대리는 상표대리기구를 설립만 하면 누구나 할 수 있기 때문에 상표대리기구 선정 시에 주의를 요한다. 자칫 제대로 된 전문지식과 경험을 갖추지 못한 상표대리기구에 맡겼다가는 낭패를 보기 쉽다. 상표대리기구는 시장감독관리국에 법인설립 등기

만 되어 있으면 되고 상표국에는 등재하지 않더라도 영업활동을 할 수 있다. 따라서 상표국에 등재되지 않은 상표대리기구의 경우 전문성이나 신뢰성을 담보할 수 없으므로 조심해야 한다.

상표국에 등재된 상표대리기구는 과도한 비용을 청구하거나 업무태만 등의 이유로 상표국에 고발되면, 상표대리기구 자격이 취소되거나 업무정지처분이 내려지는 등 상표국의 감독하에 놓여 있으므로, 비교적 안전하다 할 수 있다.

중국에는 규모도 크고 자체 개발한 검색시스템을 갖춘 전문적인 상표대리기구도 많이 있으나, 간혹 상표국 심사관을 통하여 상표가 무조건 등록되게 해 주겠다고 하거나 다른 사무소보다 훨씬 낮은 비용을 제시하는 상표대리기구의 경우 의심해 보아야 한다. 따라서 전문적인 상표대리기구에 맡길 때에는 최소한 상표국 홈페이지에서 상표국에 등재되었는지 여부를 확인하는 것이 좋다. 2019년 9월 말 기준으로 중국에는 44,446개의 상표대리기구가 상표국에 등록되어 있다.[4]

일반적으로, 상표국에 등재되어 있는 일반 특허법인이나 법무법인이 상표업무도 함께 진행하는 경우가 대부분이므로, 이러한 사무소에 대리를 의뢰하거나, 우리나라의 대한무역투자진흥공사(KOTRA)를 통해 사무소를 소개받아 상표출원을 진행하는 것이 보다 안전하다고 할 수 있다.

---

4 상표국 홈페이지 참조 http://wssq.saic.gov.cn:9080/tmsve/agentInfo_get AgentDljg.xhtml

참고   중국내 상표대리기구 선택 경로 및 장단점

　한국출원인이 중국내 상표대리기구를 선택할 때 일반적으로 다음과
같은 경로를 통한다.

(1) 중국 상표대행사무소와 협업하고 있는 한국 내 특허사무소에 의뢰하
　　는 것으로, 출원인이 업무에 대해 크게 신경 쓸 필요가 없는 반면, 업
　　무가 두 사무소를 통하여 진행되게 되므로 수수료가 두 배 이상으로
　　소요될 수 있다.

(2) 직접 중국 상표대행사무소와 연락하여 업무를 진행하는 것으로, 수
　　임료를 절감할 수 있는 장점은 있으나, 중국 내에 한국어가 가능한
　　상표대행사무소가 많지 않고, 검증되지 않은 상표대행사무소를 선택
　　하게 될 가능성도 있다.

(3) 대한무역투자진흥공사(KOTRA)를 통하여 중국 상표대행사무소를
　　지정하는 것으로, 상표출원에 있어서 일정한 비용지원을 받을 수 있
　　고, 한국어가 가능한 대행사무소를 추천받아 지정할 수 있으나, 비용
　　지원은 출원에만 한하며, 출원 이후에 진행되는 절차에 소요되는 비
　　용은 지원하지 않는다.

 한 걸음 더 들어가 보기

● 상표대리기구 등록여부 알아보기 ●

1. 상표국 사이트 접속 http://sbj.saic.gov.cn

国家工商行政管理总局商标局 中国商标网
Trademark Office of The State Administration For Industry & Commerce of the People's Republic of China

2. 아래 "商标代理" 클릭

首页	司局介绍	工作动态	政策法规	通知公告	商标监管执法	商标统计
	地理标志	国际交流	商标查询	专题报道	公众留言	商标代理

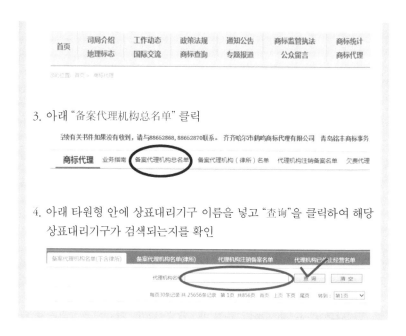

3. 아래 "备案代理机构总名单" 클릭

4. 아래 타원형 안에 상표대리기구 이름을 넣고 "查询"을 클릭하여 해당 상표대리기구가 검색되는지를 확인

[상표법 개정 및 우리 제도와의 비교]

中國商標

Q4.

중국 상표법은 언제 제·개정되었으며 2013년에 개정된 상표법의 주요 내용은 무엇인가?

중국은 1983년에 처음 상표법을 제정하였고 그 후 총 3차례 (1993년에 제1차, 2001년에 제2차, 2013년에 제3차)에 걸쳐 개정이 이루어졌으며, 2019년에는 제4차 상표법 개정(2019년 11월 1일 시행)이 이루어졌다.[5] 특히 제3차 개정에서는 글로벌 수준에 부합하는

5 제4차 상표법 개정은 2019.4.3. 국무원을 통과 후 20일 만에 개정이 결정되

대폭적인 수정과 새로운 조항들이 다수 신설되었다.

2013년 개정법에서 개정된 주요 내용은 아래와 같다.

(1) 신의성실 원칙 도입(제7조)

민법의 기본원칙이었던 신의성실원칙을 상표법에 도입하였다. 이는 신의성실원칙에 반하는 상표의 무단선점, 상표권 남용, 상표 대리기구의 폐해 등의 문제가 심각해져 시장의 공정경쟁을 확보하기 위해 상표법에 반영한 것이다.

(2) 상표대상 확대(제8조)

상표로 등록될 수 있는 대상을 시각적 표장 이외에 소리도 상표로 등록할 수 있도록 하였다.[6]

(3) 상표무단선점에 대한 보호강화(제15조)

타인이 이미 사용하고 있는 상표를 그 타인과 거래관계 등이 있는 자가 그 타인의 상표를 무단으로 출원한 경우 그 등록을 불허하는 규정을 신설하였다.

거래관계뿐만 아니라 기타 관계의 경우에도 이 조항이 적용되는데 최근 이 "기타 관계"를 폭넓게 인정하고 있어[7] 우리 기업이 관련

었다. 사용을 목적으로 하지 않는 악의적 출원행위를 근절하고 징벌적 손해 배상을 5배까지 확대하는 것이 주요 골자이다.

6 중국 상표국은 소리상표제도를 도입한 이후, 중국국제방송국(CRI)의 소리를 상표로 인정하여 등록하였으며(2016.7.7.), CRI의 소리상표는 1998년 7월 1일부터 사용되었고 총 40초 분량이다.

7 최고인민법원의『상표권부여 및 확인 행정사건의 몇 가지 문제에 대한 규정(最高人民法院关于审理商标授权确权行政案件若干问题的规定)(2017.3.10. 시행)』제16조에서는 '기타 관계'에 대한 해석에서 다음 사항들

증거자료만 잘 준비한다면 꽤 유용하게 활용할 수 있다.

(4) 상표대리인의 책임 강화(제19조, 제20조, 제68조)

상표대리기구는 신의성실원칙을 준수해야 하고, 피대리인이 위탁하는 대로 업무를 진행하여야 하며, 영업비밀을 지켜야 한다. 일정한 상황에서는 수임을 거절할 의무가 있다. 2013년 개정법에서는 빈번히 일어나는 상표대리 위법행위를 열거하고 있으며, 상표대리기구에 대한 행정, 민사, 형사책임을 규정하고 있다.

(5) 1상표 다류출원제도 도입 및 전자출원 허용(제22조)

상표출원인이 한 번의 출원을 통해 여러 종류의 유(類)구분에 대해 출원(1상표 다류출원)할 수 있도록 제도를 도입하였으며, 서면방식 외에 전자출원도 가능하도록 하였다.

(6) 심사의견서 제출(제29조)

심사과정에서 상표국이 상표출원에 대한 설명 또는 수정이 필요할 경우 출원인에게 이를 요구할 수 있도록 하였다.

다만, 상표가 외국의 국가명칭과 동일·유사하여 상표로 사용될 수 없으나 그 국가정부의 동의를 받았는지를 출원인으로 하여금 설명을 하도록 하는 등의 극히 제한적인 경우에만 심사의견서를 발송하며, 그것도 1회에 한하고, 출원인은 심사의견서를 받은 날로부터 15일 이내에 제출하여야 한다.

이 해당된다고 규정하고 있다: (1) 친족관계, 노사관계, 근거리 영업장소, (2) 대리, 대표 관계의 형성에 대해 협상하였지만 무산된 경우, (3) 계약, 업무거래 관계의 형성에 대해 협상하였지만 무산된 경우.

(7) 이의신청 주체 및 이유 구분(제33조)

종전에는 누구나 이의신청을 할 수 있도록 되어 있어 이의신청 제도가 타인의 상표등록을 지연시키는 부정경쟁행위의 방편으로 사용되었다. 현행법에서는 이러한 폐단을 해결하고자 절대적 거절 사유(등록할 수 없는 표장 등)에 대해서는 누구나 이의신청을 할 수 있으나, 상대적 거절이유(저명상표 모방출원, 악의적 선출원 등)에 대해서는 선권리자 또는 이해관계인만 이의신청을 할 수 있도록 제한을 하였다.

(8) 3년 불사용 취소 청구 주체(제49조)

기존에는 상표국이 취소를 청구하도록 되어 있었으나 현재는 '누구든지' 3년 동안 사용하지 않은 상표에 대해 그 취소를 신청할 수 있도록 하였다.

특히 상표브로커는 대부분 상표사용이 목적이 아니라 상표매매 목적으로 등록하는 경우가 많다. 따라서 우리 기업은 상표를 무단 선점당했을 경우 그 상표권자가 등록상표를 사용하고 있는지 여부를 확인하여 3년 동안 계속해서 불사용하고 있다면 불사용취소를 청구하여 그 상표를 취소시킬 수 있다.

(9) 선사용 항변권 인정(제59조)

상표출원 이전에 타인이 이미 사용하고 있고 일정한 영향력을 갖고 있는 경우, 그 타인은 원래 사용하던 범위 내에서 그 상표를 계속 사용할 수 있게 하였다.

따라서 우리기업이 중국에서 상표등록을 하지 않은 채 사용하고 있다고 하더라도 그 상표가 사용으로 인해 어느 정도 알려져 있고 일정한 영향력을 갖추었다면, 중국 상표브로커가 악의적으로 그 상표를 무단으로 선등록하였더라도 그 상표 사용자에게 침해주장을 하지 못한다.

(10) 법정손해배상금 인상 및 징벌적 손해배상제도 도입(제63조)

상표권 침해행위로 인한 이익 등을 확정하기 곤란한 경우 300만 위안(기존 50만 위안) 이하의 배상을 판결할 수 있도록 하였고, 악의로 상표권을 침해한 경우 계산된 배상액의 1배 이상 3배 이하까지 배상하도록 하였다.

(11) 심사, 심판 및 이의신청 등에 대한 법정기간 규정

출원신청을 한 상표에 대해 9개월 내의 심사를 하도록 하였고, 이의신청 및 무효심판(상대적 사유)의 경우 12개월 이내, 거절결정 불복심판 및 무효심판(절대적 사유)의 경우에는 9개월 이내 등 심사·심판 처리기한을 법에 규정하여 처리기한에 대한 예측가능성을 높여 주었다.

그러나 강제조항은 아니어서 이 기한을 넘겨도 제재할 수 있는 규정이 없긴 하나 이 기한을 더욱 단축하기 위해 중국정부가 많은 정책 역점을 두고 있다.[8]

---

[8] 중국 상표국(商标局)은 상표 심사주기를 2018년 말까지 8개월(2017년 말까지 목표가 8개월이었음)에서 6개월로 단축하고 상표출원접수 통지서 발급 기간을 2개월에서 1개월 이내로 단축하겠다고 발표하였다(2017.11.17.) 〈상표등록 간소화를 통한 상표등록 효율 향상에 관한 의견(关于深化商标注册便利化改革切实提高商标注册效率的意见)〉.

현행 상표법상 심사처리기한

법조항	절차	처리기한	연장	심사기관
제28조	출원심사	9개월	-	상표국
제34조	거절결정불복심판	9개월	3개월	상표평심위원회
제44조	무효선고(절대적 사유)	9개월	3개월	상표평심위원회
제49조	3년 불사용 취소	9개월	3개월	상표국
제54조	3년 불사용 취소	9개월	3개월	상표평심위원회
제35조	이의신청	12개월	6개월	상표국
제35조	이의신청에 대한 불복심판	12개월	6개월	상표평심위원회
제45조	무효선고(상대적 사유)	12개월	6개월	상표평심위원회

Q5.

中國商標

최근 개정되어 시행(2019. 11. 1) 중인 제4차 상표법 개정의 주요 내용은 무엇인가?

제4차 상표법 개정의 주요 내용은 다음과 같다

(1) 사용을 목적으로 하지 않는 악의적 상표출원은 거절한다(제4조 후단 추가).
(2) 상표대리기구가 사용목적 아닌 악의적 상표출원 사실을 알았거나 알 수 있었을 경우 이를 수임할 수 없다(제19조 개정).
(3) 이의신청의 사유에 사용목적 아닌 악의적 상표출원 위반 및 상표대리기구가 자신의 대리서비스업에 대한 상표출원(예, 45류 법률서비스업) 이외의 기타 류에 대한 상표출원금지 위

반을 추가하였다(제33조 개정).

(4) 상표 무효 선고의 사유에 사용목적 아닌 악의적 상표출원 위반 및 상표대리기구가 자신의 대리서비스업에 대한 상표출원(예, 45류 법률서비스업) 이외의 기타 류에 대한 상표출원금지 위반을 추가하였다(제44조 개정).

(5) 징벌적 손해배상을 기존 3배에서 5배까지로 확대하고(제63조 제1항 개정), 법정 손해배상금을 기존 3백만 위안 이하에서 5백만 위안 이하로 확대하였다(제63조 제3항 개정).

(6) 상표분쟁 심리 시, 인민법원은 가짜 등록상표를 사용한 상품에 대해서는 인민법원이 파기를 명하고, 이러한 상품제조에 사용된 재료, 공구 등에 대해서도 파기를 명하며 보상하지 않는다. 특수한 상황하에서는 이러한 재료, 공구 등의 상업적 유통을 금지하고, 그에 따른 손실은 보상하지 않는다. 또한 가짜 등록상표를 부착한 상품의 경우 가짜 상표만 떼어낸다고 하더라도 상업적으로 유통할 수 없다(제63조 제4항 및 제5항 신설).

(7) 상표대리기구가 사용목적 아닌 악의적 상표출원을 대리한 경우 벌금부과 및 형사책임을 묻는다(제68조 제1항 제3호 개정).

(8) 악의적으로 상표를 출원한 경우, 상황에 따라 경고, 벌금 등의 행정처벌을 가하고, 악의적으로 소송을 제기한 경우, 인민법원은 법에 따라 처벌한다(제68조 제4항 신설).

제4차 상표법 개정은 상표등록절차의 개선, 등록주기의 단축, 출원료 감소 등에 따라 중국의 상표출원이 급증(2016년 369만 건 → 2017년 556만 건 → 2018년 737만 건)하면서, 유명 브랜드 편승을 목적으로 하는 '악의적 출원' 행위 또한 빈번하게 발생하였다. 게다가 실제 사용을 목적으로 하지 않고 등록상표의 양도를 통해 이익을 도모하려는 '사재기 등록' 행위가 대거 출현함으로써, 이러한 비정상적 상표등록출원 행위가 시장경제질서와 상표관리질서를 심하게 교란하는 등의 사회적 문제가 됨에 따라 이러한 행위를 근절하기 위해 개정한 것으로 보여진다.

최근 중국 상표브로커로 인해 우리 기업들의 피해가 늘어나고 있는 상황이었으나, 이번 상표법 개정으로 향후 상표브로커 등 사용을 목적으로 하지 않는 상표에 대해서는 심사, 심판, 소송 단계에서 더욱 엄하고 철저하게 심리할 것으로 보여져, 상표브로커로 인한 우리 기업의 피해를 줄일 수 있을 것으로 예상된다. 이처럼 상표브로커에 대응할 수 있는 우호적인 환경이 조성되었으므로 우리 기업의 보다 적극적인 대응이 필요하다 할 것이다.

Q6.

中國商標

중국 상표제도와 우리 상표제도와의 주요 차이점은 무엇인가?

우리나라와 중국의 상표제도상의 주요 차이점을 살펴보면 다음과 같다.

(1) 의견제출기회 미제공

우리나라의 경우 심사관이 해당 상표에 거절이유를 발견할 경우 반드시 출원인에게 의견제출통지서를 발급하고 출원인에게 의견제출 또는 보정의 기회를 제공하나, 중국은 원칙적으로 심사의견

제출서를 발송하지 않으며, 극히 제한적인 경우에만 그것도 1회에 한해서 의견제출통지서(심사의견서)를 발송한다.

(2) 동일자 출원의 처리

동일자에 2명 이상이 상표출원 하였을 경우, 중국은 선사용 입증자에게 우선권을 주고 선사용자 입증이 없으면 협의하며, 협의 불성립 시 추첨을 한다. 우리나라는 선사용자에게 우선권을 주지 않고, 협의에 의하거나, 협의가 성립되지 않으면 추첨에 의해 하나의 출원인만 상표등록을 받을 수 있도록 하고 있다.

(3) 일부거절결정

우리나라는 상표출원 시 일부 지정상품 또는 서비스업에 거절이유가 있는 경우 해당 거절이유를 극복하지 못하면 전체 지정상품 또는 서비스업에 대하여 거절결정이 내려진다. 그러나 중국은 거절이유가 있는 일부 지정상품 또는 서비스업에 대해서는 부분거절결정을 하고, 출원인에게 〈상표출원 부분거절통지서〉를 발송한다. 그러나 거절이유가 없는 일부 지정상품에 대해서는 출원공고하게 된다.

(4) 우선심사제도

우리나라는 상표출원 후 출원인이 아닌 자가 상표출원된 상표와 동일·유사한 상표를 동일·유사한 지정상품에 정당한 사유 없이 업으로서 사용하고 있다고 인정되거나, 대통령령이 정하는 상표출원으로서 긴급한 처리가 필요하다고 인정되는 경우, 우선심사를 신청할 수 있으나, 중국은 이러한 우선심사 신청제도가 없다.

(5) 공존동의서제도

중국에는 선출원 상표권자가 후출원 상표가 자신의 상표와 유사한 경우에도 이의신청이나 무효심판 등에서 자신의 상표와 후출원 상표가 공존하는 것에 동의하는[9] 문서를 상표국이나 상표평심위원회 등에 제출하여 후출원상표의 등록을 허락해 줄 것을 요청하는 제도가 있으나, 우리나라는 이러한 공존동의서 제도를 채택하고 있지 않다.

(6) 이중적 보호

우리나라와 달리 중국은 상표권 침해를 받은 경우, 행정보호와 사법보호의 '이중적(双軌) 보호'를 받을 수 있다. 등록상표권의 침해행위가 있을 때 직접 법원의 소송절차를 거쳐 기소하거나, 시장감독관리기관에 청구하여 침해자에 대해 행정제재를 할 수 있으며, 동시에 이 두 가지 보호를 함께 받을 수도 있다.

(7) 정보제공제도

우리나라는 누구든지 상표출원의 등록여부 결정 전까지 상표법 제54조 각 호의 어느 하나에 해당되어 상표등록될 수 없다는 취지의 정보를 특허청에 제공할 수 있으나, 중국은 이러한 정보제공제도가 없다.

---

9 이러한 공존동의서는 실무적으로 공증사무소의 공증과 대사관의 인증(외국출원인의 경우)을 받아야만 받아들여지고, 공증되지 않은 동의서는 받아들이지 않는 경우가 많다.

(8) 분할출원

우리나라에서 분할출원은 둘 이상의 상품을 지정상품으로 하여 상표출원한 경우, 그 출원을 둘 이상의 상표출원으로 분할할 수 있도록 하고 있다. 그러나, 중국은 상표국으로부터 상표출원부분거절통지서를 받았을 경우에만 분할출원할 수 있도록 하고 있다.

(9) 상표권 양도 시 유사상표 일괄 양도

우리나라 상표법은 상표 양도 시에 유사한 상표를 일괄해서 양도해야 한다는 규정이 없으나, 중국의 경우에는 상표권자는 동일 상품에 등록된 유사한 상표나, 유사 상품에서 등록한 동일하거나 유사한 상표를 전부 양도해야 한다. 양도신청 시 심사관은 유사상표를 함께 양도하라는 통지를 하게 되며, 유사상표를 함께 양도한다는 의사를 표시하지 않으면 양도신청은 포기한 것으로 간주한다.

(10) 저명상표에 대한 보호

우리나라 상표법은 주지상표와 저명상표가 나뉘어 규정되어 있고[10] 이에 해당될 경우 그 등록이 거절되나, 별도의 '저명상표 보호제도'라는 것은 없다. 그러나 중국은 관련 공중에게 널리 알려진 상표의 소유자가 자신의 권리가 침해받았을 경우, 자신의 상표에

---

10 주지상표와 저명상표는 강학상 사용되는 용어로 우리나라 상표법 제34조 제1항 제9호에서 규정하고 있는 "타인의 상품을 표시하는 것이라고 수요자들에게 널리 인식되어 있는 상표"를 일반적으로 주지상표라 하고, 제34조 제1항 제11호에서 규정하고 있는 "수요자들에게 현저하게 인식되어 있는 상표"를 통상 저명상표라 한다. 주지상표는 동일·유사한 상품에만 효력을 발휘하는 반면, 저명상표는 상품의 동일·유사여부를 가리지 않고 효력을 발한다. 즉, 저명상표는 상표권자의 상품과 전혀 다른 종류의 상품이라 할지라도 그 식별력이나 명성을 손상시킬 염려가 있으면 등록받을 수 없다.

대해 저명상표로 인정해 줄 것을 청구할 수 있도록 하고 있다.

[신의성실원칙]

中國商標

Q7.

중국은 민법의 일반원칙인 신의성실원칙을 상표법에 도입하였는데 이것의 내용과 의미는 무엇인가?

■ 상표법 제7조: 상표출원과 사용은 신의성실원칙을 준수하여야 한다.

중국 상표법에는 '상표출원'뿐만 아니라 '상표의 사용'에 있어서도 신의성실 원칙을 지켜야 한다고 규정하고 있다. 또한, 신의성실 원칙을 직접 언급하고 있지는 않으나 신의성실원칙에 따른 규정들이 중국 상표법 곳곳에 있다. 즉, 사용을 목적으로 하지 않는 악의적 출원의 등록거절(제4조) 및 상표대리기구가 이러한 악의적 출원을 알거나 알 수 있는 경우의 사건 수임금지(제19조 제3항), 악의적 상표선점행위 금지(제15조 제2항), 무효심판은 원칙적으로 상표등록 후 5년 이내에 청구하여야 하나 악의적 등록인 경우에는 5년의 기간제한을 받지 않는 것(제45조 제1항), 5년 이내 2회 이상 상표권 침해한 자에 대한 가중처벌(제60조 제2항) 등이라 할 수 있다.

이러한 신의성실원칙의 도입은 중국 상표출원이 급증하면서 상표대리기구의 무분별한 난립에 따른 시장질서문란 행위, 타인의 미등록상표에 대한 선점, 부정당한 수단에 의한 상표등록 등이 빈번히 발생함에 따라 공정한 시장경쟁 질서를 보호하기 위한 것으로 보인다. 평심위원회나 법원판결에서도 신의성실원칙 위반을 지적하는 사례들을 다수 볼 수 있는 만큼, 우리 기업이 중국에서 이의신청, 무효심판, 소송 등의 분쟁발생 시에는 상대방의 신의성실원칙 위반여부를 적극적으로 주장할 필요가 있다.

참고 중국 상표법에서 '악의' 또는 '고의'와 관련된 조항

조항	주요 내용
제4조 제1항	사용을 목적으로 하지 않는 악의적 출원은 거절
제19조 제3항	사용 목적 아닌 악의적 출원임을 알면서 사건을 수임하지 못함
제36조 제2항	이의신청기간 중의 상표침해는 손해배상 청구를 못하나, 그 사용자가 '악의'로 손해를 초래한 경우는 배상
제45조 제1항	상대적 무효사유는 상표등록 후 5년 이내에 무효심판 청구를 해야 하나, '악의'로 등록한 경우 저명상표 소유자는 5년의 기간 제한을 받지 않음
제47조 제2항	등록상표의 무효선고는 이미 집행된 판결 등에 소급효가 없으나 '악의'로 초래한 손해는 배상해야 함
제57조 제6호	'고의'로 상표침해행위를 돕는 경우 상표권 침해에 해당
제63조 제1항	'악의'로 상표권을 침해한 경우 배상액의 1~5배로 산정

Q8.

中 國 商 標

상표대리기구에도 신의성실원칙이 적용되는가?

■ 상표법 제19조: ① 상표대리기구는 신의성실원칙에 따라야 하고, 법률과 행정법규를 준수해야 하며, 대리인의 위임에 의하여 상표출원 또는 기

40

타 상표업무를 처리해야 할 뿐만 아니라, 대리과정에서 알게 된 피대리인의 영업비밀에 대하여 비밀을 유지해야 한다.

② 위임자가 출원한 상표에 이 법 규정의 등록받을 수 없는 상황이 존재할 가능성이 있는 경우, 상표대리기구는 위임자에게 명확히 고지하여야 한다.

③ 상표대리기구는 위임자가 출원한 상표가 이 법 제4조, 제15조 또는 제32조 규정에 해당하는 상황을 알거나 당연히 알 수 있는 경우, 그 위임을 받을 수 없다.

④ 상표대리기구는 자신의 대리업무에 대한 상표출원하는 경우를 제외하고, 기타 상표출원을 할 수 없다.

■ 상표법 제20조: 상표대리협회는 정관의 규정에 의하여 가입회원의 조건을 엄격하게 집행하고, 협회의 자율규범에 위반하는 회원에 대해서는 징계해야 한다. 상표대리협회는 가입회원과 회원의 징계현황에 대하여 즉시 사회에 공표해야 한다.

■ 상표법 제68조: ① 상표대리기구가 아래 행위의 하나에 해당할 경우, 공상행정관리부서가 기한을 정하여 시정명령과 경고를 하며, 1만 위엔 이상 10만 위안 이하의 과태료에 처하고…(중략)…

1. 상표업무를 처리하는 과정에 법률서류, 인장 또는 서명을 위조 또는 변조하거나, 위조 또는 변조한 법률서류·인장 또는 서명을 사용하는 경우.

2. 다른 상표대리기구 등을 비방하는 수단으로 상표대리업무를 하거나, 기타 부정한 수단으로 상표대리시장의 질서를 문란하게 하는 경우.

3. 이 법 제4조, 제19조 제3항 또는 제4항의 규정을 위반하는 경우.

② 상표대리기구가 전항 규정의 행위를 한 경우 공상행정관리부서는 신용서류에 기입하고, 상황이 엄중한 경우 상표국과 상표평심위원회는 이 대리기구가 상표대리업무를 처리하는 것을 정지하도록 함께 결정할 수 있고 공고한다.

③ 상표대리기구가 신의성실원칙에 위반하여 위임자의 합법적 이익을 침해한 경우, 법에 의한 민사책임을 지고, 상표대리협회는 정관의 규정에 의하여 징계한다.

④ 악의적 상표등록출원에 대해서는, 상황에 따라 경고, 벌금부과 등 행정처벌 한다. 악의적으로 상표소송를 제기하는 경우, 인민법원은 법의 의거하여 처벌한다.

중국 상표법에는 상표대리기구는 신의성실원칙을 준수하여야 하고 이를 위반하였을 경우 민사책임 및 징계하도록 하고 있다.

중국은 2003년 상표대리조직 및 상표변리사에 대한 자격심사를 취소하고 공상행정관리국(현재의 시장감독관리국)에 상표국의 허가만으로 상표대리업무가 가능해짐에 따라 상표대리기구가 폭발적으로 증가하였다.[11] 그러나 상표대리기구에 대한 관리규정이 미흡한 상태에서 상표대리기구 간의 경쟁은 갈수록 치열하게 되어 상표대리산업에 혼란을 초래하였다. 이를 해결하기 위해 상표법 제3차 개정 시에는 상표대리기구가 지켜야 할 의무 등을 법에 명문화하였다(제19조, 제20조, 제68조). 특히 상표법 제19조에서 '신의성실을 지킬 의무', '법률·행정법규를 지킬 의무', '피대리인이 위탁하는 대로 업무를 진행할 의무', '영업비밀을 지킬 의무', '당사자에게 명확히 고지할 의무', '일정상황에서는 수임을 거절할 의무', '자기의 상표를 출원하면 안되는 의무' 등 상표대리기구가 지켜야 할 구체적인 의무들을 규정하고 있다. 또한 상표법 제4차 개정(2019년 11월 1일 시행)에서 상표대리기구가 위탁인의 상표출원이 '사용을 목적으로 하지 않는 악의적 상표출원'임을 알았거나 알 수 있었을 경우 이를 수임할 수 없다는 의무규정을 신설하였다. 상표법 제68조에서는 자주 발생하는 상표대리 위법행위를 열거하고 이에 위반한 경우 행정, 민사, 형사책임을 지도록 하고 있다. 제4차 상표법 개정에서는 상표대리기구가 제4조를 위반하여 악의적 상표등록출원을 대리할 경우에는 경고, 벌금부과 등의 행정처벌을 가하고, 악의적으로 소송을 제기하는 경우에는 법에 따라 처벌하도록 하였다.

---

11 147곳(2003년) → 12,000여 곳(2013년).

[상표의 종류]

중국에서 단체표장과 증명표장은 어떤 것이며 그 특징은 무엇인가?

■ 상표법 제3조: ② 이 법 규정의 단체표장이란 단체·협회 또는 기타 조직의 명의로 등록되고, 그 조직 구성원의 상사 활동에 사용되어, 사용자가 그 조직의 구성원임을 나타내는 표장을 말한다.
③ 이 법 규정의 증명표장이란 어떤 상품 또는 서비스업에 대하여 감독권한이 있는 조직에 의하여 통제되지만, 그 조직 이외의 업체 또는 개인이 자신의 상품 또는 서비스업에 사용하여, 그 상품 또는 서비스업의 원산지·원료·제조방법·품질 또는 기타 특정품질을 증명하는 데 사용되는 표지를 말한다.
④ 단체표장과 증명표장의 등록 및 관리에 관한 특수사항은 국무원 공상행정관리부서가 규정한다.

중국에서 상표는 상표출원인의 신분과 상표의 구체적인 작용에 따라, 일반상표와 단체표장, 증명표장으로 분류할 수 있다. 일반상표는 일반 경영자가 상표출원을 진행하여 자신이 사용하는 상표이다. 이와 달리 단체표장, 증명표장은 특정된 조직에서 상표출원을 진행하며, 조건에 부합되는 개인 또는 기업이 사용하는 것을 허락할 수 있다.

단체표장이란 단체, 협회 또는 기타 조직의 명의로 등록하여 동 조직의 구성원이 영업활동 중에 사용하도록 제공하면서, 그 사용자가 단체 구성원의 자격이 있다는 것을 나타내는 표장을 말한다. 단체표장의 목적은 각 구성원의 상품 품질을 통일시키고, 단체의 신용을 높이며, 경쟁력을 강화하고, 원가를 낮추는 데 있다.

단체표장에 대한 권리는 단체 등의 조직에 귀속되며, 그 단체와 관련된 상품이나 서비스업의 출처를 표시하는 것이지, 단체의 구성원인 자연인, 법인, 기타 조직의 출처를 표시하는 것이 아니다. 또한 단체의 구성원이 공동으로 사용하며, 일반적으로 그 단체가 상표를 사용하지는 않는다.

단체표장을 구성하는 표지는 일반상표로도 출원하여 등록받을 수 있으므로 그 단체는 해당 표지를 일반상표로 출원할 것인지, 단체표장으로 출원하여 등록을 받을 것인지에 대해 결정해야 한다.

증명표장이란 특정 상품이나 서비스업에 대해 감독능력을 갖춘 기관이나 조직이 통제하고, 동 기관 또는 조직 이외의 기관·개인이 자기의 상품 또는 서비스업에 사용하면서 동 상품 또는 서비스업의 원산지, 원료, 제조방법, 품질 또는 기타 특정 품질을 증명하는 데 사용되는 표장을 말한다. 증명표장은 소비자로 하여금 그 상품의 품질을 신뢰할 수 있도록 하는 역할을 한다.

단체표장과 증명표장 예시[12]

구분	단체표장	증명표장
신청 주체	단체, 협회 또는 기타 조직	법인 자격이 있으며, 그 상품, 서비스업에 감독권한이 있는 조직
상표 예시	상표: 镇江香醋(금강식초) 상품류: 30류 등록번호: 4488806 권리자: 镇江市醋业协会(금강시식초 협회)	상표: (녹색식품 표시) 상품류: 31류 등록번호: 892115 권리자: 中国绿色食品发展中心(중국 녹색식품발전센터)

---

12 商标实务指南(张锐主编, 法律出版社, 2017), p.13.

중국에서 지리적 표시의 특징과 출원 시 주의해야 할 사항은 무엇인가?

■ 상표법 제16조: ① 상표 중에 상품의 지리적 표시가 있으나, 그 상품이 그 지리표지가 표시하는 지역에서 공급되지 않아 공중의 오인을 초래할 경우, 등록하지 아니하고 사용을 금지한다. 다만, 이미 선의로 등록을 취득한 경우에는 계속 유효하다.
② 전항 규정의 지리적 표시란 어떤 상품이 어떤 지역의 출처를 표시하여, 그 상품의 특정품질·신용·명성 또는 기타 특징이 주로 그 지역의 자연적 요소 또는 인문적 요소에 의하여 결정된 표지를 말한다.
■ 상표법실시조례 제4조: ① 상표법 제16조가 규정하는 지리적 표시는 상표법 및 이 조례의 규정에 따라 증명표장 또는 단체표장으로 출원할 수 있다.

지리적 표시란 어떤 상품이 어떤 지역에서 유래하고, 당해 상품의 특정 품질, 신용과 평판 또는 기타 특징이 주로 당해 지역의 자연적 요소 또는 인문적 요소에 의해 결정되는 표장을 말한다. 엄격히 말하면 상표의 종류는 아니고, 상표의 구성요소 중의 하나이다. 자연적인 요소란 토양, 기후, 수질 등을 포함하며, 동일한 종류의 상품이 특정한 기후환경을 달리할 경우에는, 그 품질의 특성이 달라진다. 인문적 요소란 전통적인 수공예 등 기술이나 약품의 처방 등을 말하며, 이들에 의해 특정한 품질의 상품이 생산된다.

따라서 상표에 상품의 지리적 표시가 포함되어 있는데, 당해 상품의 출처가 당해 지리적 표시가 나타내는 지역이 아니어서, 이로 인해 일반수요자들로 하여금 오인을 가져오게 하는 경우에는, 등록을 불허하고 사용을 금지한다. 다만 이미 선의로 등록된 것은 계속하여 효력이 있다. 중국에서 지리적인 표시는 농산물, 식품, 한약재, 수공예품, 공산품 등 다양한 종류의 제품에 사용이 가능하며, 이미 등록된 지리적 표시로는 농산물, 쌀, 채소, 가금류, 화훼, 주류 등이 많다.

지리적 표시를 단체표장이나 증명표장으로 출원할 수도 있는데 이 경우 유의해야 할 사항은 다음과 같다.[13]

(1) 당해 지리적 표시의 지역을 관할하는 인민정부 또는 업무주관부서가 허가한 서류를 첨부해야 한다.

(2) 외국인이 지리적 표시를 단체표장이나 증명표장으로 출원하는 경우, 출원인은 당해 지리적 표시가 출원인의 명의로 출원인의 국가에서 법률의 보호를 받고 있다는 증명서류를 제출해야 한다.

(3) 지리적 표시를 단체표장이나 증명표장으로 출원하는 경우에는 다음과 같은 서류가 필요하다.

ⅰ) 당해 지리적 표시가 표시하는 상품의 특정한 품질, 신용과 기타 특징을 나타내는 서류

ⅱ) 당해 상품의 특정 품질, 신용과 기타 특징이 당해 지리적 표시가 표시하는 지역의 자연적 요소 및 인문적 요소와의 관계를 나타내는 서류

ⅲ) 당해 지리적 표시가 표시하는 지역의 범위를 나타내는 서류

---

13 集体商标, 证明商标组册和管理办法(단체표장·증명표장 등록 및 관리방법) 제6조, 제7조.

중국 상표심사기준상의 지리적 표시 단체표장·증명표장의 심사사례

유형	표장 및 지정상품	해설
현지 자연 조건에 의해 결정된 사례	(지정상품: 포도)	신장 투루판(吐魯番) 지역의 특별한 수분과 토양, 햇빛 등의 자연조건에 따라 '투루판 포도'는 껍질이 얇고, 과육이 풍부하며, 덜 시고, 더 달며 건조율이 높은 좋은 품질을 갖고 있다.
자연적 요소와 인문적 요소에 의해 결정된 사례	(지정 상품: 황주(黃酒))	샤오싱(紹興) 황주의 특정 품질은 호수 및 독특한 생산공정에 의해 결정된다. 생산지는 사계절이 뚜렷하고, 강수량이 충분하여 술을 빚는 데 필요한 박테리아의 생장에 적합하다. 호수의 수질은 맑고 미량의 영양소와 미네랄을 함유하고 있다. 샤오싱 황주는 흰 찹쌀을 원료로 하고, 호수의 물로 만들었으며, 색과 광택이 주황색을 띠고 맑고 투명하다. 또한 맛이 깊고 풍부하며, 부드럽고 신선한 품질을 갖고 있다.
인문적 요소에 의해 결정된 사례	(지정상품: 직물, 장식방직품)	난징 윈진(云锦)은 명나라 초기 난징의 비단 수공예직공이 발명한 공정기법으로, 1500여 년의 수공 직조 역사를 갖고 있다. '목궤화장(木机妆花)'공정은 중화인민공화국 비단역사에서 유일하게 현재까지 이어져 내려오는 것으로 기계로 대체할 수 없고 구전으로만 전수할 수 있는 편직공정이다.

중국 입체상표의 특징과 출원 시 주의해야 할 사항은 무엇인가?

- 상표법 제8조: 자연인·법인 또는 기타 조직의 상품을 타인의 상품과 구별할 수 있는 문자·도형·자모·숫자·입체표장·색채의 조합 및 소리 등과 이러한 요소의 조합을 포함하는 모든 표장은 모두 상표로서 출원할 수 있다.
- 상표법 제12조: 입체적 표장으로 상표출원한 경우, 단지 상품 자체의 성질로 인하여 나타난 형상, 기술효과를 얻기 위하여 필요한 상품의 형상 또는 상품의 실질적 가치를 구비하도록 한 형상은 등록받을 수 없다.
- 상표법실시조례 제13조: ③ 입체상표로 출원하는 경우, 출원서에 분명하게 밝혀야 하고, 상표의 사용방식을 설명하여야 하며, 입체형상을 확정할 수 있는 견본을 제출하여야 한다. 제출하는 상표 견본은 최소 3면 투시도가 포함되어야 한다.

입체상표는 일정한 공간을 점유하고 있는 입체형상 또는 문자 등의 요소가 포함된 입체형상의 상표를 말한다. 입체상표는 길이, 폭, 높이가 있는 3차원적인 요소로 구성되어 있어 "3D표장"이라고도 한다. 입체상표는 ⅰ) 상품 자체의 형상, ⅱ) 상품 포장 용기의 형상, ⅲ) 상품이나 그의 포장 용기와 관련 없는 기타 형상인 3가지 유형으로 분류할 수 있다. 입체적인 표장이 상표로서 등록받기 위해서는 상표의 기본적 판단요소인 식별력이 있는지 여부와 비기능성의 판단과정을 거쳐야 한다.

중국 상표법 제12조에서는 입체상표의 기능성에 관하여 "ⅰ) 상품 자체의 성질에 의해 생긴 형상, ⅱ) 기술적인 효과를 획득하기 위하여 필요한 상품의 형상, ⅲ) 상품의 실질적 가치를 갖기 위한 형상은 입체상표로 등록할 수 없다"고 규정하고 있다. 이는 입체상표의 출원 등록을 통해 상품 자체를 독점하는 행위를 방지하고 건전한 거래질서를 유지하기 위함이다.

"상품 자체의 성질에 의한 형상"이란, 상품의 본질적인 기능 및 용도를 실현하기 위하여 반드시 채택하여야 하는 형상 또는 업계에서 통상적으로 사용되는 형상을 의미한다. 예를 들어, 축구공 자체의 성질에 의한 원형형상이 입체상표로 등록된다면 다른 축구공 사업자는 원형 축구공을 판매하는 행위가 상표권을 침해하거나 부정경쟁행위가 되어 현저히 부정당한 결과가 도출된다.[14]

"기술적 효과를 획득하기 위하여 필요한 상품의 형상"이란, 상품으로 하여금 특정한 기능을 갖게 되거나 상품의 본질적인 기능을 쉽게 실현하기 위해 필수적으로 사용하는 형상이다. 예를 들면 운송과정 중에 쉽게 상자를 운반하기 위하여 상자에 추가하는 손잡이 형상은 기술적 기능으로 간주되어 입체상표로 등록될 수 없다.

"상품의 실질적 가치를 갖기 위한 형상"은 상품의 외관 및 이미지를 통하여 상품의 가치를 높이기 위해 사용되는 형상이다. 다이아몬드의 실질적 가치를 높이기 위해 다이아몬드를 가공하여 만든 특유의 형상은 입체상표로 등록될 수 없다.

입체상표 출원 시 주의해야 할 것은, 출원인은 입체형상을 확인할 수 있는 상표 견본 또는 사진을 제출해야 하며, 이는 3D 투시도, 멀티 뷰 또는 입체효과로 대체할 수 있다. 상표출원서에는 '입체상표'임을 표시하여야 한다. 필요한 경우, 출원인은 상표설명서에 입체상표 견본에 대해 문자로 설명을 하거나 신청서에 상표 중

---

14 袁博: 〈입체상표등록요건에 대한 논의: 비기능성과 현저성〉, 〈중화상표〉 게재, 2013년 제3기, p.77.

권리를 주장하지 않는 부분에 대한 상표권 포기를 성명할 수도 있다. 만약 견본으로 입체형상을 구현할 수 없거나 구현을 해도 식별할 수 없는 입체형상인 경우, 입체상표로 볼 수 없다.

중국 색채상표의 특징과 출원 시 주의해야 할 사항은 무엇인가?

■ 상표법 제8조: 자연인, 법인 또는 기타 조직의 상품을 타인의 상품과 구별할 수 있는 문자·도형·자모·숫자·입체표장·색채의 조합 및 소리 등과 이러한 요소의 조합을 포함하는 모든 표장은 모두 상표로서 출원할 수 있다.
■ 상표법실시조례 제13조: ① (중략) 색채조합 혹은 착색견본으로 상표출원하는 경우, 착색된 견본을 제출하여야 하고, 흑백견본도 1부 제출하여야 하며, 색채를 지정하지 아니하는 경우, 흑백견본을 제출하여야 한다.

색채상표는 일반적으로 단일의 색채만으로 이루어진 상표(단일상표)와 색채의 조합으로 이루어진 상표를 의미하는데, 중국 상표심사기준[15]에서는 "2 또는 2 이상의 색채로 구성된 상표"라고 규정하고 있다.

색채조합상표와 상표의 색채지정은 구별되어야 한다. 색채가 문자, 도형, 숫자 등 다른 요소와 함께 상표를 구성할 경우 이를 "지정색채상표"라고 한다. 상표출원인은 등록받고자 하는 색채조합 표장의 견본을 컬러로 중국 상표국에 제출하고 상표출원서에 사용하고자 하는 색채를 지정하여야 한다. 이를 중국 상표국이 심사하고 등

---

15 중국 상표심사 및 심리기준(2016년), p.117.

록을 허락하게 되면 "지정 색채상표"로 인정된다. 이와는 달리 단순히 색채조합 요소만으로 구성되는 상표가 '색채조합상표'이다. "지정 색채상표"인 경우에 상표의 전체가 보호대상이 되며 '색채조합상표'인 경우에는 색채조합 자체만 보호대상이 된다(문 33 참조).

색채상표로 출원하는 경우, 출원인은 출원서에 분명하게 밝혀야 하며 분명하게 밝히지 않은 경우, 출원인이 비록 색채견본을 제출했다고 하더라도 색채상표로 심사하지 않는다. 또한 색채상표 출원 시, 출원인은 선명한 색채 견본을 제출해야 하며, 상표설명서에 색채의 명칭과 번호를 밝혀야 하고, 그 색채상표가 상업활동에서 구체적으로 사용되는 방식을 서술해야 한다.

중국 상표심사기준상의 색채상표 출원 예시

색 덩어리를 이용하여 색상조합방식을 표시하고, 상표 설명을 첨부한다.	점선 도형윤곽을 이용하여 색상 사용위치를 표시하고 상표 설명을 첨부한다.
 (지정 서비스업: 차량 주유소)	 (지정상품: 덤프트럭, 트랙터)
• 상표 설명: 이 색상조합상표는 녹색, 무연탄색, 주황색의 세 가지 색상조합으로 구성되어 있다. 이 중 녹색(Pantone 368C)이 60%, 무연탄색(Pantone 425C)이 30%, 주황색(Pantone 021C)이 10%를 차지하고 있으며, 그림상의 배열에 따라 차량 주유소 외관에 사용한다.	• 상표 설명: 이 색상조합상표는 녹색과 노란색의 두 가지 색상조합으로 구성되어 있다. 이 중 녹색은 Pantone 364C, 노란색은 Pantone 109C이다. 녹색은 차체에 사용하고, 노란색은 바퀴에 사용한다. 점선부분은 색상이 이 상품에 놓일 위치를 의미하며, 차량 윤곽과 외형은 상표의 구성요소가 아니다.

중국 소리상표의 특징과 출원 시 주의해야 할 사항은 무엇인가?

■ 상표법 제8조: 자연인, 법인 또는 기타 조직의 상품을 타인의 상품과 구별할 수 있는 문자·도형·자모·숫자·입체표장·색채의 조합 및 소리 등과 이러한 요소의 조합을 포함하는 모든 표장은 모두 상표로서 출원할 수 있다.

■ 상표법실시조례 제13조: ⑤ 소리상표로 출원하는 경우, 출원서에 분명하게 밝혀야 하고, 요건에 부합하는 소리 견본을 제출하여야 하며, 출원하는 소리상표에 대하여 기술하고 상표의 사용방식을 설명해야 한다. 소리상표에 대한 기술은 5선보 또는 악보를 이용하여 상표의 소리를 설명하고, 문자로 부가적인 설명을 한다. 5선보 또는 악보로 표현할 수 없는 경우에는 문자로 설명을 하여야 하고, 상표설명은 소리견본과 일치해야 한다.

'소리상표'는 음악적 멜로디(Melody)나 비음악적 소리(Sound)를 이용해서 자신의 상품이나 서비스업을 다른 기업의 상품이나 서비스업과 구별하는 청각적 표장으로서, '청각상표(Audible Marks)'라고도 한다.

소리상표 역시 다른 비전형상표와 동일하게 비기능적이어야 하며, 식별력이 있어야 한다. 그러나 그 특성상 어떠한 경우에 식별력이 있는 것인지 판단하는 것은 그리 쉬운 문제가 아니다. 소리상표의 본질적인 식별력 구비 여부를 판단할 시에는 상표로서 보호받고자 하는 소리의 구성 및 길이를 고려하여야 한다.[16]

---

16 石会: 〈신상표법 중 소리상표에 관한 규정〉; 〈중화상표〉게재, 2014년 제8기, pp.53-54.

상표로 등록받고자 하는 소리가 상품이나 서비스업을 정상적으로 이용할 때에 나타나는 필연적인 소리인 경우 기능성이 있다고 볼 수 있기 때문에 상표법의 보호를 받지 못한다. 구체적으로는 '상품이나 서비스업 자체의 성질이나 기능에 의해 형성된 소리', 즉 상품의 용도를 실현하기 위해 반드시 사용되는 소리는 기능적이라고 본다. 예를 들어, 오토바이가 시동을 걸 때에 나타나는 엔진소리 등이 있다. 또한 '기술적 효과를 나타내기 위한 필수적 소리' 역시 기능적인데, 예를 들어 경보기의 경적 소리 등이 이에 해당된다. '상품이나 서비스업에 실질적인 가치를 부여하는 소리'는 상품의 가치 및 소비자의 선택에 영향을 주기 위해 사용하는 소리로서 소비자의 선호도에 의해 만든 초인종 소리 등이 그 예이며, 이러한 소리 역시 기능적이어서 등록이 불가능하다.[17] 따라서 등록받고자 하는 소리상표가 위에서 언급한 3가지 유형에 속하지 않으면 비기능적이라고 볼 수 있다.

출원인은 상표출원 시에 요건에 부합하는 소리견본을 제출해야 한다. 소리견본은 오디오파일에 저장해야 하며, 서면방식으로 제출할 경우, 오디오파일은 CD-Rom에 저장해야 한다. 디지털 전자문서 방식으로 제출하는 경우, 요건에 따라 정확하게 소리견본을 업로드해야 한다. 소리견본의 오디오파일형식은 wav 또는 mp3(소리파일형식)로, 5MB 이하로 한다. 소리견본은 뚜렷하고, 식별이 용이해야 한다.

---

17 石会: 〈신상표법 중 소리상표에 관한 규정〉; 〈중화상표〉게재, 2014년 제8기, p.54.

• 음악적 소리상표: 오선보 또는 악보를 써서 표현하고 문자로 부가적인 설명을 해야 한다.	• 비음악적 소리상표: 문자로 기술해야 하고, 문자로 기술한 것이 그 소리상표의 상표견본이 된다.
 • 상표 설명: 본 소리상표는 '플랫 D장조, 플랫 D장조, 플랫 G장조, 플랫 D장조 및 플랫 A장조' 등 5개 음표로 구성된 음과 현이 잇달아 진행되는 선율이다.	• 상표 설명: 1. 본 소리상표는 소가 돌길에서 두 걸음을 떼는 쇠발굽 소리와 그 후에 잇달아 나오는 소 울음소리(clip, clop, moo 쇠발굽과 소울음은 의성어임)로 구성되어 있다. 2. 본 소리상표는 두 손으로 북 가장자리를 치는 소리가 먼저 나온 후 이어서 점점 세지는 북소리가 나온다. 그 후로 점점 약해지는 전자건반악기의 떨림음이 나오다가 끝에서 골프공 스윙소리와 재단기 소리가 합쳐지면서 마무리된다.

[사용 및 등록불가 상표(상표법 제10조~제11조)]

Q14.　　　　　　　　　　　　　　　中 國 商 標

중국에서 공익적인 이유로 상표로 사용할 수 없는 것은 어떠한 경우인가?

■ 상표법 제10조: ① 다음의 표장은 상표로서 사용할 수 없다.

1. 중화인민공화국의국가명칭, 국기, 국장, 국가(國歌), 군기(軍旗), 군장(軍徽), 군가(軍歌), 훈장 등과 동일 또는 유사하거나, 중앙국가기관의 명칭, 표지, 소재지의 특정 지역의 명칭 또는 표지성 건축물의 명칭, 도형과

동일한 경우.

2. 외국의 국가명칭, 국기, 국장 등과 동일 또는 유사한 경우, 단 해당 국가 정부의 동의를 얻은 경우는 그러하지 아니하다.

3. 정부간 국제기구 명칭, 깃발, 표지와 동일하거나 또는 유사한 경우, 단 해당 기구의 동의를 얻었거나 공중이 용이하게 오인을 초래할 우려가 없는 경우는 그러하지 아니하다.

4. 통제를 나타내거나 보증하는 정부의 표지, 검사인과 동일 또는 유사한 경우, 단 권리를 수여받은 경우는 그러하지 아니하다.

5. '적십자회', '홍신월(紅新月, 이슬람 구호단체)'의 명칭, 표지와 동일 또는 유사한 경우.

6. 민족 차별을 포함하고 있는 경우.

7. 기만성이 있어 공중이 상품의 품질 등의 특징 또는 원산지에 대해 용이하게 오인을 초래할 수 있는 경우.

8. 사회주의 도덕 풍조를 해치거나 기타 불량한 영향이 있는 경우

② 현급 이상 행정구역의 지명 또는 대중에게 익숙한 외국지명은 상표가 될 수 없다. 단, 그 지명이 기타 의미를 내포하고 있거나 단체표장과 증명표장의 구성 부분인 경우는 예외로 한다. 지명을 사용한 이미 등록된 상표는 계속 유효하다.

출원된 상표가 식별력을 갖추고 있다고 하더라도 공익적인 측면에서 그 상표를 사용할 수 없는 경우를 상표법 제10조에서 규정하고 있다. 즉,

(1) 국가·국제조직의 명칭 또는 표장: 정식명칭뿐만 아니라 약칭도 포함된다.

(2) 감독·보증을 나타내는 정부표장·검사인 등과 동일 또는 유사한 표장: '정부표장·검사인'은 정부기구가 그 상품의

품질·성능·성분·원료 등을 감독하고 보증하며 점검함을 표명하는 데 사용하는 표장 또는 인장을 가리킨다.

(3) 민족차별성을 띠는 표장: '민족차별성'은 상표의 문자·도형 또는 기타 구성요소가 특정한 민족을 부정적으로 표시하거나 폄하 또는 그 민족을 기타 부당하게 취급하는 내용을 나타내는 것을 가리킨다.

(4) 기만성을 가지고 있어, 일반 공중이 상품의 품질과 특징 등에 쉽게 혼동을 일으키거나, 그 상품의 원산지에 대해 오인을 일으키는 표장: '기만성'이 있다는 것은 상표가 그 지정상품이나 서비스업의 품질 등 특징 또는 산지에 대하여 그 고유의 정도를 벗어나거나 사실에 부합하지 않는 표시를 하여, 상품 또는 서비스업의 품질 등 특징 또는 산지에 대하여 용이하게 공중의 오인을 초래하는 것을 말한다.

(5) 사회주의 도덕풍속을 해하거나, 기타 나쁜 영향을 미치는 표장: '사회주의 도덕풍속'은 중국인들의 공동생활 및 그 행위의 준칙, 규범 및 일정 시기에 사회에서 유행하는 선량한 기풍 또는 습관을 가리킨다.

(6) 중국 행정구역상 현급(縣級)[18] 이상의 지명 또는 공중에게 널리 알려져 있는 외국지명: 다만 지명에 다른 의미가 있고 그 의미가 지명의 의미보다 강한 경우에는 예외로 한다.

---

18 중국의 행정구역은 크게 성급(省級), 지급(地級), 현급(縣級)으로 나눌 수 있다. 성급은 성(省), 직할시(直轄市), 자치구(自治區)로 구분되며, 23개의 성과 4개의 직할시 그리고 5개의 자치구로 이루어져 있다. 지급은 지구(地區), 자치주(自治州), 지급시(地級市), 맹(盟)으로 구분되며, 현급은 현(縣), 자치현(自治縣), 현급시(縣級市), 기(旗), 특구(特區), 임구(林區), 공농구(工農區) 등으로 구분된다.

중국 상표심사기준에 나타난 사례

사용가능 여부	표장 및 지정상품	해설
상표사용 불가	**Mei Guo** 지정상품: 사이다	"Mei Guo"는 미국(美国)의 중국어 병음으로 미국 국가명과 동일하여 상표로 사용할 수 없음
상표사용 가능	中 长城 国	중국 국가명이 기타 식별력 있는 표장("长城")과 상호 독립적이고, 작은 글자로 표기된 "中国"은 출원인의 소속국가만을 나타내고 있어 사용 가능
상표사용 가능	TURKEY 지정상품: 의류	"TURKEY"는 나라명 터키와 동일하지만 영문으로는 '칠면조'를 의미하고 도형도 칠면조를 도형화한 것으로 인식되어 터키 국가명칭으로 오인하기 쉽지 않음
상표사용 불가	印第安人 INDIAN . 지정상품: 변기	상표의 문자구성이 특정 민족을 희화화하거나 폄훼한 경우 민족차별적 특성이 있는 것으로 간주되어 사용불가
상표사용 불가	**mk** spirit PARIS	출원인이 그 지역 출신이 아님에도 지정상품에 사용되어 대중이 생산지를 오인할 수 있는 경우로, 출원상표 하단에 'PARIS'가 포함되어 있으나 출원인의 주소는 파리가 아닌 네덜란드임
상표사용 가능	LONDON FOG 지정상품: 서류가방, 우산	상표가 대중이 알고 있는 외국지명과 기타 문자로 이루어져 있지만 전체적으로 다른 의미를 포함하고 있고, 지정상품에 사용했을 때 대중이 상품 생산지를 오인하기 쉽지 않은 경우로, 런던의 안개는 일종의 자연현상으로 볼 수 있어 상품생산지가 '런던'이라고 오인하기는 어려워 상표로 사용가능
상표사용 불가	火肉 牛肉 HUOERNIUROU 지정상품: 어류제품	"牛肉"는 '소고기'를 뜻하여, 지정상품인 어류제품에 사용될 경우 지정상품에 '소고기'가 포함되어 있거나 '소고기'로 만든 것으로 오인할 수 있음

중국에서 식별력이 없어 등록될 수 없는 표장은 어떤 것인가?

■ 상표법 제11조: ① 다음의 표장은 상표로서 등록받을 수 없다.
1. 단지 그 상품의 보통명칭, 도형, 규격만 있는 경우
2. 단지 상품의 품질, 주요 원료, 기능, 용도, 중량, 수량 및 기타 특징만을 직접적으로 표시하는 경우
3. 기타 식별력이 부족한 경우
② 전 항에 열거한 표장이 사용을 통하여 식별력을 취득하고 식별이 용이한 경우 상표로 등록받을 수 있다.

상표로 등록받기 위해서는 출원된 상표가 먼저 식별력이 있어야한다. 상표의 식별력은 관련 공중이 상품 출처를 구분하기 위해 상표가 갖추고 있어야 하는 특징을 의미한다. 따라서 출원된 상표가상품의 보통명칭이거나 또는 상품의 품질, 효능 등의 특징을 직접적으로 표시하는 경우는 식별력이 없다. 이러한 상표의 식별력 유무는 상표를 구성하는 표장 자체의 의미와 외관구성, 지정상품 자체, 지정상품 관련 대중의 인지습관, 지정상품 관련 업종의 실제사용상황 등의 요소를 종합적으로 고려하여 판단한다.[19]

구체적으로 아래의 표장이 식별력이 없는 표장에 해당된다.
(1) 상품에 통용되는 명칭·도형·규격만 있는 경우: 여기에서의통용되는 명칭·도형·규격은 국가표준·업계표준이 정하는 또는 관습적으로 굳어진 명칭·도형·규격을 가리키며,

---

19 중국 상표심사 및 심리기준(2016년), p.51.

그중 명칭은 전체명칭·약칭·줄임표기·속칭을 포함한다.

(2) 상품의 품질·주요원료·기능·용도·중량·수량 및 기타 특징만을 직접적으로 표시하는 경우: "…만을 직접적으로 표시"한다는 것은 상표가 단지 지정상품의 품질·주요원료·기능·용도·중량·수량 또는 서비스업의 내용품질·방식·목적·대상 및 기타 특징을 직접적으로 표시하거나 묘사하는 성질을 갖는 표장만으로 구성되거나 또는 상표에 비록 기타 구성요소가 있다고 하더라도 전체적으로 볼 때 직접적으로 표시하는 것을 가리킨다.

(3) 기타 식별력이 부족한 경우

중국 상표심사기준상의 식별력 판단사례

등록가능 여부	표장 및 지정상품	해설
보통명칭으로 등록불가	**MULLER** 지정상품: 연마공구(수공구)	'MULLER'는 '분쇄기'를 의미하는데 지정상품인 연마공구에서는 보통명칭으로 사용되고 있음
지정상품의 성질을 직접적으로 나타내므로 등록불가	纯净 C hunjing 지정상품: 식용유	"纯净"는 '성분이 순수하고 깨끗한'의 의미로 지정상품의 성질을 직접적으로 나타냄
지정상품의 품질을 직접적으로 나타내지 않으므로 등록가능	纯净山谷 지정상품: 식용유	"纯净"은 품질을 나타내나 뒷부분의 "山谷"이 결합되어 전체적으로 지정상품의 품질을 직접적으로 나타낸다고 보기 어려움
상품의 기능, 용도를 직접적으로 나타내어 등록불가	重載王 지정상품: 타이어	"重載王"은 '무거운 화물을 적재할 수 있는'의 의미를 가지고 있어 지정상품의 기능, 용도를 직접적으로 나타냄
서비스업의 가격만 직접 나타내어 등록불가	百元店 지정서비스업: 대행마케팅	"百元店"은 '백위안(百元)에 파는 상점'이라는 뜻으로 서비스업의 가격을 직접 나타냄
지정상품의 사용방식을 직접적으로 표시하여 등록불가	冲泡 지정상품: 라면	"冲泡"는 '물에 불리다'는 의미로 지정상품인 라면을 사용하는 방법을 직접적으로 나타냄

상표법 제11조에서 규정하고 있는 '기타 식별력이 부족한 경우'는 어떤 것인가?

■ 상표법 제11조: ① 다음의 표장은 상표로서 등록 받을 수 없다.
… (중략) … 3. 기타 식별력이 부족한 경우

식별력이 결여된 기타의 표장은 상표법 제11조 제1항 제1호 및 제2호 이외의 사회의 통상적인 관념에 따라 그 자체 또는 상표로서 지정상품에 사용하는 것이 상품의 출처를 표시하는 기능이 없는 표장을 가리킨다. 실무상 흔히 볼 수 있는 식별력이 없는 경우는 다음과 같다.[20]

(1) 간단한 선 또는 보통 기하학적 도형으로 구성된 상표. 예를 들어 직선, 사선, 네모 등으로만 구성된 상표

(2) 지나치게 복잡한 문장, 도형, 숫자, 자모 또는 이러한 요소들의 결합

(3) 하나 또는 두개의 일반 표현형식의 알파벳으로 구성된 상표. 예를 들어 일반 글자체의 알파벳 A로 구성된 상표

(4) 일반 형식의 아라비아숫자로 구성된 상표

(5) 지정상품의 일상적인 포장, 용기 또는 장식성 도안으로 구성된 상표

(6) 한 가지 색채로만 구성된 상표

---

20 중국 상표심사 및 심리기준(2016년), pp.56-60.

(7) 상품 또는 서비스업의 특징을 표시하는 문구 또는 문장, 일
반적인 광고·선전 문구로 구성된 상표

(8) 본 업종 또는 관련 업종에서 흔히 사용되는 교역장소의 명
칭, 교역용어 또는 표지로 구성된 상표

(9) 기업의 조직구성, 본 업종의 명칭 또는 약칭으로 구성된 상표

(10) 전화, 주소, 주택 번호로만 구성된 상표

(11) 자주 사용되는 축하 인사말

중국 상표심사기준에 나타난 사례

하나 또는 두 개의 일반 표현형식의 자음과 모음	일반형식의 아라비아 숫자	지정상품의 상용 포장, 용기 또는 장식성 도안
 지정상품: 재봉틀 기름	5203 지정상품: 신발	 지정상품: 담배
상품 또는 서비스업 특징을 나타내는 간단한 표현, 일반적인 광고·선전 문구		기업의 조직형태, 해당 업종의 명칭 또는 약칭
一旦擁有，别无所求 지정상품: 여행가방 "일단 갖게 되면, 더 바랄게 없다"는 의미로 광고·선전 문구에 해당		重 工 지정서비스업: 운수기계 "重工"은 중공업의 약칭

식별력이 없는 표장을 포함한 상표에 대한 유사여부 판단은 어떻게 하나?

상표가 식별력이 없는 표장과 기타 요소로 구성되어 있고, 그중 식별력이 없는 표장이 그 지정상품 또는 서비스업의 특징과 일치하지만, 상관습과 소비습관에 비추어 관련 공중으로 하여금 오인을 초래하지 않을 경우, 관련된 사용금지 규정을 적용하지 않고, 식별력 있는 부분에 대해서만 유사판단을 한다.

상표가 식별력이 없는 표장과 기타 요소로 구성되었지만, 관련 공중이 기타 요소를 통해 또는 상표 전체로 보아 상품 또는 서비스업의 출처를 식별하기 어려운 경우, 여전히 식별력이 결여된 것으로 본다. 그러나 기타 요소가 또는 전체상표가 상품 또는 서비스업의 출처를 구별할 수 있는 작용을 일으키는 경우에는 예외로 본다.[21]

중국 상표심사기준에 나타난 사례

식별력 유무	표장 및 지정상품	해설
식별력 있음	**利郎商务男装** 지정상품: 의류	식별력 없는 부분인 "商务男裝"(비즈니스 남성복)을 포함하고 있으나 "利郎"이 식별력 있는 부분으로 전체적으로 식별력이 있음
식별력 없음	纳米 NAMI 米 지정상품: 의류	"纳米(나노미터)"는 지정상품과 관련하여 볼 때 초극세사로 만든 의류라는 의미로 식별력이 없고, 비록 도형이 식별력을 갖추었다고는 하나 상표 전체적으로 볼 때 "纳米(나노미터)"로 직감되고 인식되어 식별력이 없음

---

21 중국 상표심사 및 심리기준(2016년), p.61.

상표가 사용을 통해 식별력을 가지게 된 경우는?

출원된 표장 자체는 식별력이 없지만, 장기간의 사용을 통해 누구의 상품인지 식별할 수 있게 되어 자타상품 식별력을 갖게 된 경우에는 상표로 등록받을 수 있다. 사용을 통해 식별력을 취득하였는지 여부는 다음 요소를 종합적으로 고려하여 판단하며, 이를 입증할 수 있는 사실과 관련된 증거자료를 제출하여야 한다.

(1) 관련 공중의 그 표장에 대한 인식 정도
(2) 그 표장이 지정 상품·서비스업에 실제 사용한 시간, 방식 및 동종 업계의 사용실태
(3) 그 표장을 사용한 상품·서비스업의 판매량, 영업액 및 시장 점유율
(4) 그 표장을 사용한 상품·서비스업의 광고홍보 상황 및 범위
(5) 그 표장으로 하여금 식별력을 갖도록 하는 기타 요소

다만, 현급 이상 행정구역의 지명 또는 공중이 알고 있는 외국지명이 포함된 표장은 사용에 의한 식별력을 취득하더라도 등록받을 수 없다.

중국 상표심사기준에 나타난 사례

표장 및 지정상품	해설
黑又亮 (지정상품: 구두약)	"黑又亮"은 '검다'의 의미인 "黑", '그리고'의 의미인 "又", '빛나다'의 의미인 "亮"이 결합되어 전체적으로 "검고 빛나다"의 의미로 지정상품인 구두와 관련하여 식별력이 없는 표장에 해당되나, 사용에 의해 식별력을 취득한 표장임
酸酸乳 (지정상품: 요구르트)	"酸乳"가 원래 '요구르트'라는 의미로 지정상품인 '요구르트'와 관련하여 식별력 없는 표장에 해당되나, 사용을 통해 식별력을 취득한 표장임

제2장

중국 상표 출원단계

[브랜드네이밍]

> ### Q19.
> 中國商標
>
> **중국에서 상표출원 시 중문 브랜드네이밍이 반드시 필요한가?**

중국의 언어, 문화적 특성, 마케팅 효과 등을 고려할 때 중국에서의 상표출원 시, 중문 브랜드네이밍은 필수적이라 할 수 있다.

중국인은 중국어인 한자가 표의문자라는 특성과 중화사상의 영향으로 인해 외국어를 중국어 병음(소리)으로 바꾸어 사용해 왔다. 이러한 관행으로 인해 중국 소비자들은 영문브랜드보다 중문브랜드가 훨씬 더 익숙하고 쉽게 인식한다. 따라서 세계적인 브랜드들도 중국시장에서만큼은 자존심을 버리고 중국식 브랜드를 사용하고 있는 것이다.

중국 일상생활에서 중국인의 영어사용률은 현저히 낮다. 신문이나 뉴스 등에서도 외국어를 그대로 쓰는 경우는 거의 없다. 모든 외국어를 외국어 그대로 인식하고 호칭하는 것이 아니라 중국어 음역이나 중국식 브랜드로 바꾸어 부르고 인식한다. 예를 들어 중국 젊은이들이 가장 많이 찾는 커피숍인 'starbucks(스타벅스)'도 'starbucks'라는 호칭보다는, 스타벅스의 중국식 이름인 "星巴克(싱바커)"가 훨씬 더 익숙하다고 할 수 있다. 심지어 국가명도 그대로 쓰지 않는다. 예컨대 Denmark(덴마크)라고 하면 대부분의 중국사람은 못 알아듣는다. 이를 중국어로 음역한 丹麦(딴마이)라고 해야만 그때야 비로소 알아듣는다.

따라서 영문 브랜드를 보고 일반 소비자들이 이를 어떻게 읽을 것인지를 알려 주기 위해 '중문 브랜드'가 필요하고, 기업과 소비자 간의 친밀도를 높이기 위해서도 중국시장에서는 중문 브랜드네이밍이 필수적이라 할 수 있다. 훌륭한 중국어 브랜드네이밍은 중국에서의 성공적인 비즈니스를 위한 지름길이며, 중국어 브랜드네이밍의 실패는 곧 시장에서의 실패로 직결될 수도 있다.

대표적으로 성공한 중문 브랜드네이밍으로는 코카콜라를 들 수 있다. 중국어로 "可口可乐(커코우컬러)"인데 코카콜라 발음을 비슷하게 표현한데다가 그 의미도 '마시면 입이 즐겁다'로 코카콜라 제품의 이미지와도 잘 어울리는 브랜드라 하겠다.

특히 전자상거래법이 제정되어 2019년에 시행됨에 따라, 중국 내 전자상거래 플랫폼들(타오바오, TMALL, 징동 등)이 온라인 스토어 개설 시, 지식재산권에 대한 심사를 한층 더 엄격히 하고 있다. 외국 브랜드의 플래그십 스토어를 개설할 경우, 소유하고 있는 상표의 등록증 또는 수리통지서를 제공하여야 할 뿐만 아니라, 해당 상표가 중문 상표가 아니라면 반드시 상표의 중문발음 또는 중문 명칭을 제공하도록 하고 있다. 이는 외국 브랜드의 중문네이밍이 예전의 단지 소비자들의 인식과 호칭에 편리하기 위하여 필요한 것이었다면, 앞으로는 중국시장진출에 불가피한 필수적 조건이 되어 가고 있다 할 것이다.

Q20.

소비자에게 호감도 가고 제품의 이미지도 잘 나타낼 수 있는 브랜드 네이밍을 하고 싶은데 어떤 요소들을 고려해야 되나?

훌륭한 중문 브랜드네이밍을 위해서는 중국의 역사와 문화에 대한 이해가 필요하며 이를 바탕으로 제품이미지를 잘 표현하면서도 중국어의 음률과 어감에 잘 조화되는 브랜드네임을 선정하여야 한다. 또한 중국의 관련 법률에 위배 되는지, 중국 소비자의 반감을 연상시키는 단어를 사용한 것은 아닌지, 중국 문화에 맞지 않는 네이밍인지 등을 면밀히 고려하여야 하며, 중국 소비자들이 편하게 사용할 수 있는 중문 네이밍을 개발하여 마케팅 하여야 한다.

브랜드네이밍의 방법은 ⅰ) 원브랜드의 발음을 소리나는 대로 그대로 표기하는 방법[예, Adidas를 阿迪达斯(A di da si 아디다스)로 표기], ⅱ) 원브랜드의 의미를 나타내는 방법(예, Apple을 '사과'라는 의미를 가진 苹果로 표기), ⅲ) 발음과 의미를 모두 고려하여 표기하는 방법[예, Carrefour(까르푸)를 발음을 소리나는 대로 표기하면서 '집에 즐거움과 복이 있다' 는 의미를 가진 家乐福(jia le fu 찌아러푸)로 표기] 등이 있으나, 각기 장단점을 갖고 있으므로, 무엇보다도 발음하기 쉽고, 기억하기 쉽고, 좋은 이미지를 연상시키는 브랜드가 가장 좋다. 이러한 요소들이 잘 조화되도록 하여 소비자가 선호하는 토털 이미지가 형성되었을 때 중국어 브랜드네이밍은 성공적이라 할 수 있다.

효율적인 브랜드네이밍을 위해서는 여러 가지 고려할 요소가 많이 있지만 사실 이 요소들을 모두 활용하여 네이밍 하기는 어려우므로 제품의 특성에 따라 전략적으로 활용할 요소를 선정하여 사용하는 것이 필요하다. 예를 들어 여성의류나 화장품 브랜드 네이밍[22] 시에는 여성의 아름다움을 잘 나타내는 이미지를 주 전략적 요소로 활용하는 것이 효과적이다.

따라서 제품의 특성을 고려하지 않고 발음만 중시한다든가 의미 전달만 고려하여 지나치게 어려운 발음으로 네이밍을 한다면 시장 확보 전략에 큰 어려움이 있을 수 있다.

한 걸음 더 들어가 보기

● 중문 브랜드네이밍 방법 알아보기 ●

1. 소리 나는 대로 표기하기: 음역(音譯)
   중국의 소비자들은 일반적으로 외국 제품에 대해 관대하고 외국브랜드가 고급스럽다고 느끼는 경향이 있기 때문에, 외국 기업의 제품명은 소리를 옮겨서 표기하는 경우가 많다. 이러한 네이밍 방법은 국산

---

22 화장품 브랜드의 경우, 이니스프리(중문브랜드명 悦诗风吟)가 대표적이라 할 수 있다. 영문 innisfree의 출처와 함의를 중국의 시조문화와 결합하여 브랜드 본연의 표현하고 싶은 뜻을 담아냈다 하여 소비자들 사이에서 상당히 호감도를 높였다고 할 수 있다. 이와 유사한 네이밍으로는 미국화장품브랜드 REVLON(중문브랜드명 露华浓)를 들 수 있는데, 중문브랜드명을 시인 이백이 양귀비를 묘사한 청평조사(清平调词)에서 가져온 것으로, 이 또한 화장품과 여성의 아름다움 사이의 연계를 잘 표현하였다 하여 중문 브랜드 네이밍의 비교적 성공한 사례라 할 수 있다.

(중국산)이 아니라 외제라는 느낌을 주면서 상대적으로 고급스러운 느낌을 확보할 수 있다는 장점이 있으나, 가장 큰 문제점은 표의문자인 중국어의 특성상 그 브랜드를 읽을 때 나는 소리와 똑같이 옮기기가 쉽지 않다는 점이다. 예를 들어 'AUDI(奧迪,아오디)'나 'LINCOLN (林肯, 린컨)'은 중국어로도 거의 유사하게 읽혀지지만, 이렇게 할 수 있는 경우가 그렇게 많지 않다. 그 이유는 중국어와 영어, 또는 한국어의 발음구조에 차이가 있기 때문이다. 따라서 중국어에 없는 음절을 중국어로 옮길 때에는 원래 발음에서 변형을 가할 수밖에 없는데 이때 중국어의 어떤 글자로 표현하느냐에 따라 네이밍이 주는 이미지가 완전히 달라지기 때문에 발음이 주는 느낌까지 고려해서 네이밍을 해야 한다.

외국브랜드의 중문 브랜드네이밍 음역 사례

원브랜드	중국어브랜드	원브랜드	중국어브랜드
adidas	阿迪达斯 (a di da si) 아디다스	Audi	奧迪 (ao di) 아오디
SONY	索尼 (suo ni) 수어니	McDonald's	麦当劳 (mai dang lao) 마이땅라오

2. 의미를 그대로 표기하기: 의역(義譯)

소리를 옮기는 기법은 고급스런 느낌을 줄 수는 있지만, 의미 파악이 어려워 중국의 소비자에게 친숙하게 다가가기가 어렵다는 문제점이 있다. 이러한 문제점을 해소할 수 있는 방법은, 브랜드 본연의 네임이 가지고 있는 의미를 중국어로 옮기는 것이다. 이는 100% 현지화에 전략을 둔 것으로 이러한 네이밍은 원래의 네임보다 길이가 짧고 쉬운 중국어로 만들 수 있어서 중국인에게 친근감을 줄 수 있는 장점은 있으나, 제품과의 관련성 확보가 어렵고 본래의 브랜드에 특별한 의미가 없을 경우에는 근본적으로 의역이 불가능하다는 단점이 있다.

외국브랜드의 중문 브랜드네이밍 의역 사례

원브랜드	중국어 브랜드 및 발음	의미
Microsoft	微软 (wei ran) 웨이루안	microsoft는 '작고 부드럽다'는 의미이며, 微는 'micro', 软은 'soft'의 의미임
(Apple 로고)	苹果 (ping guo) 핑구어	Apple은 '사과'의 의미, 사과를 중국어로 苹果라 함
Nestlé	雀巢 (que chao) 취에 챠오	네슬레는 '작은 새둥지'의 의미이며, 雀(새) 巢(둥지)도 '새둥지' 의미임
(VW 로고)	大众 (dazhong) 따쫑	폭스바겐은 독일어로 '국민의 차'라는 의미이며, 大众도 '대중, 국민의' 라는 의미

3. 발음과 의미를 모두 고려하여 표기하기: 음·의역(音·義譯)

소리로 옮길 경우 고급스런 느낌을 반영할 수 있지만, 상대적으로 제품의 성격을 인지하기 어렵고, 의미를 옮길 경우 친숙함과 이해는 용이하나 외국 제품이 가지고 있는 고급스러움과 프리미엄을 반영할 수 없다는 것이 음역과 의역의 장단점이다. 중문 브랜드 네이밍이 어려운 것이 바로 이 때문이다.

실제로 의미를 옮기는 순간 원래의 소리는 사라지며, 반대로 소리로 옮기는 순간 본연의 의미는 흔적도 없이 자취를 감추어 버리는 것이다. 따라서 소리와 의미의 장점만 살려서 네이밍을 하는 방법이 가장 많이 사용되고 있다. 소리와 의미를 함께 반영하는 방법은 소비자에게 쉽게 인지되고 오래 기억되며 상표등록 가능성도 높일 수 있다.

외국브랜드의 중문 브랜드네이밍 음·의역 사례

원브랜드	중국어 브랜드 및 발음	의미
(STARBUCKS COFFEE 로고)	星巴克 (xing ba ke) 싱바커	Star는 의미 그대로 별(星)로 옮기고 bucks는 마지막 s 음을 뺀 채 巴克[바커]라는 소리로 옮김

TOUS les JOURS	多乐之日 (duo le zhi ri) 뚜어러쯔르	TOUS les JOURS는 프랑스어로 '매일매일'의 의미이며, '多乐之日'는 '매일매일 즐거움이 가득한 날'이라는 의미임
Carrefour	家乐福 (jia le fu) 짜러푸	'家乐福'는 '가정에 즐거움과 복을 더한다'는 의미임
SUBWAY	赛百味 (sai bai wei) 사이바이웨이	'赛百味'는 '백가지 맛을 누릴 수 있다'는 의미임

4. 소리, 의미와 상관없이 새롭게 네이밍 하기

이 방법은 외국 제품이 가진 프리미엄을 잃지 않으면서도 중국의 소비자에게 친밀하게 다가가기 위해 새롭게 중문브랜드를 만드는 것이다. 기존브랜드와는 음도 다르고 뜻도 다르지만 중국인들에게 다가가기 쉽게 지을 수 있다. 현지 시장과 문화에 부합하는 신(新)단어를 부여하는 것뿐만 아니라, 상품의 특색을 살리기 위해 진행되는 방식이라 할 수 있다. 중문 네이밍은 단순히 브랜드 본연의 네임을 중국어로 치환하는 것이 아니며, 원래에 없는 새로운 가치와 의미를 부여하는 작업이라고 할 수 있다. 네이밍 과정에서 새로 만들어지는 의미가 중국의 소비자를 자극하고 소비로 이끌 수 있다.

외국브랜드를 새롭게 중문 브랜드네이밍 한 사례

원브랜드	중국어 브랜드 및 발음	의미
(Sprite)	雪碧 (xue bi) 쉬에비	눈 설(雪)과 푸를 벽(碧)으로 시원하게 흩날리는 겨울철의 눈과 계곡에 흐르는 비취빛 시냇물을 연상시킴
(BMW)	宝马 (bao ma) 바오 마	'귀한 말'이라는 의미로 고급스러운 이미지를 나타냄
Mamonde	梦妆 (meng zhuang) 멍쭈앙	'꿈의 화장'이라는 의미를 나타냄

주요 외국기업(한국기업 포함)의 중국어 브랜드

원브랜드	중문브랜드 및 발음	원브랜드	중문브랜드 및 발음
페이스북 FaceBook	脸书(리엔슈) '얼굴 책' 의미	나이키 Nike	耐克(나이커) 나이키의 소리를 그대로
소프트뱅크 Soft Bank	软银(루안옌) '부드러운 은행' 의미	벤츠 Bents	奔驰(번츠) '말이 빨리 달린다'는 의미
GE	通用(통용) 'general' 의미	하기스 Huggies	好奇(하오치) 호기심을 갖는 아기들의 귀여움
LEGO	乐高(러고) '즐거움이 크다' 의미	오리온	好丽友(하오리우) '좋은 친구' 의미
우리은행	友利银行 (요우리인항)	미스터 피자	米斯特比萨(미쓰터비싸)
아시아나 항공	韩亚航空 (한야항콩)	락앤락	乐扣乐扣(러코우러코우) '즐거움을 채운다'의 의미
갤럭시	盖樂世(까이러스) '세상을 즐거움으로 덮는다'는 의미	베이직 하우스	百家好(바이쨔하오) '모든 이들을 좋게 하겠다'는 의미

중문 브랜드네이밍 작업에 있어 가장 주의해야 할 것이 부정적인 연상을 피하는 것이다. 한 사례를 보면, 럭스(LUX)와 세이프가드(Safeguard)는 세안용 비누, 샤워젤, 샴푸, 린스 등의 위생용품 전문 브랜드다. 럭스는 1986년 초 力士(lishi, 리쓰)라는 이름으로 중국 시장에 진출하였으나, 강렬하고 마초적인 느낌을 주는 브랜드네이밍 탓에 위생용품 브랜드의 컨셉과 전혀 맞지 않았으며 주요 타깃층 공략에 실패하였다.

힘과 남성을 나타내는 "力", "士"의 한자를 사용한 力士는 발음은 유사하나 중국어 의미 전달에 실패하였고, 결국 중국 시장에서 좋지 못한 성적표를 남겼다.

力士(lishi, 리쓰)　　　　　　　舒肤佳(shufujia, 슈푸지아)

한편 세이프가드는 1992년 舒肤佳(shufujia, 슈푸지아)라는 이름으로 중국 시장에 진출하였다. 진출 초기 친근하고 피부에 편안함을 준다는 네이밍 컨셉으로 중국 시장을 공략한 세이프가드는 중국 진출과 동시에 무섭게 럭스의 시장 점유율을 잠식해 나갔다. 당시 생필품 구매자의 절반 이상이 여성 구매자들로 구성되어 있었고, "舒肤(피부를 편안하게 하다, 쾌적하게 하다'의 의미)"와 "佳('아름답다', '멋지다'의 의미)" 라는 글자를 결합시켜 네이밍을 함으로써 중성적인 이미지와 편안함, 전문성 등을 부각시켜 소비자들의 시선을 사로잡아, 중국 시장 진출을 성공적으로 이루어 내었다.

에어비엔비(Airbnb)도 중국어로 爱彼迎(aibiying, 아이비잉)으로 네이밍을 했으나, 발음하기도 어렵고 뜻을 이해하기도 어려워 부정적인 반응이 많은 네이밍 중 하나이다. 삼성 갤럭시도 초기에는 盖世(gaishi, 까이스)로 네이밍을 했으나 이는 该死(까이스, '죽어도 마땅하다' 의미)와 발음이 비슷해서 부정적인 연상을 주었었다. 그래서 나중에 盖乐世(까이러스, '즐거움으로 세상을 덮는다'라는 의미)로 바꾸었다.

브랜드네이밍을 통해 도출된 중문, 영문 등의 상표는 어떤 전략으로
상표출원을 하는 것이 좋은가?

브랜드네이밍 시 중문상표는 중국 소비자들이 쉽게 인식하고 발
음할 수 있다는 측면에서 중문의 상표출원이 필요하고, 영어로 된
영문상표는 고급스러운 이미지로 인식하여 제품 이미지 제고에 도
움이 되며, 한글상표는 문자가 아닌 도형으로 인식되어 등록가능
성을 높일 수 있다는 장점이 있다.

그러나 이들을 결합한 상표의 경우, 어느 한 부분과 유사한 선등
록상표가 있어도 거절되고, 거절결정불복심판에서도 이를 극복하
지 못한다면 상표전체가 거절될 수 있다. 이러한 결합상표의 경우
비록 한글을 포함하고 있고 영문이나 중문이 주요 구성부분이 아
니라 할지라도 한글에 비해 인식도가 높아, 결합상표의 영문이나
중문과 유사한 선행상표가 있을 경우 결합상표 전체가 거절될 수
도 있다.

한글, 영문, 중문을 각각 따로 출원하고 그중 어느 하나라도 먼
저 등록받으면 거기에 기타 부분을 결합하여 계속 출원하는 방법
도 고려해 볼 수 있다. 이렇게 하면 상표권을 확보한 상태에서 결
합할 부분만 잘 고려하여 대응하면 결합상표 출원으로 전체가 거
절되는 것보다는 효과적이라고 할 수 있다.

[지정상품 및 지정서비스업 지정]

Q22.

중국 상품 및 서비스업 분류표는 어떤 기준에 따라 정해져 있는가?

중국의 현행 상품 서비스업 분류표는 니스 분류 제11판을 기준으로 중국 실정에 맞도록 상품과 서비스업의 유사군 및 명칭에 대하여 조정, 보충 및 삭제한 〈유사상품 및 서비스업분류표(类似商品和服务区分表)〉를 제정하여 사용하고 있다. 이 분류표는 상품 34개(제1류−34류)와 서비스업 11개(제35류−45류)를 포함하여, 총 45개 류로 구성되어 있으며, 이 중 중국에 특색이 있는 상품 및 서비스업 항목을 유의하여 지정하였다.

〈유사상품 및 서비스업 분류표〉를 보면 매 류마다 숫자 4자리로 구성된 유사군이 있는데 앞 두 자리는 상품류를 나타내고 뒤 두 자리는 류 내에서의 순번을 나타낸다. 예를 들면, 제25류에 "2502 유아용방직용품"에 대한 분류가 있는데 앞 숫자 두 자리 25는 25류를 나타내고 뒤의 숫자 02는 25류 내에서의 순번을 나타낸다.

중국 유사상품 및 서비스업분류표에는 우리나라와 달리 서로 다른 류에 동일한 유사군은 표시되어 있지 않다. 즉, 우리나라의 경우 동일한 유사군이 여러 류에 걸쳐 있는 경우가 있는데, 이럴 경우 상품류는 서로 달라도 동일한 유사군에 해당된다면 서로 유사한 상품으로 본다. 그러나 중국은 상품류가 다르면 원칙적으로 그 유사군도 다르다. 다만, 서로 류가 다른 상품들 간의 유사성 또는 서로 다른 유사군 코드들의 유사성은 매 유사군 밑에 비고의 형식으로 별도 표기해 놓았다.

• 중국 상품 및 서비스업 분류표 보는 법(예시: 16류) •

第十六类

纸和纸板;印刷品;书籍装订材料;照片;文具和办公用品(家具除外);文具用或家庭用剂;艺术家用或绘画用材料;画笔;教育或教学用品;包装和打包用塑料纸、塑料膜和塑;印刷铅字,印版。

⬆

16류에 해당하는 물품의 명칭

| 유사군 코드 | ⟵ (1616) 办公室用绘图仪器,绘画仪器 |

绘图用直角尺 160069.绘图用圆规 160096.曲线板 160107.绘画仪器 160125.画图用描图针 160184.比例绘图仪(绘图器械)160208.制图尺 160234.绘图用直角板 160297.绘图用丁字尺 160298

※比例尺 C160098　　**유사군(1616)에 해당하는 개별상품 명칭**

▸ 1616 : 사무용 제도기구, 회화도구의 유사군 코드
▸ 160069 : 개별상품인 '제도용직각자'의 상품코드
▸ C160098 : '축척'의 상품코드로 'C'가 붙은 것은 중국분류표에만 있는 상품으로 니스분류를 기초로 하여 만든 중국 특유의 명칭임

注:1. 本类似群与 1611 家具除外的办公必需品.文具.学校用品(文具)类似;
　2. 本类似群与 0905 规尺(量具).测量用圆规.量具.尺(量器).刻度尺.测量用丁字尺.测量用直角板.测量用直角尺类似.与第十版及以前版本 0905 圆规(测量仪器)交叉检索。

※ 비고 : 1. 본 유사군에 해당하는 상품과 유사군 1611의 사무용품. 문구. 학용품(문구)과 유사
2. 본 유사군에 해당하는 상품과 유사군 0905의 측량용 자. 제도용 자 등과는 유사

● 상품류와 유사군 코드 ●

상품류가 같으면 모두 유사한 상품으로 보면 되는가? 그렇지는 않다 아래 사례를 보면 동일한 상품류(3류)에 유사한 상표 *"VITA SPECIAL" 과 "VITA COLLECTION"이 모두 등록된 것을 볼 수 있다.

*양 상표("VITA SPECIAL"과 "VITA COLLECTION")는 식별력이 강한 "VITA"를 포함하고 있어 서로 유사함("SPECIAL"과 "COLLECTION"은 식별력이 없거나 약해 유사여부 판단에 영향주지 않음)

그 이유는, "VITA SPECIAL"의 지정상품인 '애완동물용 화장품' 등은 유사군코드가 0302;0304;0309이고, "VITA COLLECTION"의 지정상품인 화장품, 세정제 등은 유사군코드가 0301;0306;0307로 서로 달라 비록 상품류(3류)는 같다고 하더라도 서로 비유사한 상품에 속하기 때문이다.

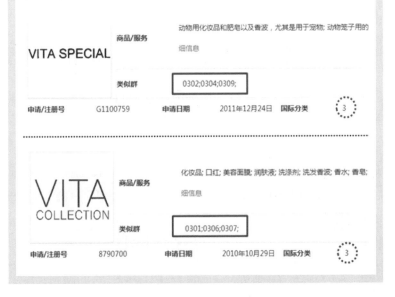

상표출원서에 중국 상품 및 서비스업 분류표상에 기재된 상품명칭을 사용하지 않으면 어떻게 되는가?

상품 및 서비스업분류표에 기재된 명칭은 규범품목(规范项目)이라 하여 정식품목에 해당되며 이를 출원서에 상품 또는 서비스업 명칭으로 기재해야 하는 것이 원칙이다. 그러나 정식품목과 딱 맞아떨어지는 상품은 아니지만, 상표국이 인정한 비규범품목(非规范项目)의 경우에도 이를 출원서에 지정상품으로 기재하면 별문제 없이 수리된다.

그러나 규범품목도 비규범품목도 아닌 상품을 기재할 경우, 방식심사 단계에서 보정을 요구받게 된다. 이렇게 되면 그만큼 심사가 지연될 수도 있어 신속한 권리확보 전략에 차질을 줄 수도 있으므로, 가급적이면 규범 또는 비규범 품목을 쓰는 것이 좋다. 규범품목 또는 비규범품목이 아닌 상품일 경우 상품에 대한 설명을 첨부하도록 해야 한다.

그리고 전자출원의 경우에도 규범품목과 비규범품목을 적지 않으면 시스템상 진행이 되지 않아 출원할 수가 없다. 전자출원 시에는 상품명을 클릭하여 선택하는 방식이며 상품명을 직접 기입할 수 없도록 되어 있다.

≣ 참고   중국 출원 시 지정상품 관련 실무팁

1. 중국 지정상품과 우리나라 지정상품과의 차이 및 불일치
   중국의 지정상품은 우리나라보다 덜 세분화되어 있고 지정상품의 종

류도 훨씬 적다. 따라서 우리나라 유사상품심사기준에 나와 있는 지정상품에 해당하는 영문명칭을 기재하더라도 중국은 니스분류가 우리나라처럼 세분화되어 있지 않아 중국 지정상품 목록에 없어 보정통지를 받는 경우가 있다. 예컨대 24류의 아래 상품은 우리나라 유사상품심사기준(니스분류 제11판)에는 정식명칭으로 인정되는 지정상품이나, 중국에는 이러한 지정상품이 규범품목에도 비규범품목에도 포함되어 있지 않다. 따라서 이러한 지정상품의 경우에는 보정통지를 받게 된다.

- 가정용 전기식 채소재배기(electric vegetable cultivation apparutus for household purposes)
- 가정용 식물배양기(plant growth containers for domestic purposes)
- 가정용 수경재배장치(hydroponic growing containers for household purposes)
- 꽃 및 식물 재배용 상자(flower and plant cultivation trays)

2. 규범 및 비규범 품목에 속하지 않는 지정상품에 대한 출원방법

첫 번째 방법은, 이러한 지정상품의 경우 처음 출원할 때부터 이와 가장 유사한 중국 분류표 및 비규범품목에 해당하는 지정상품으로 변경하여 출원하는 방법이 있다. 이렇게 하면, 보정통지가 나올 가능성이 거의 없으므로 상대적으로 절차를 빨리 진행시킬 수 있는 장점은 있으나, 지정상품이 원래 보호받기 원하던 지정상품과는 조금 달라지게 되는 문제점이 있다.

두 번째 방법은, 원지정상품을 그대로 지정하되 지정상품에 대해 충분한 설명서를 작성하는 것이다. 이러한 설명서는 가급적 구체적이고 상세하게 작성하여야 하는데, 해당 상품의 명칭, 구조, 특성, 사용방식 등의 내용을 상세하게 기재하여야 받아들여질 가능성이 높다. 새로운 상품들의 출현 및 갱신속도가 점점 빨라지는 추세로 인하여 상표국의 상품에 대한 심사 역시 규범품목에만 얽매이지 않게 되었으므로 상품설명서 역시 상표등록 가능성을 높여줄 수 있는 자료라 할 수 있다. 만약 심사관이 이를 받아들인다면 원래 원하던 지정상품을 그대로 사용할 수 있는 장점이 있으나, 심사관이 받아들이지 않으면 보정통지를 받게 되고 그만큼 등록까지의 절차가 지연되는 단점이 있다.

● 규범품목과 비규범품목 ●

상표국 홈페이지 상표검색란에서 상품류 25류에 대한 상품을 검색해 보면 아래와 같이 개별상품들이 나타나는데, 숫자 6자리로 이루어져 있으며 니스상품(尼斯商品)이라고 표시된 것이 규범품목이고 그렇지 않은 것은 비규범품목이다. 상표검색란에 표시된 규범품목과 비규범품목을 지정상품으로 표기한다면 지정상품과 지정서비스업은 문제없이 수리된다.

규범품목이란 중국 상표국에서 발간하는 상품 및 서비스업분류표에 나와 있는 명칭을 말하는 것으로 정식품목이라 할 수 있으며, 비규범품목이란 상표의 함의와 사용실태 등이 규범품목과 유사한 것을 말한다. 상표국은 상품류마다 규범품목과 비규범품목을 시스템에 탑재하고 있어 누구든지 확인이 가능하다. 비규범품목의 경우 상표국이 3~4개월 단위로 업데이트를 한다.

예컨대, 상표국 홈페이지에서 "양말"에 대한 지정상품을 보면, 상표국 홈페이지에 상표류 검색에 들어가서 상품류 25류, 유사군 2509를 입력하면 아래와 같이 규범품목과 비규범품목이 동시에 기재되어 있다.

규범품목 : 상품서비스분류표상의 정식명칭

国际分类	类似群	商品/服务项目	五方	商品编码	商品类型
25	2509	短袜	是	250036	尼斯商品
25	2509	吊袜带	是	250037	尼斯商品
25	2509	袜带	是	250038	尼斯商品
25	2509	吊袜带（长袜用）	是	250039	尼斯商品
25	2509	紧腿裤（暖腿套）	否	250088	尼斯商品
25	2509	暖腿套	是	250088	尼斯商品
25	2509	非电暖脚套	否	250133	尼斯商品
25	2509	吸汗袜	是	250176	尼斯商品
25	2509	袜褥	是	C250022	国内标C
25	2509	袜套	是	C250023	国内标C

国际分类	类似群	商品/服务项目	五方	商品编码	商品类型
25	2509	日式分趾袜	是		
25	2509	裤袜	是		
25	2509	男式短袜	是		
25	2509	及膝长袜	是		
25	2509	防汗袜	是		
25	2509	分趾袜	是		
25	2509	绑腿	是		
25	2509	羊毛袜	是		

비규범품목 : 상품서비스분류표에 수록되어 있지 않지만 정식명칭으로 인정

[유사상표 검색]

Q24.

상표출원 전 유사상표 검색은 어떤 방법으로 하나?

중국의 유사상표검색은 상표국 상표검색사이트(http://sbj.saic.gov.cn/)를 통하여 할 수 있다.[23] 상표출원일 전에 동일 또는 유사한 상품·서비스업에 출원상표와 동일 또는 유사한 선출원/선등록상표가 존재하는 경우 해당 상표출원은 상표국에 의하여 거절된다. 따라서 유사상표검색은 출원상표와 동일 유사한 선행상표의 존재 유무를 확인할 수 있으므로 출원상표의 등록가능성을 어느 정도 예측할 수 있고 그에 따른 대응방안을 모색할 수 있다.

단, 상표국 공개 데이터베이스에는 기등록 상표 및 방식심사가 종료된 상표출원에 대한 정보만 제공하고 있어, 상표검색일을 기준으로 여전히 방식심사단계에 있는 출원상표의 경우 상표검색 결과에 나타나지 않는다. 즉 유사상표 검색 시 약 2개월 정도의 공백기가 있다. 다만 최근 상표국은 이 기간을 대폭 줄이고 있다.[24] 따라서 유사상표검색의 결과가 모든 출원상표의 등록가능성을 100% 예측한다고 할 수는 없다.

---

23 대부분의 중국 특허사무소에서는 상표국의 공식 검색사이트를 주로 사용하고, 보조적으로 TM KOO, 白兔, 国方, 猪八戒 등의 민간에서 개발한 검색시스템도 사용하고 있다.

24 상표검색시의 공백기를 2018년에는 10일 줄였다고 발표했다(국가지식산권국 상표국 홈페이지, 2019.1.7).

한 걸음 더 들어가 보기

● 상표검색 따라해 보기 ●

1. 상표국 사이트 접속 http://sbj.saic.gov.cn

2. 아래 "商标查询"클릭

国家工商行政管理总局商标局 中国商标网
Trademark Office of The State Administration For Industry & Commerce of the People's Republic of China

| 首页 | 司局介绍 | 工作动态 | 政策法规 | 通知公告 | 商标监管执法 |
| | 地理标志 | 国际交流 | 商标查询 | 专题报道 | 公众留言 |

3. 아래 "我接受"클릭

商标查询

使用说明

本栏目为社会公众提供商标注册申请信息查询，本系统的数据信息并非实时更新，有一定滞后性，仅供参
不具有法律效力。

 我接受

4. 아래 "商标近似查询" 클릭

5. 출원하고자 하는 상품류, 언어, 검색어 입력하고 "查询" 클릭
  - 예, 25류에 검색어 'HELLO KID' 입력
 *좀 더 정밀한 검색을 하려면: '选择查询'을 클릭하고 '全选'을 선택하
  고 '查询'을 클릭

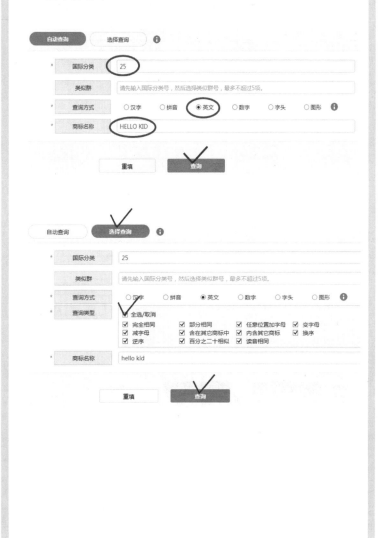

6. 검색결과

- 검색어와 가장 유사한 검색결과부터 순서대로 표시

7. 상표출원 제4321477호 상표 현황

84

[상표출원절차 일반]

Q25.

상표출원은 어떻게 진행되며, 등록까지 소요되는 기간과 비용은?

중국에서의 상표출원 절차는 다음과 같다.

우선 상표국에 법적요건에 부합하는 출원서류를 제출하면 상표국은 이를 수리(방식심사) 후, 상표가 상표법 규정에 부합하는지 심사(실질심사)를 하고 요건에 부합할 경우, 출원공고를 한다. 출원공고 후 이의신청이 없으면 해당상표는 등록되고, 만약 출원공고 기간에 해당 상표에 이의가 제기되면, 이의신청에 대한 심사를 거쳐 상표등록 여부가 결정된다.

통상적인 소요기간을 보면, 만약 출원공고기간에 이의신청이 없을 경우, 출원부터 등록까지 약 1년[25]의 기간이 소요(상표법 규정상 9개월 이내에 심사완료, 출원공고기간 3개월)되나, 이의신청이 제기된다면 그 기간은 이의신청 처리기간(상표법 규정상 12개월 이내에 이의심사 완료)에 따라 달라진다.

상표등록출원 접수비용은 300위안이다. 다만, 상품·서비스업이 10개를 초과할 경우 초과되는 1개 상품마다 30위안을 추가 납부해야 한다.

---

25 중국 공상총국이 2018년 3월 20일 발표한 〈상표등록간소화개혁 3개년 (2018~2020) 계획〉에서 상표심사주기를 2018년 말까지 6개월로 단축하고, 2020년에는 4개월로 단축하겠다고 하였다. 실제 2019년 현재 6개월 정도 소요되고 있다.

출원단계별 주요 내용 및 소요기간

절차	주요 내용	소요기간
방식심사	• **상표출원서가 관련 규정 부합 시 수리통지서 발송** • 상표도안이나 지정상품 명칭 불명확 등 보정이 필요한 경우, 상표국은 출원인에게 보정 통지 명함 - 출원인은 30일 이내에 보정	**통상 1~3개월 소요** 전자출원 시 약 1개월 서류출원 시 약 2~3개월
실질심사	• 출원상표가 상표법 규정의 실질적 등록요건에 부합하는지 여부에 대해 심사	출원 후 9개월 이내
출원공고	• 출원된 상표가 거절이유가 없으면 출원공고	공고기간 3개월
이의신청	• 출원공고 기간 동안 선권리자 또는 이해관계인 등, 이의 제기	12개월 이내에 심사 완료
등록결정	• 이의 제기 없을 경우 등록결정	등록결정 후 1~2개월 등록증 발급

🧑‍💼❓ 추가질문   ① 방식심사란?

    상표국은 출원서류들에 대하여 방식심사, 즉, 지정상품 또는 서비스업 명칭의 규범성, 서류의 작성이 규정에 부합되는지 여부 등에 대하여 심사하게 된다. 방식심사는 통상적으로 1개월~3개월 정도 소요되며 방식심사에 통과된 상표에 대하여 상표국은 〈상표출원수리통지서(商标注册申请受理通知书)〉를 발급하게 된다. 해당 수리통지서는 단지 출원인의 상표가 방식심사를 통과하였다는 것을 의미하며 기타 법적 효력은 가지지 않는다.

    수리통지서와 함께 발급되는 것은 상표의 출원번호(상표가 등록되는 경우 출원번호가 곧 등록번호임)이나, 지금은 온라인출원방식이 주류를 이루고 있으며, 온라인출원방식으로 제출하는 경우 방식심사 통과 여부에 관계없이 출원 다음 날이면 출원번호가 자동으로 부여되고 있어서 수리통지서의 역할이 점점 작아지고 있는 현실이다.

    출원수속이 불비하거나 출원서류에 기재한 내용이 규정에 부합하지 않을 경우 상표국은 "보정통지서(补正通知书)"[26]를 발송하고 보정통지서를 받은 날로부터 30일 이내에 보정서류 등을 상표국에 제출해야 한다.

방식심사에 통과된 상표는 실질심사에 진입하게 되는데, 상표국은 출원상표의 상표법상 절대적 금지사항 위반 여부, 식별력의 유무, 동일 유사한 선행상표의 존재 여부 등에 대하여 심사하게 된다. 방식심사 후 약 5~7개월 정도 후에 실질심사에 들어가게 되며, 실질심사에 통과된 상표는 상표국에서 이를 상표공보에 출원공고하게 된다. 따라서 상표출원의 심사기간은 방식심사와 실질심사를 합쳐 대략 9개월 정도이나, 최근 상표국이 심사기간 단축에 많은 노력을 하고 있어 그 기간이 점차 줄어들고 있다.

상표국은 상표출원서를 접수받은 날로부터 9개월 이내에 심사를 완료한 후 상표법 관련 규정에 부합하면, 출원공고결정과 함께 〈상표공보〉에 공고한다. 출원공고된 상표는 상표공보에 등재된 날로부터 3개월 동안 이의신청이 제기되지 않거나 이의신청이 제기되었으나 이것이 받아들여지지 않을 경우, 해당 상표는 등록된다. 출원공고의 목적은 사회공중이 상표국의 상표심사에 대해 감독을 하는 것으로, 법에 의해 자기의 합법적 권리를 보호할 수 있도록 하기 위함이다.

이의신청이란 출원공고된 상표에 대해 공고된 날로부터 3개월 이내에 ⅰ) 공고된 상표가 먼저 등록된 상표와 동일 또는 유사하거나, 선권리와 충돌되는 등의 거절이유가 있을 경우에는 '등록권리자' 또는 '이해관계인'이, ⅱ) 공고된 상표가 상표로 사용될 수 없는 표장이거나 등록받을 수 없는 상표일 경우에는 '누구든지' 상표국에 이의신청을 할 수 있다. 상표국은 이의신청에 대해 12개월 이내에 심사를 완료하여야 한다.

---

26 보정통지서는 단 1회만 기회가 주어진다.

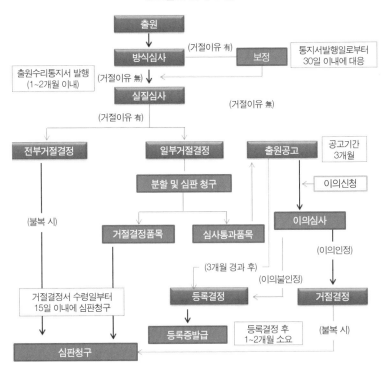

상표출원 전체 흐름도

Q26.

중국에서는 문서송달 방법과 기간 산정은 어떻게 하는가?

당사자가 상표국 또는 상표평심위원회에 제출하는 서류 또는 자료의 제출일은 직접 제출하는 경우 제출일을 기준으로 한다. 우편으로 제출한 경우 발송한 우편소인일을 기준으로 하며, 우편소인일이 명확하지 아니하거나 또는 우편소인일이 없으면 상표국 또는 상표평심위원회가 실제로 받은 날을 기준으로 하지만, 당사자가 실제 우편소인일의 증거를 제출할 수 있는 경우는 제외한다. 우편국 이외의 택배회사를 통해 제출한 경우, 택배회사가 접수하여 발송한 날을 기준으로 하며, 접수한 날이 명확하지 아니하면 상표국 또는 상표평심위원회가 실제로 받은 날을 기준으로 하지만, 당사자가 실제 접수한 날의 증거를 제출할 수 있는 경우는 제외한다. 전자방식으로 제출한 경우, 상표국 또는 상표평심위원회의 전자시스템에 진입한 날을 기준으로 한다.[27]

상표국 또는 상표평심위원회의 각종 문서는 우편·직접교부·전자방식 또는 기타 방식으로 당사자에게 송달할 수 있다. 당사자가 상표대리기구에 위임한 경우, 상표대리기구에 문서를 송달한 것은 당사자에게 송달한 것으로 본다.

상표국 또는 상표평심위원회의 당사자에 대한 각종 문서의 송달일은 우편으로 발송한 경우, 우편소인일을 기준으로 하되, 우편소인일이 분명하지 아니하거나 없는 경우 문서를 발송한 날로부터 15일이 되는 날 당사자에게 송달된 것으로 본다. 다만 당사자가 실제 수령일을 증명할 수 있는 경우는 제외한다.

직접 교부한 경우, 교부일을 기준으로 한다. 전자방식으로 송달한 경우, 서류를 발송한 날로부터 15일이 되는 날 당사자에게 송달된 것으로 본다. 위의 방식으로 송달할 수 없는 경우, 공고방식으로 송달할 수 있고, 공고일로부터 30일 후에 그 서류가 당사자에게 송달된 것으로 간주한다.[28]

---

27 상표법실시조례 제9조.
28 상표법실시조례 제10조.

상표법 및 상표법실시조례가 규정하는 각종 기간의 시작일은 기간 내에 산입하지 아니한다. 기간을 연 또는 월로 계산하는 경우, 기간의 마지막 월의 상응하는 날을 기간의 만료일로 한다. 그 월에 상응하는 날이 없는 경우, 그 월의 마지막 날을 기간의 만료일로 한다. 기간의 만료일이 휴일인 경우, 휴일 이후의 첫 번째 근무일을 기간의 만료일로 한다.[29]

참고 상표 심사·심리기간에 포함되지 않는 기간[30]

(1) 상표국, 상표평심위원회의 공고송달 기간
(2) 당사자의 증거 보충 또는 문서 보정에 필요한 기간 및 당사자 변경으로 재답변에 필요한 기간
(3) 같은 날 출원한 것이어서, 사용증거 제출 및 협상·추첨에 필요한 기간
(4) 우선권의 확정을 위한 대기 기간
(5) 심사·심리과정에서, 사건 당사자의 청구에 의하여 선권리 사건의 심리결과를 기다리는 기간

Q27.   中國商標

상표출원 시 필요한 서류와 출원서 작성 시 주의해야 할 사항은 무엇인가?

상표출원 시에는 ① 상표출원서(출원인 또는 대리인 날인), ② 상표대리 위임장(대리기구에 의뢰할 경우 제출), ③ 출원인 신분증명

---

29 상표법실시조례 제12조.
30 상표법실시조례 제11조.

서류가 필요하다. 출원인 신분증명 서류를 제출함에 있어서, 출원인이 홍콩·마카오·타이완 또는 해외 법인, 또는 기타 조직일 경우 소재 지역 또는 국가의 등기증명서류 사본을 제출해야 한다. 따라서 그 법인 또는 기타 조직의 중국사무소 또는 중국에 상주하는 대표기구가 중국에 설립 등기한 등기증 사본은 효력이 없다. 상기 서류가 외국어일 경우 반드시 중국어 번역본을 첨부해야 한다. 첨부하지 않을 경우 동 서류를 제출하지 않은 것으로 간주한다.

상표출원서에는 ① 외국출원인은 이름 및 주소를 중·영문 두 가지 문자로 작성해야 하고, ② 출원인 국적, ③ 구체적인 지정상품·서비스업 명칭 등을 기재하고, ④ 위임장 컬러스캔본(통상적으로 대리사무소에서 양식 제공), ⑤ 선명한 상표견본, ⑥ 출원인이 법인인 경우 사업자등록증 스캔본을 제출하고, 자연인인 경우 여권 또는 주민등록증 사본 제출, ⑦ 우선권 원본 서류(우선권 주장 시 필요)를 제출해야 한다.

출원서 작성 시 주의해야 할 사항으로는

(1) 중문이나 도형상표[31]는 특별한 설명을 요하지 않으나 외국어로 된 상표의 경우 상표에 대한 설명이 있어야 한다.

(2) 외국어 문자를 포함한 상표를 출원할 경우 반드시 출원서에 그 뜻을 설명해야 하며, 출원상표가 구성하는 알파벳이 비(非)표준 글자체일 경우에는 반드시 정형화된 쓰기방법을 설명해야 한다.

(3) 출원상표에 포함된 인물 도안이 실제의 인물초상일 경우, 예

---

31 도형 역시 간단한 설명을 하는 것이 좋다.

를 들어 자연인이 본인의 사진을 상표견본으로 출원할 경우에는, 반드시 이에 대해서 설명을 해야 한다.

(4) 출원인이 법인인 경우, 출원인의 명칭과 주소는 반드시 사업자 등록증 상의 명칭, 주소와 동일하여야 하지만, 자연인의 경우 명칭만 동일하면 된다.

(5) 온라인출원 방식은 제출되는 전자서류들이 컬러 스캔본일 것을 요구하므로 위임장은 컬러 스캔본을 제출하여야 한다.

(6) 상표국은 제출되는 상표견본의 크기에 대하여서도 규정이 있는바, 업로드되는 상표견본의 크기는 반드시 최소 400×400, 최대 1500×1500사이여야 한다.

(7) 1상표 다(多)분류의 경우에도, 하나의 출원서만 작성하면 된다. 즉, 어떤 출원인의 출원상표가 회화용 붓과 그림물감을 지정상품으로 하고 있다면 비록 지정상품이 2개의 분류에 걸쳐 있다고 하더라고 이를 하나의 출원서에 기재하여 제출하면 된다.

Q28.

외국인과 외국기업이 중국에 상표출원을 진행하는 방법은?

■ 상표법 제18조: ② 외국인이나 외국기업이 중국에서 상표등록을 출원하고 기타 상표업무를 처리할 경우, 법에 의거하여 설립한 상표대리기구에 위탁하여 처리해야 한다.

외국기업이 중국에서 상표등록 출원과 기타 상표업무를 처리할 경우, 반드시 법에 의해 설립한 상표대리기구에 위탁하여 처리해야 한다. 출원인이 홍콩·마카오·타이완 또는 외국의 법인 또는 기타 조직일 경우, 소재 국가의 등기증명서류 복사본을 제출해야 한다(외국기업의 재중사무소, 상주 대표기관의 등기증 복사본은 인정되지 않는다). 외국 자연인의 경우, 본인의 여권·주민등록증 복사본을 제출하여야 한다. 단, 외국 면허증은 인정되지 않는다.

상기 서류가 외국어 텍스트일 경우 중국어 번역본을 첨부해야 하고, 이를 첨부하지 않을 경우, 동 서류를 제출하지 않은 것으로 간주한다.

외국 출원인의 이름, 주소는 중국어·영어 두 가지 문자로 기입해야 하고, 중문 버전에는 비(非)중국어 문자부호의 사용을 금지하며 모두 한자를 사용해야 한다.[32] 영어 버전은 비(非)영어 문자부호의 사용을 금지하며 영어 알파벳으로 대체해야 한다.

외국 기업 출원인의 영어 이름 중 출원인의 법률 성질을 표시하는 문자(예를 들어, 유한회사)가 없을 경우, 중문 버전은 법률성질의 문자를 번역하거나 또는 출원인이 모기업이라고 별도로 설명해야 한다.

---

32 출원인의 명칭과 주소 중 중문으로 번역될 수 없고 아무런 의미도 없는 단순한 알파벳 조합(2개 이하 알파벳의 조합, 예를 들어 ZK 등)과 빌딩의 동수를 의미하는 알파벳 자모(예를 들어 모모빌딩 A동의 'A')는 굳이 중문으로 번역하지 않아도 된다.

출원일은 언제 확정되는가?

상표출원의 출원일은 상표국이 출원서류를 받은 날을 기준으로 한다. 방식심사를 거쳐 요건에 부합할 경우, 상표국에서 상표출원서가 접수된 날을 출원일로 확정하고 출원번호부여와 동시에 출원인에게 수리통지서를 발급한다. 여기서 방식심사의 대상은 단체표장 및 증명상표의 출원인 적격(제3조), 출원인 적격(제4조), 공동출원 규정(제5조), 관련법규에 의한 상표등록 의무상품(제6조), 상표출원서의 형식(제21조 내지 제23조), 우선권 주장(제25조), 전시회 출품상품의 출원일 의제(제26조), 출원서 기재사항의 진실·정확·완전 요건(제26조), 수수료(제71조) 등이다.

그러나 보충이나 수정이 필요할 경우 상표국은 출원인에게 통지하여 보정(補正)하도록 명하고 출원인은 통지 접수일로부터 30일 내에 지정한 내용에 따라 보정하여 상표국에 다시 제출해야 한다. 지정된 기한 내에 보정하고 상표국에 제출했을 경우, 출원일은 서류를 처음 제출한 날로 간주한다. 기한 내에 보정하지 않았거나 또는 요구에 따라 보정을 하지 않을 경우 상표국은 출원서류를 수리하지 않고 서면으로 출원인에게 통지한다.

동일자 출원은 어떻게 처리하나?

동일자 출원이 있을 경우, 출원 전에 '먼저 사용한' 출원인의 출원만이 등록 가능하다. 따라서 동일자 출원이 있는 경우, 상표국은 출원인에게 이를 통지하며, 동일자 출원의 출원인은 상표국의 통지를 받은 날부터 30일 내에 출원 전에 동 상표를 먼저 사용했다는 증거를 제출해야 한다.

동일자에 양 당사자가 사용하였거나 또는 모두 사용하지 않았을 경우 각 출원인은 상표국의 통지를 받은 날부터 30일 내에 자발적으로 협상하여 관련 서면협의 결과를 상표국에 제출할 수 있다. 협상을 원하지 않거나 또는 협상이 이루어지지 않을 경우 상표국은 각 출원인에게 추첨방식으로 출원인 1명을 결정하고 기타 출원인의 출원은 거절한다고 통지한다. 상표국에서 이미 통지했지만 출원인이 추첨에 참여하지 않을 경우에는 출원을 포기한 것으로 간주한다.

상표출원 시 우선권주장을 통해 출원일을 앞당길 수 있는데 우선권이란 무엇인가?

■ 상표법 제25조: ① 상표출원인은 자신의 상표를 외국에 제1차로 상표등록을 출원한 날로부터 6개월 이내에, 중국에 동일한 상표를 동일한 상품에 대하여 상표등록을 출원할 경우, 그 외국과 중국이 체결한 협의, 공

통으로 가입한 국제조약 또는 상호 승인한 우선권 원칙에 의하여 우선권을 향유할 수 있다.

② 전항의 규정에 의하여 우선권을 주장할 경우, 상표등록을 출원할 때 서면으로 그 설명을 제출하고, 3개월 이내에 제1차로 제출한 상표출원서류의 부본을 제출해야 한다. 서면으로 설명을 제출하지 아니하거나 기간을 경과하여 상표출원서류의 부본을 제출하지 아니한 경우, 우선권을 주장하지 아니한 것으로 간주한다.

■ 상표법 제26조: ① 상표가 중국정부가 주최하거나 승인한 국제박람회에 전시한 상품에 먼저 사용된 경우, 그 상품의 전시일로부터 6개월 내에 그 상표의 등록출원인은 우선권을 향유할 수 있다.

상표법상 우선권이란, 일정한 조건에 부합되는 상표출원은 해당 상표가 처음 상표출원을 하였거나, 처음으로 사용한 날을 출원일로 지정할 수 있는 권리이다. 상표법 제25조 및 제26조는 이러한 우선권을 아래 두 종류로 분류하였다.

(1) 상표출원인은 해당 상표가 외국에서 처음 상표등록을 출원한 날로부터 6개월 이내에 중국에서 동일 지정상품상의 동일 상표에 대하여 출원하는 경우, 해당 국가와 중국이 체결한 협정이나 양국이 공동가입한 국제협약("파리협약"과 "상표국제등록 마드리드협정")에 의거하거나 양국의 우선권 상호인정 원칙에 의하여 우선권을 누릴 수 있다. 예를 들어, 우리나라의 A기업이 2017년 12월 10일 우리나라에 상표출원을 한 후, 2018년 4월 15일 중국에 동일 지정상품상의 동일 상표에 대하여 출원서를 제출함과 동시에 우선권을 주장하였다. 이런 경우, A기업은 상표법상 우선권에 의하여 해당 중국 상표출원의 출원일은 2018년 4월 15일이 아닌 2017년 12

월 10일로 되는 것이다.

(2) 출원상표가 중국 정부에서 주최하거나 인정하는 국제박람회에서 처음으로 사용된 경우 해당 상품전시일로부터 6개월 이내의 우선권을 누릴 수 있다.

외국 출원을 기반으로 하는 우선권은 중국 상표출원 시 반드시 우선권서류 원본을 제출하여야 하며, 출원신청서와 동시에 제출하는 데 어려움이 있는 경우, 먼저 복사본을 제출하고, 3개월 내에 원본을 보완하여 제출할 수 있다. 국제박람회를 기반으로 하는 우선권은 중국 상표출원 시 반드시 서면으로 된 설명서를 제출하여야 하며, 3개월 내에 해당 박람회 명칭, 출원상표를 사용한 증거자료, 전시일 등의 증명서류를 제출하여야 한다.

> **참고**　출원인이 제출해야 하는 우선권 증명서류
>
> ① 최초 상표등록 출원서류의 사본(동 국가의 공식 증명 필요) 및 중국어 번역본(상표대리기구의 법인도장 날인 필요)
> ② 전시회의 전시 상품에 처음으로 동 상표를 사용했다는 증거 및 중국어 번역본(상표대리기구의 법인도장 날인 필요)

Q32.

中國商標

중국에서 온라인 출원은 어떻게 하나?

■ 상표법 제22조: ③ 상표출원 등의 관련 서류는 서면 또는 전자방식으로 제출할 수 있다.

2017년부터 상표국에서는 온라인 출원방식을 대리사무소뿐만 아니라 개인도 할 수 있도록 하였다.[33]

상표출원뿐만 아니라 상표와 관련된 신청, 예를 들어 갱신, 변경, 양도, 취하 등의 신청도 전부 온라인으로 신청할 수 있다. 온라인신청 시스템은 국경절 연휴, 구정 연휴 및 시스템 점검일을 제외한 시간대는 전부 이용할 수 있으며, 오전 8시부터 오후 8시까지 사용할 수 있다(오후 8시 이후에 제출된 신청은 무효임).

온라인출원에 필요한 서류는 서면 출원과 동일하지만, 전부 컬러 스캔본으로 제출되어야 한다. 또한 각각의 기재란에 필요사항을 기재하는 방식으로 진행되므로, 방식심사에서 통과될 확률이 상당히 높고, 출원번호도 출원 다음날 바로 나오게 되어 출원인에게 비교적 유리하다 할 수 있다. 그러나 제출서류가 전부 스캔본이라는 점에서 인감이나 서명이 조작, 위조될 가능성도 높아져, 상표권 분쟁이 발생할 가능성도 상대적으로 높아지고 있다.

전자출원방법은 아래와 같다.[34]

(1) 전자출원하고자 하는 출원인과 상표대리기구는 우선 상표국의 〈상표전자 출원시스템 아이디 사용협의〉에 서명하고, 전자출원 관련 약정에 동의해야 한다.

(2) 상표출원인 스스로 전자출원할 수 있으며, 상표대리기구에 위탁하여도 된다. 중국에 거소나 영업소가 없는 외국인이나 외국기업이 전자출원을 하기 위해서는 반드시 법에 의해 설

---

33 중국 상표국 공식 홈페이지(http://sbj.saic.gov.cn/)를 통해 전자출원이 가능하다.
34 商标实务指南(张锐主编, 法律出版社, 2017), p.16.

립된 상표대리기구에 위탁하여야 한다.

(3) 상표출원인이 스스로 전자출원을 하려면, 출원서 제출 전에
온라인으로 아이디 등록신청을 하고, 부여받은 아이디로 전
자출원시스템에 로그인하며 시스템상의 양식에 맞게 출원
내용을 기입하면 된다.

(4) 전자출원 시에는 정해진 전자출원시스템을 통해 제출해야
하고 상표국에서 정한 문서규격, 데이터 표준, 작성규칙 및
전송방법에 따라 출원서를 제출해야 한다. 전자출원서가 규
격에 맞지 않을 경우, 제출 자체가 불가능하다. 따라서 전자
출원의 경우, 보정통지서가 발송되는 경우는 거의 없다.

(5) 전자출원 시, 출원서류가 상표국의 전자출원시스템에 성공
적으로 등록된 날짜를 출원일로 본다.

(6) 전자출원 시, 출원인 및 상표대리기구는 온라인상으로 수수
료를 납부하여야 하고 수수료가 납부되지 않으면 출원되지
않은 것으로 본다.

주의해야 할 사항은, 외국기업이 전자출원을 하려면 회사 직인
이 찍힌 자격요건 증명서류 스캔본을 전자출원 시스템에 등록해야
하고, 외국어로 된 서류는 중국어 번역본을 동시에 제출하여야 한
다. 외국기업의 중국법에 따른 지점이나 자회사의 경우에는 중국
기업에 준해 전자출원을 할 수 있으나, 외국기업의 중국 대표처나
사무소(비경영장소)는 그 명의로 전자출원을 할 수 없다.

Q33.

일반상표이면서 색채가 들어간 상표를 출원할 경우 주의할 사항은 무엇인가?

상표출원 시에는 상표출원서 1부와 함께, 상표견본 1부를 제출해야 한다. 이때 일반상표이면서 색채가 들어간 경우 해당 색채를 사용하고 싶으면 색채를 지정한 상표견본을 제출해야 한다(상표설명란에 색채지정이라는 설명을 해야 함). 다만 출원 시 색채를 지정할 경우에는 상표등록 후 상표를 사용할 때에는 반드시 지정한 색채가 들어간 상표를 사용해야 하는 제한이 있다.

그러나 이를 흑백상표로 출원할 경우(상표설명란에 아무런 표기를 하지 않으면 됨) 등록 후에 여러 가지 색을 넣어 사용해도 상관없다.

따라서 특정색채를 꼭 사용해야 할 특수한 상황이 아니라면 흑백상표로 출원하는 것이 좋다.

색채지정상표	색채지정을 하지 않은 흑백상표

상표설명부분에 "이 상표는 색채보호를 지정한다"가 표기되어 있음 → 녹색과 빨간색을 반드시 사용해야 함	상표설명 부분에 색채와 관련한 설명이 없음 → 녹색이나 빨간색이 아닌 다른 색을 사용할 수 있음

[지정상품과 지정서비스업과의 관계]

Q34.

中 國 商 標

**상품과 서비스업과의 견련성 여부 판단 및 제35류와 관련하여 주의
해야 할 사항은 무엇인가?**

상품과 서비스업 간의 유사함을 판단하는 기준은 상품과 서비스
업 간에 일정한 관련성이 있으며 대중에게 쉽게 혼동을 유발할 수
있는지의 여부이다.[35]

한국의 경우 심사단계에서 상품과 서비스업 간의 유사여부를 판
단하나 중국에서는 심사단계에서는 원칙적으로 상품과 서비스업
간의 견련성을 고려하지 않는다. 다만, 심판 및 소송단계에서는 견
련성 여부를 판단한다.

중국은 우리나라와 달리 제35류에 '타인을 위한 판매대행업'으
로 지정할 수 있을 뿐, 판매대행의 대상이 되는 지정상품들을 개별
적으로 지정할 수 없다.[36] 다만, 2017년도에 상품서비스업분류표
를 개정하여 약품, 의약품에 대한 도매 또는 소매업을 인정(유사군
3509)하고 있다. 따라서 약품, 의약품 외에는 개별상품의 도매 또
는 소매업을 인정하지 않고 있으므로 주의해야 한다.

예를 들어, 우리나라에서는 인터넷 패션 쇼핑몰을 운영하는 사

---

35 최고인민법원 상표민사분쟁사건 심리 해석(最高人民法院关于审理商标民
事纠纷案件适用法律若干问题的解释) 제11조 제3항.

36 중국을 지정국으로 한 마드리드 국제출원도 제35류상 도매, 소매업 관련 명
칭으로 인하여 거절 또는 부분 거절된 경우가 많다. 이러한 경우에는 거절
결정불복심판을 통하여서도 등록될 가능성이 거의 없다 할 수 있어 우리 기
업들은 마드리드 국제출원 시 유의하여야 한다.

업자가 다른 상품류에 속하는 선글라스, 가방, 의류 등을 각각 출원하지 않고, 제35류에 '선글라스 소매업, 가방 소매업, 의류 소매업'으로만 지정하여 출원하더라도 해당 제품들에 대한 상표권 보호가 가능하지만, 중국에서는 개별상품에 대한 상표출원이 이루어져야 상표권 보호가 가능하다.

이러한 특성 때문에 중국에서 제35류에 상표 출원을 할 필요가 있는지가 문제될 수 있으나, 그럼에도 불구하고 제35류를 방어적인 목적으로 출원해 두는 것이 좋다. 예를 들어, 제35류에 중국 상표브로커가 A 상표로 등록을 하고, 우리 기업은 원제품인 제3류 화장품 분야에 A 상표로 등록을 했다고 가정하면, 중국에서는 심사단계에서 서비스업과 상품 간에 견련성 심사를 하지 않기 때문에 제35류의 '타인을 위한 판매대행업'과 기타 상품 간에는 유사성이 성립하지 않는다. 따라서 상기 예시에서 A 상표는 둘 다 등록이 가능하며 상표브로커가 A 상표와 동일한 명칭으로 인터넷 도메인 네임을 등록하고, 온라인 샵 이름을 A 상표로 사용하더라도 이는 합법적 사용이다. 따라서 이러한 상황을 방치할 경우, 수요자들로 하여금 출처의 오인, 혼동을 야기하게 되므로 제35류에 대한 상표출원도 병행하는 것이 필요하다.[37]

출원인이 생산업체가 아닌 단순한 판매업체의 경우(즉 판매라는 서비스업상에 해당 상표를 보호받으려 하는 경우)에는 제35류의 "타인을 위한 판매대행업" 등의 서비스업에 상표를 출원하는 것이 좋다. 아울러 생산업체라 할지라도 상품을 지정하면서 '타인을 위한 판매대행업'(유사군 3503)에 대해서도 같이 출원하는 것이 좋다.

---

37 특허청, 한국지식재산보호원, 중국 상표보호의 모든 것, 2017, p.37.

타인을 위한 판매대행업(유사군 3503)에 '상품 및 서비스업 매매를 위한 쌍방 간의 온라인시장 제공업'(为商品和服务的买卖双方提供在线市场 350120)이 신설되었으므로 온라인판매를 위한 사업자의 경우 별도의 서비스업을 지정할 수 있다.

[방식심사]

상표출원서류가 불수리되는 경우는?

방식심사 결과 상표출원서류가 불수리되는 경우는 다음과 같다.[38]

(1) 상표견본, 출원인 신분증 사본 등이 제출되지 않은 경우
(2) 정확한 출원서식을 사용하지 않았거나 임의로 변경하여 사용한 경우
(3) 출원서에 지정상품 또는 지정서비스업을 기재하지 아니한 경우
(4) 출원서에 중문을 사용하지 않았거나, 제출한 각종 서류 또는 증명, 증거서류가 외국어로 작성되어 있으나 중문 번역문을 첨부하지 않았거나 또는 번역문에 출원인, 대리기구 또는 번

---

38 공상행정관리총국, 상표출원에서 자주 발생하는 문제에 대한 지침(国家工商行政管理总局, 商标注册申请常见问题指南) 四. 其他, 8. 不予受理的情形有哪些.

역회사가 날인·서명하지 아니한 경우

(5) 출원서의 출원인 명칭, 날인 또는 서명과 첨부된 신분증명서류의 사본이 일치하지 아니하는 경우

(6) 상표견본이 상표법실시조례 제13조의 규정에 부합하지 아니하는 경우

(7) 입체표장, 소리표장 또는 색채조합표장에 대한 상표출원을 명시했으나, 상표법실시조례 제13조의 규정에 부합하지 아니하는 경우

(8) 타인의 초상에 대한 상표출원을 하였으나, 초상권자의 권한위임서가 첨부되지 아니한 경우

(9) 단체표장출원을 명시했으나 상표사용관리규칙 또는 단체조직의 구성원 명단을 제출하지 아니한 경우

(10) 증명표장출원을 명시했으나 상표사용관리규칙, 그 증명 또는 위탁기구가 감독·검사능력을 구비하고 있다는 증명서류를 제출하지 아니한 경우

(11) 2인 이상 공동으로 상표출원할 경우, 공동출원인의 명칭을 기재하지 아니했거나, 날인 또는 서명한 첨부물을 동시에 제출하지 아니했거나, 첨부물은 제출했으나 공동으로 상표출원을 한다는 기재를 하지 아니한 경우

(12) 중국 국내의 자연인이 상표법 제4조에 부합하는 상표출원 서류를 제출하지 아니한 경우

(13) 국외의 공증서를 제출하면서 인증서류를 첨부하지 아니한 경우

(14) 상표국에 수수료를 납부하지 아니한 경우

(15) 출원인에게 보정을 통지했으나, 출원인이 기한 내에 보정을 하지 아니했거나 요구에 따라 보정을 하지 아니한 경우

상표국은 어떤 경우에 출원서류에 대해 보정하도록 통지를 하는가?

〈상표법실시조례〉 제18조에 따르면, 출원서류가 기본적으로 완비되었거나 규정에 부합하지만 보정이 필요한 경우, 상표국은 출원인에게 보정하도록 통지하여야 하며, 출원인은 통지를 받은 날부터 30일 이내에 지정내용에 따라 보정하여 상표국에 다시 제출하여야 한다. 지정기간 내에 보정하고 상표국에 제출하는 경우 최초에 출원한 날을 출원일로 인정한다. 지정기간 내에 보정하지 않았거나 요구에 따라 보정하지 않은 경우 상표국은 출원서를 수리하지 않고 출원인에게 서면으로 통지한다.

흔히 볼 수 있는 보정요구 사항을 보면,[39] 상표견본과 관련하여서는 다음과 같다.

(1) 상표견본이 선명하지 않고 불명확하여, 명확한 상표견본의 제출이 필요한 경우

(2) 상표를 구성하는 문자가 규범에 맞지 않아, 문자구성에 관한 설명이 필요한 경우

(3) 상표에 규범화되지 않은 서체의 글자가 포함되어 그 출처에 대한 설명이 필요한 경우

(4) 상표에 외국어문자가 포함되어 중국어 의미가 무엇인지 설명이 필요한 경우

---

39 공상행정관리총국, 상표출원에서 자주 발생하는 문제에 대한 지침(国家工商行政管理总局, 商标注册申请常见问题指南) 三, 有关商标注册申请补正.

지정상품 및 서비스업과 관련한 사항으로는 다음과 같다.

(1) 기재된 상품·서비스업의 명칭이 출원 분류에 속하지 않는 경우

(2) 기재된 상품·서비스업 명칭이 규범에 맞지 않거나 불명확한 경우

위와 같은 경우에 상표국은 출원인에게 보정을 요구한다.

출원인은 지정된 기간 내에 보정요구에 대한 답변을 상표국에 제출할 수 있고, 기간 내에 보정을 하지 않을 경우, 그 출원을 포기한 것으로 본다.

보정답변과 관련하여 다음 사항을 주의하여야 한다.

상표견본의 경우 새로 제출된 선명한 상표견본, 상표설명에 관한 내용들이 각기 지정된 곳에 잘 부착되도록 해야 하고, 지정상품·서비스업의 경우, 보정전의 명칭과 보정후의 명칭이 서로 대응되게 기재할 필요는 없으나, 실무적으로는 보정후의 명칭만 기재하면 심사관에게 혼란을 줄 수 있어 보정전의 명칭과 보정후의 명칭을 모두 기재하는 경우가 대부분이다.

[상표 유사 판단]

Q37.

중국에서 상표의 동일 또는 유사여부 판단은 어떠한 기준에 따라 하는가?

상표의 동일·유사는 문자의 외관, 칭호, 관념, 또는 도형의 구성 및 색채, 또는 그 각 요소의 결합 후의 전체적인 구성이 동일·유사하거나, 또는 그 입체형상, 색채조합이 동일·유사하여, 관련 공중이 상품의 출처에 대해 오인·혼동을 초래하는 것을 말한다.

상표의 동일·유사여부를 판단하는 방법은 다음과 같다.[40]

(1) 관련 공중의 '일반적인 주의력'을 기준으로 판단한다. 이는 관련 상품에 대한 일반적 지식과 경험을 가진 관련 공중이 상품을 선택하여 구매할 때의 보통 주의력을 기준으로 상표의 유사여부를 판단해야 한다는 것이다.[41]

(2) 비교할 상표를 동시에 관찰하는 것이 아닌 '이격적 관찰' 방법으로 판단한다. 즉, 양 상표를 같은 시간과 장소에 나란히 놓고 대조하여 유사감을 일으키는지 여부가 아니라, 때와 장소를 달리하여 유사감을 불러일으킬 수 있는지 여부에 의하여 판단하여야 한다.

---

40 상표민사분쟁심리에 관한 해석(最高人民法院关于审理商标民事纠纷案件适用法律若干问题的解释) 제10조.
   商标专利著作权不可不知440问(法律出版社专业出版编委会 编, 2016), p.35.

41 상표민사분쟁심리에 관한 해석(最高人民法院关于审理商标民事纠纷案件适用法律若干问题的解释) 제9조.

(3) 상표의 유사판단은 대비되는 양 상표를 '전체로 관찰'하여 그 외관, 칭호, 관념을 비교 검토하여 유사여부를 판단하며, 상표의 구성요소 중 일부만을 추출하여 비교해서는 안 된다. 등록상표 중에서 독점권을 포기하는 부분이 있는 경우 독점권을 포기하는 부분도 포함하여 등록상표와 전체적으로 대비하여야 한다.

(4) 상표의 '식별력'과 '알려진 정도'도 고려하여야 한다. 관련 공중이 물건을 구매할 때 상표의 식별력과 알려진 정도가 물품 구매에 많은 영향을 주기 때문이다. 또한 상표의 유사여부 판단 시, 상표와 지정상품과의 견련 정도를 고려해야 한다. 일반적으로 양 상표가 동일 종류의 상품에 사용된다면, 오인·혼동 가능성은 당연히 양 상표가 유사상품에 사용되는 것보다 더 크다 할 수 있다.

관련 공중의 오인·혼동을 초래하는 경우란 관련 공중이 침해상표를 사용한 상품에 대하여, 등록상표를 사용한 상품과 동일한 시장주체로부터 왔다고 인식하거나, 비록 두 상표가 표시하는 상품이 동일한 주체로부터 나온 것은 아니지만, 양자 간에 경영상·조직상 또는 법률상 관련이 있는 것으로 관련 공중이 오인·혼동하는 것을 말한다.[42]

---

42 북경시고급인민법원 상표분쟁사건심리에 관한 해답(北京市高級人民法关于审理商标民事纠纷案件若干问题的解答) 제12조.

중국어(한자)와 중국어(한자)의 유사판단은 어떻게 하나?

중국어로 구성된 문자상표가 관련 공중의 오인·혼동을 초래하느냐를 기준으로 판단하며, 양 표장 문자의 칭호, 글자체, 관념, 배열방식 등의 요소를 종합적으로 고려하여 유사여부를 판단한다.

다음의 경우에는 서로 유사한 것으로 판단한다.[43]

(1) 글자의 외관이 유사한 경우

(2) 글자의 외관은 다르지만 칭호, 관념이 동일한 경우

(3) 문자는 다르지만 발음이 동일하고 글자의 모양이 유사하며, 문자가 의미를 가지지 않을 경우

(4) 3개 이상의 글자로 이루어지고, 특별한 의미가 없지만 배열 순서가 동일한 경우 또는 배열 순서는 다르지만 발음이 유사하고 글자의 모양이 유사한 경우

중국어 상표의 유사판단 사례

상표	DIKENI 迪柯尼 vs DIKENI 希克尼
북경시 제1중급법원 (비유사)	중국어 문자는 기억하기 쉽고 현저하여 병음부분보다 더 강한 식별력이 있고, 한자의 "尼"만 같고 나머지 글자는 서로 다르며 특별한 관념도 없어 **양 표장은 서로 비유사**
북경시 고급법원 (유사)	상표의 문자부분이 비록 "尼"만 같고 나머지 글자는 서로 다르다 할지라도, 양 표장의 DIKENI의 음역과 칭호가 유사하므로 양 표장이 지정상품인 의류에 사용된다면 **소비자로 하여금 오인·혼동하게 할 우려가 있으므로 서로 유사**

---

43 북경시고급인민법원 상표민사분쟁사건의 약간의 문제에 대한 해답(北京市高级人民法院关于审理商标民事纠纷案件若干问题的解答) 제9조.

중국어 병음과 중국어 한자상표 사이의 유사판단은 어떻게 하나?

중국어 병음(중국어 한자음을 알파벳으로 표기한 발음부호)과 중국어 한자상표 사이의 유사판단은 다음과 같다.

(1) 한자상표와 대응되는 병음상표는 일반적으로 유사상표로 판단하지 않는다.

예) "天达" vs "TIAN DA"(天达의 중국어 병음이 tianda)

그러나 저명상표이거나 특정한 의미가 있는 경우에는 유사로 본다.

예) "茅台" vs "MAO TAI"[茅台(maotai, 마오타이)는 중국의 유명한 술 이름]

(2) 한자상표와 이와 동일한 한자 및 병음의 조합으로 된 상표는 일반적으로 유사로 본다.

예) "天达" vs "天达TIAN DA"

(3) 병음상표와 이와 동일한 병음에 한자가 가미된 결합상표는 일반적으로 유사로 본다.

예) "TIAN DA" vs "天达TIAN DA" ; "TIAN DA" vs "恬大 TIAN DA"

Q40.

中國商標

중문상표와 영문상표의 유사판단은 어떻게 하나?

　중문상표와 영문상표는 그 의미상의 대응하는 정도 및 상표 전체의 구성, 호칭 또는 외관 등을 종합적으로 고려하여 유사여부를 판단하며, 동시에 소비자가 영문상표에 대해 가지고 있는 일반적인 인식습관, 인지정도 등을 종합적으로 고려한다. 중문상표와 영문상표 간의 대응관계가 있는지, 그리고 이러한 대응관계로 인해 관련 공중에게 상품출처의 오인·혼동을 일으키는지 여부를 중심으로 판단한다. 이러한 대응관계는 문자에서 나오는 대응관계일 수도 있고, 사용으로 인해 특정한 범위 내에 형성된 대응관계일 수도 있다.

중문상표와 영문상표의 유사판단 사례

상표	"思道阁" vs "STOKKE"
사건개요	상품류 구분 20류에 국제등록된 STOKKE는 이미 중국시장에서 소비자들에게 思道阁(sidaike, 스따오커)로 인식되어 왔고, STOKKE와 思道阁는 장기간의 광고를 통해 이미 서로 관련된 것으로 인식되어 서로 유사하므로, "STOKKE"의 상표권자가 등록상표 思道阁에 대해 무효심판을 제기
상표평심 위원회 의견	양 표장은 인터넷 포털사이트 온라인쇼핑몰 등에서 사용된 결과 STOKKE와 思道阁는 대응관계가 형성되었고, 소비자들로 하여금 출처 오인·혼동을 초래하므로 서로 유사하다. 중문상표와 영문상표 간에 대응관계를 갖고 있느냐의 여부와 이러한 대응관계가 관련 공중으로 하여금 상품의 출처 오인·혼동을 가져오느냐를 중요하게 고려하였다. 이러한 대응관계는 문자 자체에서 오는 대응관계뿐만 아니라 특정 범위 내의 사용을 통해 형성된 대응관계도 고려하였다.

판례로 배우는 중국상표실무 (1)

● 중문상표와 영문상표의 유사성 판단[44] ●

[사건개요]

원고의 등록상표 'RUHOF'에 대하여 원고의 중국 대리점이었던 피고가 원고의 중문 상 호칭 및 상품명인 '鲁沃夫(luwofu, 루워푸)'를 계약 종료 후 사용한 행위에 대해, 원고가 'RUHOF'와 '鲁沃夫'가 유사하여 상표권 침해를 구성한다고 주장하면서 침해소송을 제기하였다.

피소상표		이 사건 등록상표
鲁沃夫	vs	**RUHOF**
(사용상품: 의료용 세정제류)		(지정상품: 청정세제 등)

[법원판결]

(1) 원심: 피소상표의 상품에 사용한 '鲁沃夫' 상표와 등록상표인 'RUHOF' 상표는 각각 중문과 영문으로써 서로 대비할 수 없다. 'RUHOF'의 발음과 '鲁沃夫'는 어느 정도의 유사성이 있으나, 'RUHOF'가 반드시 '鲁沃夫'로 번역되어야 하는 것은 아니며, 'RUHOF'는 발음에 따라 "如欧佛(ruoufu, 루오우푸)"로 번역될 수도 있으므로 양 표장은 서로 비유사하여 상표권 침해행위를 구성하지 않는다.

(2) 항소심: 이 사건 등록상표 'RUHOF'와 피소상표 '鲁沃夫'를 대비해 볼 때, 양자의 발음은 어느 정도의 유사성이 있으며, 피항소인의 판매와 대대적인 광고를 통해 관련 소비자들은 이미 'RUHOF'와 '鲁沃夫'를 일일이 대응할 수 있게 되었으며, '鲁沃夫'가 부착된 상품은 항소인(원고)의 상품이라고 인식하게 되었다. 따라서 피항소인의 행위는 동일한 종류의 상품에 'RUHOF' 상표와 유사한 상표를 사용한 권리 침해행위에 속한다.

[시사점]

중국에 진출하게 되면 대부분 영문 상표와 별도로 중문 상표를 제작하는 것이 일반적이다. 중국 고유의 언어적, 문화적 배경으로 인해 중국인들은 영문 상표가 있다고 하더라도 영문을 중문화하여 호칭하기 때문에 중문 상표가 없으면 중국인들 사이에 쉽게 구전되지 못하기 때문이다.
이와 같이 **중문 상표와 영문 상표를 함께 사용할 경우 각각에 대한 상표권을 확보하는 것이 바람직**하다. 또한 영문 상표만 가지고 중국에 진출했다고 하더라도 이와 유사한 발음의 중문 상표가 출원되거나 등록되었을 경우 이 사건 판결 내용과 같이 해당 영문 상표의 출원 또는 등록을 취소 또는 무효화할 수 있음을 기억하여 대응전략을 모색해 볼 수 있을 것이다.

Q41.

중국어 병음과 영문상표의 유사판단은 어떻게 하나?

중국어 병음과 영문자는 주로 외관을 주요 판단기준으로 하나, 영문의 경우 대중들의 인식도가 높은 간단한 단어 또는 단지 알파벳의 구성만으로 해당 호칭을 유추할 수 있다면 호칭의 유사성을 판단한다.

그러나 중문과 병음의 조합상표 vs 영문상표의 경우에는 병음과 영문단어의 외관이 유사하다고 해도 중문에 대한 소비자들의 인식정도가 높거나 호칭으로 구분이 가능하다면 비유사로 본다.

(1) 병음상표와 이와 유사한 영어상표는 유사로 본다.
　　예) "NANTIAN"(南天의 병음) vs "NANTION"

---

44 지재권 핵심판례 100선(상표 · 디자인) (특허청, 한국지식재산보호원), p.142.

(2) 양 상표가 한자와 병음으로 결합된 표장에서 병음이 동일할 경우 두 상표는 유사로 판단

예) "天达TIAN DA" vs "恬大TIAN DA"

Q42.

한글만으로 이루어진 상표의 유사판단은 어떻게 하나?

한글상표가 출원되면 심사관은 이를 도형상표로 인식하고 심사한다. 이러한 이유로 인해 한글상표와 유사한 선출원/선등록 상표의 존재 가능성은 다른 문자상표나 도형상표보다 훨씬 낮아, 한글상표가 거절될 가능성도 매우 낮다는 장점이 있다.[45] 그러나 한글상표의 경우 대응되는 도형코드를 확정할 수 없어 상표국 데이터베이스를 통하여 유사상표를 검색하는 것이 상당히 어려워, 거절위험을 미리 예측하기 어려운 단점이 있다.

중국에서 한글상표 사용 시, 상표가 어떻게 호칭되느냐가 매우 중요한데, 특히 백화점이나 대형마트 입점, 온라인 플랫폼 입점 등에 있어서는, 한글상표의 경우 이에 대한 마땅한 호칭이 없으므로 중국 소비자가 한글상표를 보고 어떻게 호칭해야 할지 알 수 없으므로 마케팅 및 홍보에 한계가 있다. 따라서 한글로만 된 상표를

---

45 상표 브로커들이 우리 기업의 브랜드를 선점할 경우, 한글을 중문 명칭 또는 영문 명칭으로 변경하여 선점하던 것에서부터 최근에는 한글상표를 그대로 선출원하거나 한글을 부분적으로 수정하여 비슷하게 출원하는 방식을 많이 사용하고 있다(예를 들어 "대동강 맥주"와 "대동동 맥주"). 이러한 경우에는 한글상표라도 거절될 가능성이 있으므로 신중하게 접근해야 한다.

출원하기보다는 한글상표와 이에 대응되는 중문상표, 그리고 한글
＋중문 또는 한글＋영문 등의 조합상표를 동시에 출원하는 것이
좋은 방법이다.

판례로 배우는 중국상표실무 (2)

• "원할머니 보쌈"에 대한 상표권 침해를 인정한 사건[46] •

[사건개요]

원할머니 보쌈의 상표권자(2009년 중국에 등록)인 원고는 피고가 상표
① (2010년에 피고가 등록)과 상표② (피고가 양도받은 상표)를 사용하
고 있다는 사실을 알고, 2010년 3월 상표①에 대한 상표이의신청을 하였
고 중국 상표국은 상표①의 등록을 거절하였으며, 상표평심위원회는
2012년 7월 등록된 상표②가 무효라고 심결하였다. 이에 피고가 불복하
여 행정소송을 제기하였다.

[법원판결]

1심은 피고의 상표사용행위가 원고의 상표권에 대한 침해가 아니라고
판시하였고 2심은 원고의 등록상표와 피고의 사용상표가 표장의 구성
및 의미에서 유사하기 때문에, 일반대중의 오인·혼동을 야기할 수 있다
는 이유로 상표권 침해를 인정하였다. 최고인민법원도, 원고의 상표는
중국 상표국에 합법적으로 등록된 유효한 상표이므로 식별력이 인정되
고, 원고의 등록상표와 피고의 사용상표에 포함되어 있는 할머니 두상
그림이 유사하고, "원할머니 보쌈"이란 표현이 완전히 일치하여 상표권
침해가 인정된다고 판결하였다[民申字第909号(2015.7.14. 선고)].

---

46 IP-NAVI(국제지재권분쟁정보포털) IP Insight http://www.ip-navi.or.kr/board/
boardList.navi

비록 원고의 최종 승소로 결론 나긴 하였지만, 원고는 한국에서 사용하던 상표를 중문명이 포함되지 않은 채 그대로 중국에서도 동일하게 등록하였음에 반하여, 피고의 사용상표는 "원할머니"를 의역한 "元奶奶"를 통하여 연변 조선족 자치주지역 내에서 인지도를 형성하였다. 이러한 사실은 앞으로 중국시장에 진출하려는 우리기업들에게 한글상표와 관련된 "중문 브랜드 네이밍"이 중국 소비자들의 상표 인식형성에 있어서 얼마나 중요한가를 시사해 주고 있다.

🏃 한 걸음 더 들어가 보기

● 중국 심사기준상의 상표유사판단 사례 ●

1. 문자상표의 동일 유사 판단사례

① 중문으로 된 문자상표의 한자구성이 동일하고 폰트 또는 디자인, 발음, 배열순서만 달라 관련 공중이 상품 또는 서비스업의 출처를 쉽게 혼동할 수 있는 경우 유사상표로 본다.

문자상표의 유사 판단사례 및 해설(1)

대상상표	출원상표	해설
斯波帝卡	波斯·卡帝	〈유사〉 양 표장을 비교해 보면 배열순서만 달리한 것에 불과하므로 서로 유사

② 상표가 글자, 단어의 중첩으로 구성되어 있어 관련 공중이 상품 또는 서비스업의 출처를 쉽게 혼동할 수 있는 경우 유사상표로 본다.

문자상표의 유사 판단사례 및 해설(2)

대상상표	출원상표	해설
Vicki	VICKI·VICKI	〈유사〉 오른쪽 표장은 영문자 Vicki를 반복해서 구성한 것에 불과하여 양 표장은 유사
牛 牌	牛牛	〈유사〉 "牛牌"에서 "牌"는 '상표'라는 의미로 식별력이 없는 부분이며 식별력을 갖춘 "牛"를 중첩하여 구성한 것에 불과하여 양 표장은 유사

③ 중문으로 된 문자상표가 세 개 이상의 한자로 구성되어 있지만, 한자가 전체적으로 의미가 없거나 의미가 불분명하여 관련 공중이 상품 또는 서비스업의 출처를 쉽게 혼동할 수 있는 경우는 유사상표로 본다. 단, 양 상표의 첫 글자 발음 또는 글자형태가 명백하게 다르거나 전체적인 의미가 상이하여 두 개의 상표가 전체적으로 뚜렷이 구별되어 관련 공중이 상품 또는 서비스업의 출처를 쉽게 혼동하지 않는 경우는 유사상표로 보지 않는다.

문자상표의 유사 판단사례 및 해설(3)

대상상표	출원상표	해설
帕尔斯	帕洛尔斯	〈유사〉 양 표장을 비교해 보면 오른쪽 상표는 "帕尔斯"에 "洛"가 추가된 것에 불과하고 특별한 의미가 있는 것도 아니어서 출처 오인·혼동의 우려가 있어 서로 유사
生活医生	生活生	〈비유사〉 양 표장을 비교해 보면 '생활'을 의미하는 "生活"에 '의사'를 의미하는 "医生"과 '살아있는'의 의미를 가진 "生"이 각각 결합된 표장으로 전체적인 의미가 명백히 달라 출처 오인·혼동의 우려가 없어 서로 비유사

④ 문자상표의 독음이 동일 또는 유사하고, 글자모양이나 전체 외관이 유사하여 관련 공중이 상품 또는 서비스업의 출처를 쉽게 혼동할 수 있는 경우 유사상표로 본다. 다만, 상표의 의미, 글자모양 또는 전체 외관이 뚜렷이 구별되어 관련 공중이 상품 또는 서비스업의 출처를 쉽게 혼동하지 않는 경우 유사상표로 보지 않는다.

문자상표의 유사 판단사례 및 해설(4)

대상상표	출원상표	해설
		〈유사〉 양 표장의 문자부분은 'tianwei(티엔웨이)'로 호칭이 동일하고 특별한 의미를 내포하고 있지 않아 서로 유사하고, 양 표장의 도형은 서로 유사하긴 하나 문자부분을 압도할 정도가 아니어서 일견하여 'tianwei(티앤웨이)'로 호칭되므로 양 표장은 유사
	FUDA	〈비유사〉 "福达"의 병음이 'fuda'로 양 표장의 발음은 동일하지만 글자형태나 전체적 외관이 확연히 차이가 나므로 서로 비유사

⑤ 상표의 문자구성 또는 발음은 상이하지만, 글자형태가 유사하거나 그 의미가 동일 유사하여, 관련 공중이 상품 또는 서비스업의 출처를 쉽게 혼동할 수 있는 경우 유사상표로 간주한다.

문자상표의 유사 판단사례 및 해설(5)

대상상표	출원상표	해설
思琪	恩琪	〈유사〉 "思琪"는 'siqi(스치)'로 호칭되고 "恩琪"는 'enqi(은치)'로 호칭되어 그 칭호는 다르지만 글자 형태가 유사하여 출처의 오인·혼동을 초래할 수 있어 유사

BOSS	**13055**	**8088**	〈유사〉 세 개의 표장은 각기 영문자 "BOSS", 숫자 "13055", "8088"로 구성된 표장이긴 하나 글자형태가 "BOSS"와 유사하여 출처의 오인·혼동을 초래할 수 있어 유사

⑥ 상표가 동일한 외국어, 알파벳 또는 숫자로 구성되어 있고, 글자형태 또는 디자인만 상이하여 관련 공중이 상품 또는 서비스업의 출처를 쉽게 혼동할 수 있는 경우 유사상표로 간주한다. 단, 다음과 같은 경우 유사상표로 간주하지 않는다.

i) 상표가 보통의 글자체가 아닌, 한 글자 또는 두 글자의 외국어 알파벳으로 구성되어 있고, 그 의미가 없으며, 글자형태가 분명히 달라, 상표가 전체적으로 명백히 구별되어 관련 공중이 상품 또는 서비스업의 출처를 쉽게 혼동하지 않는 경우

ii) 상표가 세 글자 또는 세 글자 이상의 알파벳으로 구성되어 있지만, 배열순서가 상이하고 발음이나 글자형태가 뚜렷이 달라 상표가 전체적으로 명백히 구별되어 관련 공중이 상품 또는 서비스업의 출처를 쉽게 혼동하지 않는 경우에는 비유사하다.

문자상표의 유사 판단사례 및 해설(6)

대상상표	출원상표	해설
BIG REY	**BIG REY**	〈유사〉 글자모양과 디자인만 다를 뿐 양 표장 모두 "BIG REY"로 칭호가 유사하여 양 표장은 유사
(HBS 도형)	HBS 华博士	〈비유사〉 양 표장이 영문자 "HBS"를 포함하고 있으나 왼쪽 표장은 'S'를 도형화하였고 오른쪽 표장은 'HBS'에 "华博士"가 결합된 표장으로 양 표장은 글자형태가 확연히 달라 출처 오인·혼동우려 없음

⑦ 외국어 상표가 네 개 이상의 알파벳으로 구성되어 있지만 전체적으로 의미가 없거나 불분명하여 관련 공중이 상품 또는 서비스업의 출처를 쉽게 혼동할 수 있는 경우 유사상표로 간주한다. 그러나 상표의 첫 자음과 모음 발음 및 글자형태가 뚜렷이 다르거나 전체 의미가 달라 상표가 전체적으로 뚜렷이 구별되어 관련 공중이 상품 또는 서비스업의 출처를 쉽게 혼동하지 않는 경우 유사상표로 간주하지 않는다.

문자상표의 유사 판단사례 및 해설(7)

대상상표	출원상표	해설
SUNMIGHT ('태양의 힘'이라는 의미)	SUNLIGHT ('태양의 빛'이라는 의미)	〈유사〉 양 표장은 그 의미가 각기 다르긴 하나, 8자의 알파벳으로 구성되어 있고 이 중 한글자만 달라 소비자가 쉽게 오인·혼동할 우려가 있음
DESIRE ('소망'이라는 의미)	Jesiré (의미 없음)	〈비유사〉 양 표장이 6개의 알파벳으로 구성되어 있고 첫글자가 'D'와 'J'로 다를 뿐이긴 하나 의미의차이가 확연해 출처 오인·혼동의 우려는 없음

⑧ 상표가 두 개의 외국어 단어로 구성되어 있고, 단어순서만 달라 의미가 불분명하여 관련 공중이 상품 또는 서비스업의 출처를 쉽게 혼동할 수 있는 경우 유사상표로 간주한다.

문자상표의 유사 판단사례 및 해설(8)

대상상표	출원상표	해설
HAWKWOLF	WOLFHAWK	〈유사〉 "HAWK"는 '매'를, "WOLF"는 '늑대'를 의미하는데 두 단어의 순서만 바꾼 것에 불과해 소비자로 하여금 출처 오인·혼동 유발 우려 있음

⑨ 외국어로 된 문자 상표가 형식면에서만 단·복수, 동명사, 약어, 수식어, 비교급 또는 최상급, 품사 등 변화가 있고 표현하는 의미는 기본적으로 동일하여 관련 공중이 상품 또는 서비스업의 출처를 쉽게 혼동할 수 있는 경우 유사상표로 간주한다.

문자상표의 유사 판단사례 및 해설(9)

대상상표	출원상표	해설
BIG FOOT	**BIG**FEET	〈유사〉 양 표장은 단수, 복수의 차이에 불과하고 그 의미가 기본적으로 동일하여 유사

⑩ 상표가 타인의 선등록상표와 상품의 보통명칭, 상품의 품질, 주요 원료, 기능, 용도, 중량, 수량 및 기타 특징을 직접적으로 나타내는 문자, 상품생산, 판매 또는 사용 장소를 나타내는 문자만으로 구성되어 있어, 관련 공중이 상품 또는 서비스업의 출처를 쉽게 혼동할 수 있는 경우 유사상표로 간주한다.

문자상표의 유사 판단사례 및 해설(10)

대상상표	출원상표	해설
蒙 原 (지정상품: 가공육)	**蒙原肥羊** (지정상품: 고기)	〈유사〉 선등록상표 "蒙原"에 '살찐 양'을 의미하는 보통명칭인 "肥羊"을 추가한 것에 불과하여 양 표장은 유사
老龙潭 (지정상품: 생수)	**老龙潭山泉** (지정상품: 생수)	〈유사〉 선등록상표 "老龙潭"에 주요원료를 나타내는 '산속의 샘물'을 의미하는 "山泉"을 추가한 것에 불과하여 양 표장은 서로 유사

⑪ 상표가 타인의 선등록상표와 수식작용을 하는 형용사, 부사 기타
식별력이 약한 문자만으로 구성되어 있어, 관련 공중이 상품 또는
서비스업의 출처를 쉽게 혼동할 수 있는 경우 유사상표로 간주한
다. 다만 상표의 의미 또는 전체적인 차이가 분명한 경우에는 비유
사로 본다.

문자상표의 유사 판단사례 및 해설(11)

대상상표	출원상표	해설
百盛	百盛世家	〈유사〉 선등록상표 "百盛"에 '명문', '집안' 등의 의미를 가진 "世家"을 추가 한 것에 불과하여 양 표장은 서로 유사
王子	聰明小王子	〈비유사〉 선등록상표 "王子"에다 '총명하고 어린'의 의미를 가진 "聰明小"을 추 가한 것에 불과하나, "聰明小王子" 는 중국에서 도서명으로도 알려져 있어 양 표장이 공존한다 하더라도 출처 오인 · 혼동의 우려가 없으므 로 양 표장은 서로 비유사

⑫ 문자로 구성된 상표가 두 개 또는 두 개 이상의 상대적으로 독립적
인 부분으로 구성되어 있고, 그중 식별력이 있는 부분이 유사하여,
관련 공중이 상품 또는 서비스업의 출처를 쉽게 혼동할 수 있는 경
우 유사상표로 간주한다. 단, 상표의 전체적인 의미 구별이 뚜렷하
여 관련 공중이 상품 또는 서비스업의 출처를 쉽게 혼동하지 않는
경우 유사상표로 간주하지 않는다.

대상상표	출원상표	해설
		〈유사〉 양 표장은 영문자 "Bonny"를 공통으로 포함하고 있고 중문자(중국어 발음은 boni로 동일) "波霓"와 "博尼"와 결합된 표장으로, 양 표장의 영문자 부분이 유사하여 양 표장은 서로 유사
3D 时代	U9 时代	〈비유사〉 양 표장이 "时代"라는 부분을 공통으로 포함하고 있으나 전체적인 의미가 명백히 구별되어 공존하더라도 출처 오인·혼동의 우려는 없으므로 서로 비유사

⑬ 상표에 한자 및 그에 상응하는 병음을 포함한 상표와 동일한 병음을 포함하고 있어 관련 공중이 상품 또는 서비스업의 출처를 쉽게 혼동할 수 있는 경우 유사상표로 간주한다.

문자상표의 유사 판단사례 및 해설(13)

대상상표	출원상표	해설
		〈유사〉 영문자 "XINGCHEN"은 중문자 "星辰"의 중국어 병음에 해당되어 비록 양 표장이 그 도형은 다르다 할지라도 동일한 중국어 병음을 포함하고 있어 양 표장은 유사

2. 도형 상표의 동일 · 유사 판단사례

상표 도형의 구도와 전체 외관이 유사하여 관련 공중이 상품 또는 서비스업의 출처를 쉽게 혼동할 수 있는 경우 유사상표로 간주한다.

도형상표의 유사 판단사례 및 해설

상표 A	상표 B	상표 A	상표 B

3. 조합 상표의 동일 · 유사 판단사례

① 상표의 한자가 부분적으로 같거나 유사하여 관련 공중이 상품 또는 서비스업의 출처를 쉽게 혼동할 수 있는 경우 유사상표로 간주한다.

조합상표의 유사 판단사례 및 해설(1)

대상상표	출원상표	해설
		〈유사〉 양 표장은 도형과 문자로 구성된 표장으로 외관은 상이하나 문자부분인 "风度猫"('고양이 풍'의 의미)가 동일 유사하여 양 표장이 공존할 경우 출처 오인 · 혼동의 우려 있어 유사

② 상표의 외국어, 자음과 모음, 숫자가 동일 또는 유사하여 관련 공중이 상품 또는 서비스업의 출처를 쉽게 혼동할 수 있는 경우 유사상표로 간주한다. 단, 상표가 전체적인 호칭, 의미 또는 외관에 뚜렷한 차이가 있어 관련 공중이 상품 또는 서비스업의 출처를 쉽게 혼동하지 않는 경우 유사상표로 간주하지 않는다.

조합상표의 유사 판단사례 및 해설(2)

대상상표	출원상표	해설
		〈유사〉 왼쪽 표장은 도형, 영문자, 중문자로 구성된 표장이고 오른쪽 표장은 영문자로만 구성된 표장이나 양 표장의 영문자 "Inforgate", "INFOGATE"가 유사(알파벳이 일치하는 것은 아니나, 양 단어가 모두 특별한 의미가 없는 단어로 'R'자 유무의 차이에 불과하여 유사)하여 양 표장이 공존할 경우 출처 오인·혼동의 우려 있음
		〈비유사〉 도형과 문자로 구성된 양 표장이 똑같이 숫자 "52"를 포함하고 있긴 하나 외관이 확연히 차이가 나고 칭호 및 관념도 유사하여 전체적으로 볼 때 공존한다 하더라도 출처의 오인·혼동 우려가 없음

③ 상표의 중문이 다른 언어 문자의 주요 의미와 같거나 기본적으로 동일하여 관련 대중이 상품 또는 서비스업의 출처를 쉽게 혼동할 수 있는 경우 유사상표로 간주한다. 단, 상표의 전체 구성 또는 외관에 뚜렷한 차이가 있어 관련 공중이 상품 또는 서비스업의 출처를 쉽게 혼동하지 않는 경우 유사상표로 간주하지 않는다.

조합상표의 유사 판단사례 및 해설(3)

대상상표	출원상표	해설
		〈유사〉 양 표장은 도형, 문자 등이 다르긴 하나 중문자 "繁荣"과 영문자 "PROSPER"가 '번영'이라는 동일한 관념을 가지고 있어 서로 유사

		〈비유사〉 "WELL&WELL"을 중국어로 하면 "好和好"로 번역되어 의미가 비슷하긴 하나 전체적인 외관, 문자구성, 도형의 유무 등으로 인해 전체적으로 명백히 구별되어 양 표장이 공존한다 하더라도 출처 오인·혼동의 우려 없음

④ 상표 도형의 일부가 유사하여 관련 공중이 상품 또는 서비스업의 출처를 쉽게 혼동할 수 있는 경우 유사상표로 간주한다. 단, 도형이 해당 상품에 흔히 사용되는 도안이거나 주로 장식, 배경으로 기능하여 그 식별력이 약하나, 상표 전체의 의미, 호칭 또는 외관에 뚜렷한 차이가 있어 관련 공중이 상품 또는 서비스업의 출처를 쉽게 혼동하지 않는 경우 유사상표로 간주하지 않는다.

조합상표의 유사 판단사례 및 해설(4)

대상상표	출원상표	해설
SICAOTANG	瑤伊坊 YAYEFINE	〈유사〉 양 표장의 문자부분은 상이하나 도형부분이 유사하여 양 표장이 공존할 경우 출처 오인·혼동의 우려 있음
Shengte	yaLong	〈비유사〉 양 표장 모두 지구를 형상화한 도형을 포함하고 있긴 하나 도형이 배경으로 작용하는 것에 불과하여 그 식별력이 약하므로 문자로 양 표장을 비교하게 되면 서로 비유사

⑤ 상표의 문자와 도형이 다르지만 배열조합방식 또는 전체적으로 설명하고 있는 사물이 기본적으로 동일하여 상표의 전체 외관 또는 의미가 유사하게 되어 관련 공중이 상품 또는 서비스업의 출처를 쉽게 혼동할 수 있는 경우 유사상표로 간주한다.

대상상표	출원상표	해설
		〈유사〉 양 표장의 사람 얼굴 도형이 조금 다르긴 하나 양 표장 모두 '노인의 얼굴'(老人头)을 나타내고 있어 양 표장이 공존할 경우 출처 오인 · 혼동의 우려가 있음

4. 비전형 상표의 동일 · 유사 판단사례
1) 입체상표의 동일 · 유사 판단사례

    입체상표에 관한 유사성 여부 판단은 보통 입체상표 간의 판단과 입체상표와 평면적인 상표 간의 판단으로 나누어 한다.

    (1) 입체상표 간의 유사성 판단

        입체상표는 입체적인 구성요소 또는 다른 구성요소와 조합하여 구성될 수 있기 때문에, 입체상표 간의 유사성이 있는지 여부를 판단시에는 단일입체상표와 조합 입체상표로 나뉘어 판단한다.

        ① 단일 입체상표 간의 유사성 판단

        식별력이 있는 입체적인 구성요소로 이루어진 두 입체상표는, 각 입체적인 구성요소의 구조, 형상, 전체의 시각적인 효과가 동일 또는 유사하고, 관련 공중이 당해 상품이나 서비스업의 출처를 혼동시킬 경우에는 이 두 입체상표는 유사하다고 판단한다.

        ② 조합 입체상표 간의 유사성 판단

        식별력이 없는 입체적인 구성요소와 식별력이 있는 입체적인 구성요소로 이루어진 입체상표에 대한 유사성이 있는지 여부를 판단할 때에는, 두 입체상표의 식별력이 있는 구성요소의 외관, 발음, 의미 또는 전체적인 표현형식이 동일하거나 유사하여 관련 공중에게 상품이나 서비스업의 출처에 대해 오인을 초래하는 경우에 두 입체상표는 유사하다고 판단한다. 식별력이 있는 입체적인 구성요소와 다른 구성요소로 구성된 조합 입체상표인 경우에는 입체적인 구성요소 또는 다른 구성요소가 동일하거나 유사하면 두 입체상표는 유사하다고 볼 수 있다.

입체상표의 유사 판단사례 및 해설(1)

대상상표	출원상표	해설
(지정상품: 초콜릿)	(지정상품: 초콜릿)	〈유사〉 두 상표가 모두 식별력이 없는 입체표장과 식별력 있는 문자표장의 조합으로 이루어져 있으며, 식별력 있는 문자로 된 표장("KISSES")이 동일 또는 유사하여 출처 오인·혼동 우려가 있음
(문자: KURG)	(문자:LA GRANDE DAME)	〈비유사〉 입체표장은 유사하다 하더라도 문자표장의 차이점("KURG"와 "LA GRANDE DAME")이 뚜렷하여, 관련 공중이 상품 또는 서비스업의 출처를 오인하기 쉽지 않으므로 비유사

(2) 입체상표와 평면적인 상표 간의 유사성 판단

입체상표가 식별력이 없는 3D표장과 식별력이 있는 기타 평면요소 조합으로 이루어져 있고, 이 기타 평면요소가 평면상표의 식별력이 있는 부분과 동일하거나 유사하여 관련 공중이 상품 또는 서비스업의 출처를 쉽게 혼동하는 경우에는 유사한 것으로 본다. 입체상표의 3D표장과 식별력을 가지고 있지만 시각적 효과 측면에서 평면상표의 식별력이 있는 부분과 같거나 유사하여 관련 공중이 상품 또는 서비스업의 출처를 혼동할 수 있는 경우에도 동일하거나 유사한 것으로 본다.

입체상표의 유사 판단사례 및 해설(2)

대상상표	출원상표	해설
	GUADET	〈유사〉 입체상표가 식별력이 없는 입체표지(병모양)와 식별력을 구비한 문자표지의 조합으로 구성되어 있으나, 입체상표의 문자부분인 "GUADET"가 문자로 된 평면상표(GUADET)와 동일하여 관련 공중이 상품 또는 서비스업의 출처를 오인하기 쉬우므로 유사
 (문자: NIVEA EAUTE)	 (지정상품: 화장품)	〈유사〉 입체상표가 식별력을 구비한 입체표지와 문자표지로 구성되어 있으나, 식별력을 구비한 문자표지("NIVEA BEAUTE")가 문자로 된 평면상표(NIVEA BEAUTE)와 동일 유사하여 관련 공중이 상품 또는 서비스업의 출처를 오인하기 쉬우므로 유사

2) 색채상표의 동일·유사 판단사례

색채조합상표 간, 색채조합상표와 평면적인 상표·입체상표 간으로 구별하여 유사성 여부를 판단한다.

(1) 색채상표 간의 유사성 판단

우선 두 상표가 모두 색채조합상표이고, 그 조합의 색상과 배열의 방식이 같거나 유사하여 관련 공중이 상품 또는 서비스업의 출처를 혼동할 수 있는 경우, 동일하거나 유사한 상표로 간주한다. 다만, 상표에 사용된 색상이 다르거나, 사용한 색상이 동일하거나 유사하지만 배열조합방식이 달라서 관련 공중이 상품 또는 서비스업의 출처를 혼동하지 않는 경우는 유사하지 않다.

색채상표의 유사 판단사례 및 해설(1)

대상상표	출원상표	해설
		〈유사〉 두 색채상표가 그 조합된 색채와 배열방식이 같거나 유사하여 관련 공중으로 하여금 상품 또는 서비스업의 출처를 혼동할 수 있어 양 상표는 유사
		〈비유사〉 두 색채상표에 사용된 색채가 동일·유사하지만 배열조합 방식이 달라 관련공중이 상품 또는 서비스업의 출처를 혼동하지 않을 것이므로 양 상표는 비유사

(2) 색채상표와 평면 상표, 입체상표와의 동일·유사성 심사

색채조합상표가 평면 상표의 도형 또는 입체상표의 지정색상과 같거나 유사하여 관련 대중이 상품 또는 서비스업의 출처를 혼동하기 쉬운 경우, 동일하거나 유사한 상표로 간주한다. 다만 사용한 색상이 같거나 유사하지만 전체적인 효과의 차이가 커서 관련 공중이 상품 또는 서비스업의 출처를 혼동하지 않는 경우에는 유사하지 않은 것으로 본다. 중국 법원 역시 색채조합상표의 유사성 판단은 "소비자의 일반적인 주의력을 기준으로 하여, 색채조합을 사용하는 위치, 배열조합 방식, 색채의 차이점, 해당 상표 전체의 시각적인 효과 등을 위주로 관찰하여 판단해야 한다."고 하였다.[47]

---

47 북경시 고급인민법원(2014)고민종자(高民終字) 제382호.

색채상표의 유사 판단사례 및 해설(2)

대상상표	출원상표	해설
	(평면상표)	〈유사〉 색채상표가 평면상표의 도형 색상과 같거나 유사하여 관련 공중이 상품 또는 서비스업의 출처를 혼동하기 쉬워 양 상표는 서로 유사
(색채상표)	(입체상표)	〈비유사〉 색채상표와 입체상표에 사용된 색채가 동일·유사하지만 전체적인 시각적인 효과의 차이가 커서 관련 공중이 상품 또는 서비스업의 출처를 혼동하지 않을 것이어서 서로 비유사

3) 소리상표의 유사성 판단

소리상표의 유사성 여부는 i) 소리상표 간, ii) 소리상표와 시각적인 상표 간에 판단한다. 비시각적 상표이므로 원칙적으로 소리상표의 견본을 위주로 청취하면서 판단한다.[48] 우선 소리상표 간의 판단은, 두 소리상표의 청각적 느낌 또는 전체 음악 이미지가 같거나 유사하여 관련 대중이 상품 또는 서비스업의 출처를 혼동할 수 있거나, 둘 사이에 특정한 관계가 있다고 생각하는 경우 유사하다고 볼 수 있다.

소리상표와 시각적인 상표 간의 판단은, 소리상표의 음성에 대응되는 문자 또는 기타 요소가 시각적인 상표에 포함된 문자 또는 기타 발음과 같거나 유사하여 관련 공중이 상품 또는 서비스업의 출처를 혼동할 수 있거나, 둘 사이에 특정한 관계가 있다고 생각할 수 있는 경우에는 유사하다고 볼 수 있다. 예를 들어 "중국 이동통신"을 발음하는 청각적 표장으로 구성된 소리상표와 "중국 이동통신"이라는 글자로 구성된 문자상표에 대해 일반 공중이 두 상표 간에 특정한 관계가 있다고 여길 수 있기 때문에 두 상표는 유사하다고 판단할 수 있다.

---

48 중국 상표심사 및 심리기준(2016년), p.127.

제3장

상표심사, 이의신청 및 불사용신청

[상표 실질심사]

Q43.

중국에서 심사관이 심사결과 거절이유가 발견될 경우 의견제출통지서를 출원인에게 발송하는가?

- 상표법 제29조: 심사과정에서 상표국이 상표등록출원의 내용에 대한 설명 또는 수정이 필요하다고 판단될 경우, 출원인에게 설명 또는 수정을 요구할 수 있다. 출원인이 설명 또는 수정을 하지 않더라도 상표국의 심사결정에 영향을 미치지는 않는다.
- 상표법 실시조례 제23조: 상표법 제29조 규정에 의거하여 상표국이 상표 출원내용을 설명 또는 수정해야 한다고 판단한 경우 출원인은 상표국의 통지를 받은 날부터 15일 내에 설명 또는 수정해야 한다.

우리나라에서는 상표심사관이 심사를 통해 해당 출원이 상표법에서 규정하는 부등록사유에 해당된다고 판단되면 출원인에게 '의견제출통지서'를 발송하여 2개월의 기간 내에 출원인이 의견제출 또는 보정할 기회를 제공하고 있어, 출원인이 의견서나 보정서를 통해 거절이유를 해소하거나 심사관을 설득하면 출원공고 결정이 내려지고 설득하지 못하면 거절결정을 내리게 된다. 그러나 중국은 상표심사관이 심사에서 거절이유를 발견한다 하더라도 특별한 경우에만 심사의견서(의견제출통지서)를 발송하고 일반적으로 출원인에게 별도의 의견제출 기회를 제공하지 않고 바로 거절결정한다.

심사의견서는 상표국이 판단하여 상표출원이 상표법의 관련 규정에는 어긋나지만 예외규정을 적용할 수 있는 가능성이 있는 등의 경우에, 출원인에게 법정기간 내에 상표출원에 대해서 설명 또는 수정하여 예외규정에 부합한다는 등의 증거자료를 제출하도록 요구하는 절차이다.

중국 심사관이 심사의견서를 발송하는 경우는 아래와 같다.[49]

(1) 상표법 제10조 제1항 제2, 3, 4호, 제2항[50]에 부합할 가능성이 있어, 출원인의 의견을 통해 출원공고를 할 수 있는 경우

(2) 신문, 잡지, 정기간행물, 뉴스간행물 등 특수상품에 국가명, 현급 이상 행정구역 명칭이 포함되어 있어, 출원인이 〈정기간행물 출판허가증〉 등 관련 증거자료 제출이 필요한 경우

(3) 사용에 의한 식별력 취득 규정(상표법 제11조 제2항)에 부합

49 중국 상표심사 및 심리기준(2016년), pp.141-143.
50 중국상표법 제10조 제1항 제2호: 외국국가의 명칭, 국기, 국장, 군기 등과 동일, 유사한 표장;
제3호: 정부 간의 국제기구의 명칭, 깃발, 마크 등과 동일, 유사한 표장;
제4호: 통제를 나타내거나 보증하는 정부의 표지, 검사인과 동일, 유사한 표장;
제10조 제2항: 현급 이상 행정구역의 지명 또는 공중이 알고 있는 외국지명

할 가능성이 있어, 출원인의 의견을 통해 출원공고를 할 수 있는 경우

(4) 색채상표 또는 소리상표로 출원한 경우, 출원서로는 그 식별력이 있음을 확인할 수 없지만, 출원인이 사용증거를 보충하여 장기적으로 사용하여 식별력을 취득했다는 의견을 통해 출원공고를 할 수 있는 경우

(5) 상표출원에 식별력이 없는 부분이 포함되어 있어 출원공고할 수 없지만, 출원인이 보정하면 출원공고할 수 있는 경우

(6) 심사의견서를 발송할 필요가 확실히 있는 기타의 경우

다만, 심사의견서는 1회에 한하여 발송하고, 의견제출도 출원인이 심사의견서를 받은 날로부터 15일 이내에 제출하여야 한다.

Q44.

中國商標

심사관은 어떤 경우에 출원된 상표를 거절하나?

■ 상표법 제4조: ② 사용을 목적으로 하지 않는 악의적 상표등록출원은 거절해야 한다.

■ 상표법 제30조: 출원한 상표가 이 법의 관련 규정에 부합하지 아니하거나, 타인이 동일 또는 유사한 상품에 이미 등록했거나 또는 초보심사 결정한 상표와 동일 또는 유사한 경우, 상표국은 출원을 거절하고 공고하지 아니한다.

■ 상표법 제31조: 둘 또는 둘 이상의 상표출원인이 동일 또는 유사한 상품에 동일 또는 유사한 상표를 출원한 경우, 먼저 출원한 상표를 초보심

사결정하여 공고한다. 같은 날에 출원한 경우, 먼저 사용한 상표를 초보 심사 결정하여 공고하고 기타 사람의 출원은 공고하지 아니한다.

심사관은 실질심사를 한 결과 사용을 목적으로 하지 않는 악의적 출원에 해당하거나,[51] 상표출원이 절대적 거절이유 및 상대적 거절이유에 해당할 경우, 거절결정을 한다.

절대적 거절이유는 상표법 제10조(상표로서 사용할 수 없는 표장)와 제11조(등록받을 수 없는 상표)의 규정에 위반한 경우이다

상대적 거절이유는 출원상표가 선행권리와의 관계에서 충돌이 발생하는 것을 의미하는 것으로 다음과 같다.

(1) 기등록 또는 출원공고된 상표와 동일·유사한 경우

출원된 상표가 상표법의 관련규정에 부합하지 않거나, 타인이 동종 혹은 유사상품에 출원공고된 상표와 동일하거나 유사한 상표를 이미 등록했거나 출원공고되었을 경우, 상표국은 출원을 거절하고 출원공고를 하지 않는다.

(2) 선출원 또는 선사용 상표와의 충돌

① 선원주의 원칙에 의해 먼저 출원한 것이 우선이다. 따라서 선후로 동일 또는 유사한 상품에 동일 또는 유사한 상표로 등록출원을 한 경우, 선출원 상표를 출원공고하며 후출원은 거절하고 공고하지 않는다.

② 동일자 출원은 선행 사용이 우선이다. 같은 날 동일·유사 상

---

51 제4차 상표법 개정에서 추가된 부분이다.

품에 동일 · 유사한 상표로 출원한 경우, 먼저 사용한 상표를 출원공고하며 다른 사람의 출원은 거절하고 공고하지 않는다. 먼저 사용했다는 증거를 제출할 경우, 먼저 사용한 자의 출원에 대해 출원공고를 하고 나중에 사용한 자 또는 사용하지 않은 자의 출원은 거절된다.

Q45.

심사관은 지정상품 일부에 대하여 거절할 수 있는데 이에 대한 출원인의 대응 방안은 무엇인가?

■ 상표법 실시조례 제21조: 상표국은 상표법 및 이 조례의 관련 규정에 의하여 수리한 상표출원에 대한 심사를 진행하여, 규정에 부합하거나 부분지정상품에 상표를 사용하는 등록출원이 규정에 부합할 경우, 출원공고를 결정하고 공고한다. 규정에 부합하지 아니하거나 부분지정상품에 상표를 사용하는 등록출원이 규정에 부합하지 아니한 경우, 거절하거나 부분지정상품에 상표를 사용하는 등록출원을 거절하고, 서면으로 출원인에게 통지하고 이유를 설명한다.

■ 상표법 실시조례 제22조: ① 상표국이 1건의 상표출원 중 부분지정상품에 대하여 거절할 경우, 출원인은 그 출원 중의 출원공고한 부분출원을 다른 1건 출원으로 분할할 수 있고, 분할 후의 출원은 원출원의 출원일을 유지한다.

② 분할이 필요한 경우, 출원인은 상표국의 상표출원 부분거절통지서를 받은 날로부터 15일 이내에 상표국에 분할출원을 해야 한다.

③ 상표국은 분할출원을 접수한 후, 원출원을 2건으로 분할하고, 분할된 출원공고를 결정한 출원에 대해서는 새로운 출원번호를 부여하고 공고한다.

상표국은 일부 지정상품 또는 서비스업에 거절이유가 있는 경우 거절이유가 있는 일부 지정상품 또는 서비스업에 대해서는 부분거절결정을 하고 출원인에게 상표출원부분거절통지서(商标注册申请部分驳回通知书)를 발송한다.

부분거절통지서를 받게 될 경우 출원인은 아래 두 가지 방안을 선택할 수 있다.

첫째, 분할출원(分割申请)을 진행한다. 일부거절이 된 지정상품에 대하여 거절결정불복심판을 제기함과 동시에, 심사통과된 지정상품에 대하여 별개의 출원으로 분할할 수 있다. 여기서 분할출원은 필수적인 절차는 아니지만, 부분거절의 경우, 만약 출원인이 거절된 상품에 대한 심판청구를 진행하였으나 분할출원을 진행하지 않는다면, 심사통과된 상품에 대한 출원공고는 심판결과가 나오기까지 중단된다. 그러나 분할출원을 진행하게 된다면 새로운 출원번호(원출원번호 맨 뒤에 알파벳 A추가)가 주어지게 되며 바로 출원공고가 된다. 따라서 부분거절 시 심판을 청구할 계획이라면 분할출원도 함께 진행하는 것이 출원인의 상표권 취득에 조금 더 유리하다. 상표 분할출원은 심사를 통과한 부분이 거절된 부분으로 인하여 출원인의 권리확정 및 권리행사가 적시에 진행되지 못하는 것을 방지하고, 출원인의 권익을 보호하기 위하여 진행되는 절차이다.

둘째, 만약 심판청구를 포기한다면 심판청구기간(15일)이 지난 후 심사통과된 지정상품에 대하여 바로 출원공고되며, 이러한 경우에는 분할출원을 따로 진행할 필요가 없다.

우리나라는 지정상품의 일부에 대한 이의신청제도를 채택하고 있지 않아 일부 지정상품에 대해서만 이의가 성립되어 거절결정을 해야 할 경우, 그 지정상품 전부에 대하여 거절해야 한다.

그러나 중국은 출원단계에서와 마찬가지로 이의신청 단계에서도 출원 공고한 상표의 지정상품 일부에 대해서만 이의신청이 성립하고, 나머지 지정상품에 대해서는 이의신청이 성립하지 않을 경우, 이의신청이 성립한 일부지정상품의 출원에 대해서는 등록을 허여하지 아니한다.

[상표 이의신청]

Q46.

상표이의신청을 할 수 있는 자는?

■ 상표법 제33조: 초보심사 결정 후 공고한 상표에 대해 공고일로부터 3개월 이내에 선권리자나 이해관계인이 이 법 제13조 제2항 또는 제3항, 제15조, 제16조 제1항, 제30조, 제31조, 제32조 규정에 위반한다고 판단할 경우, 또는 누구라도 이 법 제4조, 제10조, 제11조, 제12조, 제19조 제4항 규정에 위반한다고 판단할 경우, 상표국에 이의를 제출할 수 있다. 공고기간 내 이의신청이 없으면 등록을 허가하고 상표등록증을 발급하며 이를 공고한다.

2013년 개정 상표법 이전에는 이의신청 사유를 구별하지 않고 누구나 이의신청을 할 수 있었다. 그러나 2013년 개정 상표법 이후부터는 상대적 거절이유(상표법 제13조 제2항 및 제3항, 제15조, 제16조 제1항, 제30조, 제31조, 제32조)에 관한 규정에 대해서는 '선권리자'와 '이해관계인'만이, 절대적 거절이유(상표법 제10조, 제11조, 제12조)와 사용목적 없는 악의적 출원의 등록거절(제4조) 및 상표대리기구가 상표대리 서비스업의 범위를 벗어난 류(예, 45류 법률서비스업 이외의 상품류)에 대해 스스로 권리를 확보하기 위한 상표출원금지(제19조 제4항)에 관한 규정에 대해서는 '누구나' 이의신청을 할 수 있도록 이원화하였다.

선권리자는 상표권을 비롯하여 법률상 보호를 받아야 하는 합법적 우선권의 소유자를 의미하고, 이해관계인은 상기 우선권의 이익과 관련된 자를 의미한다. 구체적으로는 i) 선사용 상표권 및 기타 선권리의 허락을 받은 사람, ii) 선사용 상표권 및 기타 선권리의 합법적인 승계인, iii) 선사용 상표권의 담보권자, iv) 기타 선사용 상표권 및 기타 우선권과 이해관계가 있음을 증명할 수 있는 주체를 의미한다.[52]

이해관계 여부의 판단은 원칙적으로 '이의신청 시'를 기준으로 하나, 이의신청 시 이해관계가 없었지만 '사건의 심리 시'에 이해관계를 갖고 있는 경우 이해관계자로 인정된다.[53]

Q47.

中國商標

상표이의신청 시 필요한 서류와 절차는 어떻게 진행되는가?

출원공고된 출원상표에 대하여 선권리자 또는 이해관계자는 자신의 선권리 또는 선사용권의 침해를 이유로 출원공고일 다음 날

---

52 중국 상표심사 및 심리기준(2016년), p.193.
53 중국 상표심사 및 심리기준(2016년), p.194.

로부터 3개월 내에 상표국에 상표이의신청을 할 수 있다.

상표이의신청에 필요한 서류는 ① 상표이의신청서, ② 구체적인 이유 및 증거자료(거절결정불복심판과 마찬가지로 3개월의 보충증거자료 제출기간이 주어짐), ③ 위임장(통상적으로 대리사무소에서 양식 제공), ④ 출원공고 복사본(상표국 공개 데이터베이스에서 출력 가능), ⑤ 신청인의 사업자 등록증 부본(법인의 경우) 또는 여권, 주민등록증 사본(자연인의 경우)

이의신청서 제출 후 1개월 정도의 서류심사를 거쳐 상표이의신청수리통지서(商标异议申请受理通知书)를 송부하게 되며, 실질심사는 이의신청 후 12개월 이내에 완료해야 한다.

이의신청이 수리된 후 상표국은 이의신청서 부본 및 답변통지서를 피이의신청인(상표 출원인)에게 전달하며, 피이의신청인은 상기 서류들을 전달받은 날로 부터 30일 이내에 답변서를 제출할 수 있다. 피이의신청인이 답변하지 않더라도 이의신청의 심사는 계속 진행된다. 피이의신청인에게도 역시 3개월의 보충증거자료 제출기간이 주어진다.

상표이의신청이 불수리되는 경우는 다음과 같다.[54]

(1) 3개월의 이의기간이 지난 후 제출된 경우

(2) 신청인 자격에 부합되지 않는 경우

(3) 명확한 이의이유, 사실 또는 법적 근거가 없는 경우

(4) 동일 신청인이 동일한 이유로 동일 상표에 대하여 이의신청을 다시 제출한 경우

---

54 상표법 실시조례 제26조.

이의신청 절차 흐름도

이의신청서 제출	■ 출원공고 후 3개월 내에 제출 ■ 이의신청 후 3개월 내에 이유와 증거 보충
피이의신청인 답변서 제출	■ 상표국은 이의신청서 부본 및 답변통지서를 피이의신청인에 전달 ■ 피이의신청인은 서류 전달받은 후 30일 내 답변서 제출 ■ 피이의신청인에게도 3개월의 보충증거자료 제출기간 부여
상표국 심사	■ 12개월 이내에 등록허용 여부 결정(6개월 연장 가능)
등록불허/등록결정	■ 이의신청이 이유 없어 등록결정 시, 이의신청인이 이에 불복할 수는 없고 다만 등록된 후 무효심판청구 가능 ■ 이의신청 이유 있어 등록불허 결정 시, 출원인은 이에 대한 거절결정불복심판 청구 가능

Q48.

中國商標

이의신청을 제기할 수 있는 이유는 어떤 것인가?

상표법 제33조 : 초보심사 결정 후 공고한 상표에 대해 공고일로부터 3개월 이내에 선권리자나 이해관계인이 이 법 제13조 제2항 또는 제3항, 제15조, 제16조 제1항, 제30조, 제31조, 제32조 규정에 위반한다고 판단할 경우, 또는 누구라도 이 법 제4조, 제10조, 제11조, 제12조, 제19조 제4항 규정에 위반한다고 판단할 경우, 상표국에 이의를 제출할 수 있다. …(후략)

이의신청은 절대적 이유 및 악의적 출원금지 규정 위반에 대해서는 누구든지, 상대적 이유에 대해서는 선권리자 또는 이해관계인이 이의신청을 할 수 있다. 절대적 및 상대적 이의신청이유는 아

래와 같다.[55]

1. 절대적 이유

상표법 제10조(상표로서 사용할 수 없는 표장), 제11조(등록받을 수 없는 상표)의 규정에 위반되거나 제12조의 입체상표의 기능성 규정에 위반할 경우, 이의신청을 할 수 있다.

2. 악의적 출원금지 및 상표대리기구의 대리서비스업의 범위를 벗어난 출원금지

제4차 개정 상표법에서는, 출원공고된 상표가 사용을 목적으로 하지 않는 악의적 상표등록출원일 경우(제4조)이거나, 상표대리기구가 상표대리 서비스업의 범위를 벗어난 류(예, 45류 법률서비스업 이외의 상품류)에 대해 스스로 권리를 확보하기 위한 상표출원금지(제19조 제4항)에 해당하는 경우, 누구든지 이의신청을 할 수 있도록 하였다.

3. 상대적 이유

1) 선행상표와 동일·유사한 출원상표(제30조, 제31조)
① 타인의 출원공고된 상표(이의신청의 대상상표)가 이의신청인의 이미 등록되었거나 먼저 출원된 상표와 동일 또는 유사하

55　商标实务指南(张锐主编, 法律出版社, 2017), pp.85-97.

고 지정상품이 동일 또는 유사한 경우, 이해관계가 인정되어 이의신청이 가능하다.

② 동일자로 출원된 타인의 출원공고된 상표와 이의신청인의 상표가 동일 또는 유사하고, 상품이 동일 또는 유사하며, 이의신청인이 먼저 사용하였다면, '우선사용 원칙'에 의해 이해관계가 인정되어 이의신청이 가능하다.

2) 저명상표의 이익침해(제13조)

① 타인의 출원공고된 상표가, 이의신청인(미등록 저명상표 권리자)이 아직 중국에 등록하지 않은 저명상표의 복제·모방·번역에 해당하고 쉽게 혼동을 일으키며 상품이 동일 또는 유사하면, 이해관계가 인정되어 이의신청이 가능하다.

② 타인의 출원공고된 상표가, 중국에 등록되어 있는 저명상표를 복제·모방·번역한 것으로 대중에게 오인·혼동을 가져오고 저명상표 권리자의 이익에 손해를 입힐 수 있는 경우에는, 상품이 동일하지 않거나 유사하지 않다고 하더라도 저명상표 권리자는 이해관계가 인정되어 이의신청이 가능하다.

3) 대리인 또는 특정관계가 있는 타인의 악의적인 등록(제15조)

① 이의신청인의 대리인 또는 대표자가 정당한 권한 없이 본인의 명의로 이의신청인의 상표를 상표출원하여 출원공고되었을 경우, 이해관계가 인정되어 이의신청이 가능하다.

② 출원공고된 타인의 상표가 이의신청인이 등록하지 않았지만 먼저 사용한 상표와 동일 또는 유사하고, 상품이 동일 또는 유사하며, 그 타인과 이의신청인이 대리인이나 대표자 관계

는 없지만, 계약이나 업무거래 등 기타 관계가 있고 타인이 이의신청인의 상표가 존재하는 사실을 분명히 알고 있었으면, 이의신청인은 이해관계가 인정되어 이의신청이 가능하다.

4) 선권리 침해(제32조 전단)

출원공고된 그 상표 출원일 전에, 이미 상호권, 저작권, 디자인권, 성명권, 초상권 등 상표권 이외의 권리를 이미 취득한 경우, 해당 권리자는 이해관계가 인정되어 이의신청이 가능하다.

5) 일정한 영향력이 있는 타인의 상표를 부정당한 수단으로 등록(제32조 후단)

출원공고된 타인의 상표가, 부정당한 수단으로 이의신청인이 이미 사용하고 있고 일정한 영향력이 있는 상표를 출원한 것이라면, 이의신청인은 이해관계가 인정되어 이의신청이 가능하다. 여기서 일정한 영향력이 있는지 여부는 관련 공중이 이미 알고 있는 미등록상표를 의미하고, 부정당한 수단에 의한 출원인지 여부는 계약관계의 존재 등을 관련 자료를 통해 입증이 가능해야 한다.

6) 지리적 표시 침해(제16조)

출원공고된 상표에 지리적 표시 권리자의 지리적 표시가 있고, 지정상품의 원산지가 지리적 표시에서 표기한 지역이 아니어서, 공중에게 오인·혼동을 유발하는 경우에는, 지리적 표시 권리자는 이해관계가 인정되어 이의신청이 가능하다.

Q49.

이의신청에 대한 심리는 어떻게 진행되며, 이에 대한 불복방법은 무엇인가?

■ 상표법 제35조: ① 초보심사 결정 후 공고한 상표에 대해 이의가 제출된 경우, 상표국은 이의신청인과 피이의신청인이 진술한 사실과 이유를 듣고, 조사와 확인을 한 후, 공고기간 만료일로부터 12개월 이내에 등록을 허여할 것인지 여부를 결정하고, 서면으로 이의신청인과 피이의신청인에게 통지해야 한다. 특수한 상황이 있어 연장이 필요할 경우, 국무원 공상행정관리부서의 허가를 얻어 6개월 연장할 수 있다.

② (중략) 이의신청인이 불복할 경우, 이 법 제44조 또는 제45조의 규정에 의거하여 상표평심위원회에 그 등록상표에 대한 무효심판을 청구할 수 있다.

③ 상표국이 등록을 허여하지 아니하는 결정을 하고 피이의신청인이 불복할 경우, 통지를 받은 날로부터 15일 이내 상표평심위원회에 거절결정 불복심판을 청구할 수 있다…(중략)…

상표국은 이의신청이 있을 경우, 상표이의신청자료 부본을 신속하게 피이의신청인에게 송달하여야 하고, 피이의신청인은 상표이의신청자료 부본을 받은 날로부터 30일 내에 답변서를 제출하여야 한다. 피이의신청인이 답변서를 제출하지 아니하더라도 상표국의 결정에 영향이 없다.

당사자가 이의신청서 또는 답변서를 제출한 후에 관련 증거자료를 보충할 필요가 있는 경우, 상표이의신청서 또는 답변서에서 분명하게 밝히고, 상표이의신청서 또는 답변서를 제출한 날로부터 3개월 내에 제출하여야 한다. 기한 내에 제출하지 아니하는 경우,

당사자가 관련 증거자료의 보충을 포기한 것으로 본다. 그러나 기간 만료 후에 생성되었거나 또는 당사자에게 기타 정당한 이유가 있어 기간 내에 제출할 수 없었던 증거를 기간 만료 후에 제출하는 경우, 상표국은 그 증거를 상대방 당사자에게 송달하고 증거인부 후 채택할 수 있다.

이의신청에 대한 답변기한 및 3개월의 답변 보충자료 기한 만료 후, 상표국은 이의신청인과 피이의신청인 쌍방 당사자가 제출한 모든 자료를 취합한 후 절차에 따라 결정한다. 쌍방 당사자의 진술 사실과 이유 및 증거자료를 조사 확인한 후, 상표국은 출원공고 만기일로부터 12개월 내에 등록 허용여부를 결정하고, 서면으로 이의신청인과 피이의신청인에게 통지한다. 특수한 상황이 있어 심리 기한의 연장이 필요할 경우 국가지식산권국의 승인을 거쳐 6개월 연장할 수 있다.

이의신청인이 이의결과에 불복하는 경우(이의신청대상 상표가 등록이 허락되는 경우), 이의신청인은 상표국의 이의결정에 대해서는 다툴 수 없고, 다만 이의상표(출원상표)가 등록된 후, 등록일로부터 5년 이내에 상표평심위원회에 상표무효심판을 청구할 수 있다.[56]

---

56 2013년 개정법 이전에 중국의 이의신청 제도가 우리와 가장 다른 점은 이의결정 그 자체에 대하여 불복이 허용되었다는 점이다. 따라서 이의결정에 대하여 당사자가 불복하면 이의결정은 효력이 발생하지 않았다. 그 결과 이의신청이 받아들여지지 않더라도 이의신청인은 이의결정에 대하여 불복하여 상표평심위원회에 불복심판을 청구함으로써 해당 상표출원의 등록을 저지할 수 있었다. 상표평심위원회의 심판 결정에 대해서는 다시 북경시 중급인민법원에 소를 제기할 수 있으며, 제1심 판결에 대해서는 북경시 고급인민법원에 항소할 수 있는데, 이의신청 절차, 심판 절차, 제1심 및 제2심 법원 절차를 모두 거치는 데는 상당한 기간이 소요되므로 이러한 장기간의 기간 동안 상표권의 발생을 막을 수 있었다. 그러나 2013년 개정 상표법 이후로

피이의신청인(상표출원인)이 이의결과에 불복하는 경우(이의신청 대상 상표의 등록이 불허되는 경우), 피이의신청인은 이의결정서를 전달받은 날로 부터 15일 이내에 상표평심위원회에 등록불허불복 심판(不予注册复审申请)을 청구할 수 있다.

[불사용 취소청구 및 심판]

Q50.

상표등록 후 등록상표를 3년동안 불사용했을 경우, 어떠한 위험에 처해질 수 있는가?

- 상표법 제49조: ② 등록상표가 그 사용을 지정한 상품의 보통명사가 되었거나 또는 정당한 이유 없이 3년 연속 사용하지 않는 경우 누구든지 상표국에 그 등록상표의 취소를 신청할 수 있다. 상표국은 신청을 받은 날로부터 9개월 이내에 결정을 내려야 한다. 특수한 상황으로 인해 연장이 필요한 경우 국무원 공상행정관리부서의 허가를 받아 3개월 연장할 수 있다.

- 상표법실시조례 제66조: ① 상표법 제49조가 규정하는 등록상표가 정당한 이유 없이 연속하여 3년간 사용되지 않은 경우, 어떤 단체 또는 개인은 상표국에 해당 등록상표의 취소신청을 할 수 있으며 신청서 제출 시 관련 내용을 설명하여야 한다. 상표국은 수리 후 상표권자에게 통지하고 통지를 받은 날로부터 2개월 이내에 취소신청 전에 해당 상표를 사용한 증거자료를 제출하거나 불사용에 대한 정당한 이유를 설명하도록 하여야

는 이의결정에 대한 직접적인 불복이 허용되지 않게 되었다. 즉, 이의신청이 이유 있다는 결정에 대해서는 등록불허가 결정을 내리고, 이의신청이 이유 없다는 결정에 대해서는 본원상표에 대한 등록결정을 내림으로써, 이후 단계부터는 무효 심판을 청구할 수 있도록 변경되었다.

한다. 기간이 만료할 때까지 사용에 대한 증거자료를 제출하지 아니하였 거나 증거자료의 효력이 없고 또한 정당한 이유가 없는 경우에는 상표국 은 해당 등록상표를 취소한다.

② 전항에서 사용의 증거자료는 상표권자가 등록상표를 사용한 증거자료 와 상표권자가 타인에게 등록상표의 사용을 허락한 증거자료를 포함한다.

③ 정당한 이유 없이 3년간 연속 불사용을 이유로 등록상표의 취소를 신 청하는 경우에는 해당 등록상표의 등록공고일로부터 3년 경과한 후에 신 청하여야 한다.

상표등록 후 계속해서 3년 동안 사용하지 않았을 경우, 상표국 은 이에 대한 취소신청이 있게 되면 그 등록상표를 취소할 수 있 다. 등록상표가 취소되기 위해서는 아래의 조건을 만족해야 한다.

(1) 반드시 연속해서 3년 동안 사용하지 않아야 한다. 불사용한 기간이 3년 미만이거나, 연속해서 3년이 아닌 경우에는 이에 해당되지 않는다.

(2) 적어도 3년의 기간을 만족해야 한다. 일반적으로 3년의 기 간계산은 불사용 취소 신청일로부터 역산하여 3년이다. 예 를 들어 2017년 7월 1일 상표국에 불사용취소 신청을 했다 면 2014년 7월 1일부터 2017년 7월 1일까지 불사용하여야 한다. 따라서 하나의 등록상표에 대하여 취소신청을 진행할 수 있는 제일 빠른 시점은 해당 등록상표의 등록일 다음 날 로부터 3년이 되는 날이다.

(3) 불사용에서의 '사용'의 개념은 상표법에서 인정하는 상표의 '사용'에 해당하여야 한다. 여기서 상표의 사용사실에는 상표

권자 이외에 상표의 사용을 허가한 제3자의 사용도 등록상표
의 사용에 포함된다. 상표권자 또는 상표사용권자가 아닌 자
가 등록상표를 사용한 경우에는 상표권 침해행위에 해당될
수는 있으나 등록상표의 '사용행위'에는 해당하지 아니한다.

(4) 불사용에 대한 정당한 이유가 있으면, 정당한 이유와 증거를
제출하거나 설명을 통해 입증하면 취소되지 않을 수 있다.
정당한 이유에는 불가항력적 요소(통상적으로 자연재해를 의
미), 정부의 정책적 제한, 파산·청산 등이 있다.

Q51.

상표사용에 대한 증거자료가 갖춰야 할 요건은 무엇인가?

분쟁상표를 3년 연속 불사용한 것이 아니라는 입증책임은 상표
권자에게 있다. 분쟁상표가 3년 연속 불사용 되지 않았음을 증명
하는 증거자료는 다음의 요구에 부합해야 한다.[57]

(1) 사용한 분쟁 상표의 표장이 표시되어야 한다.

(2) 분쟁상표가 지정사용 상품·서비스업에 사용되었음을 나타
낼 수 있어야 한다.

(3) 상표등록인 자신과 상표등록인이 허가한 타인을 포함하여,
분쟁상표의 사용자를 나타낼 수 있어야 한다.

(4) 분쟁상표의 사용 시기를 나타낼 수 있어야 하는데, 그 취소
청구일로부터 과거 3년 이내이어야 한다.

---

57 중국 상표심사 및 심리기준(2016년), p.185.

(5) 분쟁상표가 상표법의 효력이 미치는 지역범위 내에서 사용
되었음을 증명할 수 있어야 한다.

그러나 다음의 증거만 제출하는 경우에는 상표법에서 의미하는
상표의 사용으로 보지 않는다. ⅰ) 상품판매계약서 또는 서비스 제
공 협약서·계약서, ⅱ) 서면 증언, ⅲ) 수정여부를 식별하기 어려
운 물증, 시청각자료, 홈페이지 정보 등, ⅳ) 실물과 복제품

Q52. 中國商標
불사용 취소신청 절차는 어떻게 진행되며, 불사용 취소결정에 대한 구제방안은 무엇인가?

등록상표를 정당한 이유 없이 계속해서 3년 동안 불사용한 경
우, 어떠한 단체나 개인(즉, 누구든지)은 상표국에 그 등록상표에
대한 취소를 신청할 수 있다. 이해관계인이 아니라도 신청할 수 있
는 것이다.

상표국은 취소신청 수리 후 상표권자에게 불사용 취소신청 사실
을 통지하면서 2개월의 기간 내에 그 등록상표의 사용사실 및 정
당한 이유 등에 대해 관련 증거자료와 설명을 제출하도록 명한다.
2개월의 기간 내에 관련 증거자료를 제출하지 못하거나 정당한 이
유가 없으면 상표국은 그 등록상표를 취소한다. 사용증거자료는
상표권자가 등록상표를 사용한 증거자료와 상표권자가 타인에게
등록상표의 사용을 허가한 증거자료를 포함한다.[58]

3년 연속 불사용 등록상표 취소신청시 필요한 서류는 ① 3년 연속 불사용 등록상표 취소 신청서, ② 취소 이유 설명, ③ 대리 위탁서(상표 대리기구에 의뢰하여 처리할 경우, 날인한 의뢰서 필요), ④ 신청인의 주체 자격 증명서류 등이다.

불사용취소 신청에 대한 심리기한은 9개월이다. 즉 상표국은 3년 연속 불사용 취소신청 접수일로부터 9개월 내에 결정을 내려야 한다. 특수한 상황이 있어 연장해야 할 경우 국가지식산권국의 승인을 거쳐 3개월 연장할 수 있다.[59]

상표의 취소신청에 관한 결정서가 발송된 후 당사자(취소신청인 또는 상표권자)가 해당 결정에 불복하는 경우 결정서를 받은 날로부터 15일 이내에 상표평심위원회에 불복심판을 청구할 수 있다.

우리나라는 불사용취소심판을 특허심판원에서 담당하고 있으나 중국은 불사용취소에 대한 결정은 상표국이 담당하고, 이에 불복할 경우에 상표평심위원회에서 이를 다룬다.

당사자들이 상표평심위원회의 결정에도 불복하는 경우 결정서를 받은 날로부터 30일 이내에 법원에 행정소송을 진행할 수 있다.

---

58 중국 상표법실시조례 제66조.
59 중국 상표법 제49조.

불사용취소신청 시 주의할 사항은?

상대방의 상표가 3년 연속 사용되고 있지 않을 경우, 불사용취소신청과 동시에 자신의 상표를 출원하는 것이 좋다. 등록상표가 취소되면 취소일로부터 1년 이내에 상표국이 동 상표와 동일 또는 유사한 상표출원에 대해 등록을 허락하지 않는다. 따라서 불사용취소심판 청구 시 청구인은 그 상표와 동일한 상표로 상표출원을 하는 것이 일반적이며, 취소된 후에는 바로 상표권을 획득 할 수 있는 장점이 있다. 이미 자신의 상표출원이 거절된 경우라도 다시 출원하는 것이 바람직하다.[60]

일부취소도 가능한데, 취소 신청을 등록상표의 일부상품(서비스업)에 대해 제기한 경우, 상표권자는 전체 또는 청구된 일부 상품에 대해서 사용증거를 제출해야 하며, 제출할 수 없을 경우에는 취소 청구된 상품(서비스업)이 취소될 수 있다.

실무상 우리나라와 달리 상표권자가 제출한 답변서 및 사용증거는 취소청구인에게 송부되지 않으며, 상표국이 답변내용 및 사용증거를 심사하여 상표등록의 취소여부를 결정할 따름이다. 따라서 취소청구인은 상표권자의 답변내용 및 사용증거를 확인할 길이 없

---

60 불사용취소 신청과 상표출원을 병행하는 경우에는 취소신청을 먼저 진행하고 일주일 정도의 기간을 둔 후 출원을 진행하는 것이 바람직하다. 취소신청과 상표출원의 심사기간은 모두 9개월이므로 취소신청을 먼저 진행함으로써 출원심사 중 취소상표가 출원상표의 등록결정에 장애가 되는 것을 방지할 수 있고, 가령 취소상표로 인하여 출원상표가 거절되었다고 하더라도 거절불복심판에서 취소상표가 불사용취소 신청 중에 있다는 이유로 출원상표의 심리를 연기할 것을 요청할 수 있기 때문이다.

어서 취소결정에 대한 불복여부를 결정하기 어려운 점이 있다. 다만 취소결정에 대한 불복으로 상표평심위원회에 심판을 신청한 경우에는 상대방에게 관련 자료를 송부해 주므로 열람이 가능하다.

Case로 알아보기

한국의 건강보조침대 제작업체 A사는 중국에 2012년 영문과 중문의 결합상표를 등록해 놓고 사용을 하지 않고 있던 중, 최근에 중국 기업 C사가 상품류는 다르지만 A사의 제품과 경제적 견련성이 있는 제품에 영문상표와 동일한 상표를 출원 중임을 알게 되었다. 한국에서는 꽤 알려진 A사의 상표이고 향후 중국에도 진출할 계획을 갖고 있기에 중국 C사의 상표 등록을 막거나 양도를 받고 싶어한다. 이 경우 어떻게 하는 것이 좋은가?

→ 중국 상표 등록을 저지하기 위해 이의신청을 할 수 있으나, 이의신청을 하게 되면 오히려 상대방이 A사의 상표가 3년간 불사용한 사실을 알고 불사용취소심판을 제기해 올 수 있으며, 이 경우 A사의 상표가 취소될 가능성이 매우 높다. 그렇게 되면 양도 협상에서도 아주 불리한 위치해 처해질 수 있다. 이러한 약점을 잡히게 되면 양도가격이 올라갈 수도 있고 수동적인 위치로 전락해 협상의 주도권을 가지기 어려우므로 적절한 방법은 아니다.

따라서 등록된 상표를 최대한 빠른 시일 내에 사용을 하고, C사의 상표가 등록된 후에는 무효심판을 제기한다. C회사의 불사용취소심판 제기에 대비해 A사는 중국 대리상과 총판계약을 맺는 등의 방식으로 즉시 사용을 한다. 판매량이 많을 필요도 없으므로 사용했다는 것을 증명하기만 하면 되므로, 계약서, 세관통관증, 물품수령증, 제품판매영수증 등 모든 증거자료를 철저히 챙겨야 한다. 이후 해당 중국 상표가 등록되는 것을 기다렸다가 무효심판을 제기한다. 상품류는 다르지만 경제적 견련성이 있으므로 상표평심위원회나 법원에서는 충분히 다툴 여지가 있다.

제4장

심 판

[상표심판 일반]

상표심판의 종류와 심리방식은?

상표평심위원회가 담당하는 상표심판의 종류는 다음과 같다.

(1) 상표법 제34조에 의한 상표국이 출원공고하지 않고 내린 거
    절결정에 대한 심판
(2) 상표법 제35조 제3항에 의해 이의신청 인용결정에 대한 피
    이의신청인의 불복심판
(3) 상표법 제54조에 의해 상표국이 내린 상표의 보통명칭화, 3
    년 불사용 등으로 인한 등록상표 취소에 대한 심판
(4) 상표법 제44조 제2항에 의해 상표국이 내린 등록상표 무효
    선고에 대한 심판

(5) 직접 상표평심위원회에 제출된 상표 무효선고 안건에 대한 심판

(6) 거절결정불복심판, 무효심판 중의 저명상표(馳名商标) 여부 판단

상표평심위원회는 3인 이상 홀수의 상표평심위원으로 구성된 합의체에 의하여 심리하고[61] 합의체는 다수결 원칙에 의한다.

일반적인 상황에서는 서면심리가 원칙이나, 당사자의 신청이나 실질적인 필요가 있을 경우 구술심리를 진행한다.[62] 구술심리는 일반적으로 ① 중요한 증거 인정에 대하여 쌍방 당사자의 대질심문 또는 변론이 필요한 경우, ② 중요한 증거 인정에 대하여 증언을 한 증인에 대한 대질심문이 필요한 경우, ③ 기타 구두심리를 진행할 필요가 있는 경우에 진행한다.

증거제출과 관련하여 당사자는 자신이 제출한 심판청구의 근거가 되는 사실 또는 상대방이 청구한 심판의 근거가 되는 사실을 반박하는 데 필요한 증거를 제출하여 증명할 책임이 있다. 증거는 서증, 물증, 시청각자료, 전자데이터, 증인증언, 감정의견 및 당사자의 진술 등을 포함한다.[63]

---

61 단독으로 심리할 수도 있다. 즉, ① 상표출원이 타인의 선등록상표 또는 선출원상표와 권리충돌을 이유로 거절결정되었으나 평심 시에 해소된 경우, ② 취소 또는 무효선고가 청구된 등록상표의 상표권이 소멸된 경우, ③ 청구인이 사망했거나 절차가 중지된 후, 그 승계인이 없거나 승계인이 상표평심에 관한 권리를 포기한 경우, 청구인이 평심청구를 취하한 경우 또는 당사자가 스스로 또는 조정을 통하여 화해한 경우 등과 같이 평심을 종료하고 사건을 종결해야 하는 경우, ④ 기타 단독으로 평심할 수 있는 사건의 경우 단독으로 심리할 수 있다(상표평심규칙 제27조).

62 상표평심규칙 제4조, 상표법실시조례(商标法实施条例) 제60조.

① 원본, 정본, 부본을 포함한 문서 원본을 제공해야 한다.

② 원본 제공이 어려울 경우, 해당 원본의 복사본, 사진, 발췌본을 제공한다.

③ 유관기관이 보관하고 있는 서면 증거 원본의 복제본 또는 초록본을 제공할 경우, 출처를 밝히고 해당 기관이 대조 확인 후 기관의 도장을 찍어야 한다.

④ 출원인이 상표평심위원회에 물증을 제공할 경우에는 원본을 제공해야 한다. 원본을 제공하기 어려울 경우, 복제본 또는 동 물증을 증명하는 사진, 녹화영상 등의 기타 증거를 제공할 수 있다. 원본이 비교적 수량이 많은 종류의 물건일 경우에는 이 중 일부를 제공할 수 있다.

⑤ 출원인이 상표평심위원회에 제공하는 증거가 중화인민공화국 이외의 지역 또는 홍콩, 마카오, 타이완 지역에서 만들어져 상대방이 동 증거의 진실성을 의심하거나 또는 상표평심위원회가 필요하다고 판단한 경우 관련규정에 따라 공증 인증을 해야 한다.

⑥ 중국어가 아닌 외국어로 작성된 서면증거나 설명자료 제출 시에는 반드시 중국어 번역본을 첨부해야 한다. 실무상 상표평심위원회의 요구에 따라 제출하는 외국어로 되어 있는 증거는 중국어로 정확하게 번역해야 하며 원본과 번역본이 일일이 대응되어야 한다. 증거자료의 내용이 많을 경우 사건 경위에 따라 일부를 발췌하여 번역할 수 있지만, 번역하지 않은 부분은 설명해야 한다. 큰 단락 또는 모든 페이지의 내용을 번역하지 않았을 경우에는 'X'자로 표시해야 한다.

63　상표평심규칙 제38조.

64　商标实务指南(张锐主编, 法律出版社, 2017), p.75.

상표심판 시 구술심리는 어떻게 진행되나?

상표심판 시 구술심리는 다음과 같은 방식으로 진행된다.[65]

구술심리는 당사자의 신청 또는 상표평심위원회의 직권으로 진행한다. 당사자의 구술심리 신청은 심판청구 시 혹은 늦어도 피신청인의 답변서 부본을 송달받은 날로부터 30일 이내에 상표평심위원회에 제출해야 한다.

상표평심위원회가 직권으로 구술심리를 하기로 결정하는 경우, 서면으로 당사자에게 구술심리 시기, 장소, 심판관 구성, 구술심리 절차, 구술심리 참가자의 권리 및 의무 등을 통지하여야 한다. 당사자는 구술심리 개최 통지서를 받은 날로부터 10일 이내에 회신을 해야 하며, 회신하지 않을 경우, 구술심리에 참가하지 않는 것으로 본다. 관련 당사자가 구술심리에 참가하지 않으면 상표평심위원회는 결석심리를 개최하거나 구술심리를 취소할 수 있다.

구술심리 참가인원은 각 당사자별로 상표대리인을 포함 2명을 초과할 수 없다. 다만 상표평심위원회의 동의를 얻을 경우에는 예외로 한다.

구술심리는 합의체 주심이 주최를 하고 ① 합의체 심판관이 사건에 대한 기본상황, 쟁점의 주요 문제 등을 명확히 설명, ② 신청인의 진술, ③ 피신청인의 답변 이런 순서로 진행한다. 당사자는 심판과정 중에 제출했던 모든 증거를 구술심리 시에 제시해야 하고, 상대방 당사자에 대해 대질심문해야 한다. 당사자의 대질심문

---

65 상표평심안건구술심리방법(商标评审案件口头审理办法)(2017.5.4. 제정).

시에 증거의 진실성, 관련성, 합법성, 증거의 증거력 유무 및 증명력의 정도 등에 관해 질의하고 설명하며 변론을 한다. 상표평심위원회의 동의를 거쳐 증인을 불러 증언하도록 할 수 있다. 당사자는 합의체의 허가를 거쳐 증인을 심문할 수 있다.

구술심리 종료 전에 합의체는 신청인과 피신청인이 순서대로 최후진술을 할 수 있도록 하고 최후진술로 구술심리는 종료된다.

참고   중국에서 구술심리를 개최하면 당사자에게 얼마나 효과가 있을까?

중국 상표심판에서는 서면심리가 원칙이고 구술심리는 예외적으로 개최된다. 또한, 상표심판에 있어 구술심리를 도입한 지도 얼마 되지 않는데다(2017.5월에 관련 규정 제정), 심판관의 업무량이 워낙 많아 구술심리 개최를 꺼리는 경향이 있어 구술심리가 아직 활성화되어 있지 않다

또한 실제 상표평심위원회에서 개최되고 있는 구술심리는 대질심문 등의 절차가 없이 단지 상표출원인의 증거제출만으로 진행되는 등 그 절차가 비교적 간단하여 실질적인 의미나 효과가 그다지 크다고 보기는 어렵다.

향후 구술심리 절차 등이 많이 개선되겠지만, 현재 단계에서는 구술심리를 개최한다고 해서 당사자의 소명이나 충분한 상황설명이 허용되어 승소가능성을 높인다고는 할 수 없다.

[거절불복 심판]

Q56.

심사관의 거절결정에 대한 불복심판청구 시 심사관의 거절이유에 대해 어떻게 대응할 수 있는가?

심사관의 거절결정에 기재된 절대적 거절사유와 상대적 거절사유에 대해 출원인은 거절결정불복심판 청구 시 이에 대응되는 청구이유를 제시해야 한다. 대부분의 거절사유는 상대적인 거절사유인 경우가 많고, 상대적 거절사유에 대한 청구이유 작성 및 대응방법은 다음과 같다.[66]

1. 상품·서비스업 및 상표가 동일 또는 유사하지 않다고 판단되는 경우

심사관에 의해 거절결정된 상표의 출원인이 자신의 출원상표가 선등록 또는 선출원 상표와 동일 또는 유사하지 않고, 상품/서비스업과도 동일 또는 유사하지 않다고 판단될 경우, 출원인은 심판청구서에 출원상표의 등록과 사용이 일반 소비자의 혼란과 오인을 초래하지 않을 수 있음을 주장하고 관련 증거를 제출한다. 출원인은 중국 시장에서의 사용 증거[67]를 제공하여 출원상표가 중국 시장

---

66 商标实务指南(张锐主编, 法律出版社, 2017), pp.73-74.

67 예) ① 상업에 사용한 증거: 원본제품, 원본제품 포장, 제품설명서, 그 상표를 사용한 기업 내부 자료 등 기타 그 상표를 표시하는 물증 자료, 인용상표와 관련된 상품의 판매계약, 판매송장, 화물송장, 수출상품의 수출면장, 판매 네트워크, 연간 판매순위 등의 판매 자료 등.

에서 이미 어느 정도의 인지도가 있다는 것을 입증하여 식별력이 비교적 높고, 타인의 선행상표와 오인·혼동 가능성이 적다고 주장한다.

2. 인용상표가 걸림돌이 되지 않도록 함

1) 선출원 또는 선등록 상표권자와 협의를 통해 선출원, 선등록 상표를 출원인에게 양도하거나 또는 선행 상표를 취소시키는 등의 방법으로 선행상표가 출원상표의 등록에 방해가 되지 않도록 한다.

≣ 실무포인트68

① 우선, 거절결정불복심판을 청구하는 동시에 상표평심위원회에 선행 상표의 양도 또는 취소 절차가 진행 중이거나 개시예정이라고 통지하여 심리를 잠시 늦추어 달라고 요청한다.
② 선출원, 선등록 상표의 양도 또는 취소는 가급적 심판청구 후 증거보충이 가능한 3개월의 기한 내에 관련 증명서류를 상표국에 제출한다.
③ 선출원, 선등록 권리자와 출원인이 실제로 동일할 경우에도 선출원, 선등록 상표에 대한 명의 변경, 양도하거나, 인용상표에 대해 말소해야 한다.

---

② 상업적 홍보에 사용한 증거: 광고계약, 광고 이미지, 전시회에 참가한 사진 및 관련 자료, 홍보 카탈로그, 광고홍보 비용 영수증, 소비자 설문조사표, 각 지역 대리상의 피드백 등.
68 商标实务指南(张锐主编, 法律出版社, 2017), p.73.

2) 출원인은 선출원 선등록 권리자와 양 상표의 공존에 대해 합의한다.

한 걸음 더 들어가 보기

• 공존협의를 통해 거절이유 극복한 사례 •

- 상표평심위원회, 2017년 상표 행정소송현황 분석[70] -

분석자료에 따르면 법원이 공존동의서로 인해 양 상표가 유사하지 않다고 판결하여 상표평심위가 패소한 사건이 2017년에 91건으로 2016년에 비해 증가한 것으로 나타났다. 또한 공존협의로 인해 상표평심위원회가 소송에서 패소한 비율이 1심 4.1%, 2심 2.7%였다.

---

69 商标实务指南(张锐主编, 法律出版社, 2017), p.74.
70 상표평심위, 2017년 상표 심판사건 행정소송 현황 분석(2018.6.21.);
   http://www.sohu.com/a/236917141_100075709

법원 소송과정에서 공존협의를 통해 거절이유 극복한 주요 사건*		
출원상표		인용상표
등록번호	상표	
1257791	(9류 광학기계 등)	(9류 광학기계 등)
15181926	**MIDO**(35류 광고업 등)	**mido**(35류 광고업 등)
G975800	VALENTINO GARAVANI(18류 피혁 등)	VALENTINO(18류 피혁 등)
11029262	Brooks(9류 측량기 등)	BROOKS(9류 물리학설비 등)
G1203083	**SIAMP**(11류 위생설비 등)	SLAMP(11류 위생설비 등)
15273646	Bench.(24류 의류, 신발 등)	BENCH(24류 의류, 신발 등

* 출원상표와 인용상표가 서로 유사하지만 출원상표의 출원인과 인용상표의
권리자가 출원상표와 인용상표가 공존하는 데 대해 합의를 하고, 인용상표
권리자가 공존에 동의한다는 합의를 하여 법원이 이를 인정한 사례임.

3) 상표법 제50조 규정에 따라 등록 상표가 취소, 무효 되거나
또는 존속기간 만료후 더 이상 갱신하지 않아 말소된 경우, 취소·
무효 말소일로부터 1년 이내에 동일·유사한 상표출원의 등록이
불가능하다. 거절이유가 된 상표가 취소, 무효 말소일로부터 1년
이 경과한 경우, 출원인은 거절결정 불복심판을 청구하면서 선행
상표의 무효·취소 말소 증명서류(공식 판결, 상표 기록문서 등)를

제출한다.

3. 심리유예 신청

출원인이 인용상표에 대해 이의신청, 취소·무효심판을 청구했거나 청구할 예정이라면 거절결정에 대한 불복심판을 청구하면서 상표평심위원회에 동 심판사건에 대한 심리유예를 청구하거나 여러 안건을 합쳐 심리해 줄 것을 청구할 수 있다.[71]

실무포인트[72]

① 선행상표에 대한 이의신청 청구가 받아들여질 경우 이의신청이유 및 증거자료를 상표평심위원회에 제출하여 참고하도록 해야 한다. 선행상표에 대한 무효심판이 청구된 경우 거절결정에 대한 불복심판 사건과 무효심판 등의 여러 사건을 병합 심리할 것을 청구해야 한다.
② 상표평심규칙에 따라 선행권리의 심리 결과를 기다려야 할 경우 상표평심위원회는 거절결정 불복사건의 심리를 유예한다고 결정할 수 있다.
③ 선행 상표에 대한 사건을 심리 종료한 경우 출원인은 상표평심위원회에 관련 사건자료를 제출하여 계속 심리하도록 청구해야 한다.

---

71 상표평심규칙 제31조.
72 商标实务指南(张锐主编, 法律出版社, 2017), p.74.

거절불복심판은 어떻게 진행되며, 심판청구 관련서류 및 보충증거 자료 제출은 어떻게 하는가?

■ 상표법 제34조: 출원을 거절하거나 공고하지 아니한 상표에 대해 상표 국은 서면으로 상표등록 출원인에게 통지해야 한다. 상표등록 출원인이 불복하는 경우 통지를 받은 날로부터 15일 이내 상표평심위원회에 복심 을 신청할 수 있다. 상표평심위원회는 통지를 받은 날로부터 9개월 이내 에 결정하여 서면으로 출원인에게 통지해야 한다. 특수 상황으로 인해 연 장이 필요한 경우 국무원 공상행정관리부서의 허가를 받아 3개월 연장할 수 있다. 당사자가 상표평심위원회의 결정에 불복할 경우 통지를 받은 날 로부터 30일 이내에 인민법원에 제소할 수 있다.

■ 상표법실시조례 제59조: 당사자가 심판청구 또는 답변서를 제출한 후, 관련 증거자료의 보충이 필요한 경우, 청구서 또는 답변서에 명시하고, 청구서 또는 답변서 제출일로부터 3개월 이내에 제출해야 한다. 기한 내 에 제출하지 아니한 경우, 관련 증거자료의 보충을 포기한 것으로 본다. 다만, 기한이 만료된 후에 생성되었거나, 당사자가 기타 정당한 이유로 기한이 만료되기 전에 제출하지 못한 증거를 기한이 만료된 후에 제출하 는 경우, 상표평심위원회는 그 증거를 상대방 당사자에게 송부하여 확인 을 받은 후, 증거로 채택할 수 있다.

상표국은 실질심사 중 출원상표가 상표법의 절대적 금지사항을 위반하였거나, 식별력이 부족하거나, 또는 동일·유사한 선출원상 표나 선등록상표가 존재하는 경우 〈상표출원거절통지서〉를 발송 한다. 출원인은 해당 거절통지서를 받은 날로부터 15일 이내에 상 표평심위원회에 거절결정불복심판을 신청할 수 있다. 만약 15일 이내(전자출원인 경우 30일 이내[73])에 심판청구를 하지 않는다면, 출원상표는 거절이 확정된다.

상표평심위원회는 신청 접수일로부터 9개월 내에 결정을 내리고 서면으로 신청인에게 통지해야 한다. 특수한 상황으로 인해 연장해야 할 경우 국가지식산권국의 승인을 거쳐 3개월 연장할 수 있다. 당사자가 상표평심위원회의 결정에 불복할 경우에는 통지서 수령일로부터 30일 내에 인민법원에 제소할 수 있다.

거절결정에 대한 심판청구 시 필요한 서류는 ① 거절결정 불북심판 청구서, ② 대리 위탁서(상표대리기구에 의뢰하여 처리할 경우, 날인한 의뢰서 필요), ③ 신청인의 주체 자격 증명서류, ④ 증거 목록 및 증거 자료 등이다.

신청인이 거절결정 불복심판청구 후 관련 증거자료를 보충해야 할 경우에는 상표 심판청구서에 기재하고 청구서 제출일로부터 3개월 내에 증거자료를 제출해야 한다. 만기일까지 제출하지 않을 경우, 관련 증거자료의 보충을 포기하는 것으로 간주한다. 단, 만기일 이후 생성되거나 신청인이 기타 정당한 사유로 인해 만기일 전에 제출하지 못한 증거를 만기일 이후 제출할 경우 상표평심위원회는 그 증거를 피신청인에게 전달하여 의견 청취 후 증거로 사용할 수 있다.[74]

---

73 전자출원시스템으로 출원한 경우 거절결정불복심판 청구기간은 시스템상으로 거절통지서가 입력된 날로부터 30일 이내이다. 이는 거절불복신청기간 15일에다 시스템상으로 거절통지서를 받았는지 여부를 확인할 수 없어 15일의 기간을 추가로 준 것이어서 시스템상 바로 확인한다면 결국 총 30일의 기간이 주어지게 되는 셈이다. 따라서 가급적이면 전자출원 방식으로 신청하는 것이 시간적인 여유가 있다고 할 수 있다. 다만 전자출원이 가능하기 위해서는 지정상품이 정식명칭(비규범품목 포함)에 해당되어야만 한다. 정식명칭에 해당되지 않을 경우 시스템상으로 입력이 불가능하기 때문이다.

74 중국 상표법실시조례 제59조, 상표평심규칙 제23조.

[상표 무효선고]

어떤 경우에 등록상표가 무효되는가?

■ 상표법 제44조: ① 등록된 상표가 이 법 제4조, 제10조, 제11조, 제12조, 제19조 제4항 규정에 위반되거나 기만수단 또는 기타 부정당한 수단으로 등록받은 경우 상표국이 그 등록상표에 대해 무효를 선고하고, 기타 단체 또는 개인은 상표평심위원회에 그 등록상표에 대해 무효심판을 청구할 수 있다.
■ 상표법 제45조: ① 등록상표가 이 법 제13조 제2항 및 제3항, 제15조, 제16조 제1항, 제30조, 제31조, 제32조 규정에 위반될 경우, 상표등록일 로부터 5년 이내에 선권리자 또는 이해관계자는 상표평심위원회에 그 등 록상표에 대한 무효심판을 청구할 수 있다. 악의로 등록한 경우, 저명상 표 소유자는 5년의 시간제약을 받지 않는다.

이미 등록된 상표권이 상표법에서 규정한 무효사유에 해당하는 경우, 상표평심위원회에 상표무효심판을 청구할 수 있다.

등록상표의 무효이유는 다음과 같다.
(1) 등록상표가 상표법 제10조, 제11조 및 제12조의 절대적 금지 사유를 위반한 경우
(2) 등록상표가 사용을 목적으로 하지 않는 악의적 출원으로 등 록되었거나, 상표대리기구가 상표대리 서비스업의 범위를 벗어난 류(예, 45류 법률서비스업 이외의 상품류)에 대해 스스

로 권리를 확보하기 위한 상표출원금지(제19조 제4항)에 해당하는 경우(제4차 상표법 개정에서 추가된 부분)

(3) 기만수단 또는 부정당한 수단으로 등록된 경우

(4) 대리인 또는 대표인이 피대리인 또는 피대표인의 상표를 무단으로 선점하거나 특정관계인이 타인이 선사용한 상표를 선점하는 경우

(5) 등록상표가 타인의 선권리를 침해한 경우

(6) 부정당한 수단으로 타인이 선사용한, 일정한 영향력을 가지고 있는 상표를 선점한 경우

위 (1)의 경우는 원래 상표로서 등록받을 수 없는 표장이 심사관의 중대한 착오 또는 그 업계 상황에 대한 충분한 이해부족으로 인하여 상표로 등록된 경우이다. (1)~(3)의 사유에 해당할 경우, '상표국'은 직권으로 무효선고를 결정할 수 있으며, '누구든지' 상표평심위원회에 무효심판을 청구할 수 있다. 이때 무효심판 청구 기간은 제한이 없다.

위 (4)~(6)의 경우는 '선권리자' 또는 '이해관계인'만이 무효선고를 청구할 수 있으며, 상표 등록일로부터 5년 이내에 청구하여야 한다. 다만, 악의로 저명상표와 동일 또는 유사한 상표를 등록받은 경우에는 5년의 제한이 없다.

선권리자와 이해관계인에 해당하는지 여부의 판단은 중국 상표심사기준에서는 이의신청에서의 이해관계인과 동일하게 규정하고 있다.[75] 이해관계 여부의 판단은 원칙적으로 무효심판 청구 시를

---

[75] 선권리자는 상표권을 비롯하여 법률상 보호를 받아야 하는 합법적 우선권의 소유자를 의미하고, 이해관계인은 상기 우선권의 이익과 관련된 자를 의

기준으로 한다. 그러나 무효심판 청구 시 이해관계가 없었지만 사건의 심리 시에 이해관계를 갖고 있는 경우 이해관계자로 인정된다.[76]

무효심판 청구사유는 대부분 거절이유, 이의신청사유와 동일하나, 상표법 제44조 제1항에서 규정하는 '기만 수단 또는 기타 부정당한 수단으로 등록된 경우'에는 무효심판청구 사유에만 해당된다.

무효사유에 따른 차이점 비교

구분	절대적 이유, 악의적 출원, 기만 및 부정당한 수단	상대적 이유
법적근거	상표법 제10조, 제11조, 제12조 또는 상표법 제4조, 제19조 제4항 또는 기만이나 기타 부정당한 수단으로 등록받은 경우	제13조 제2항 및 제3항, 제15조, 제16조 제1항, 제30조, 제31조, 제32조 규정
청구권자	상표국 또는 누구나	선권리자, 이해관계인
제척기간	없음	등록일로부터 5년 이내
심리기간	9개월(특수상황 시 3개월 연장)	12개월(특수상황 시 6개월 연장)
소송	당사자는 상표평심위 결정에 불복 시 통지서 수령일로부터 30일 이내에 법원에 소 제기	

미한다. 구체적으로는 i) 선사용 상표권 및 기타 선권리의 허락을 받은 자, ii) 선사용 상표권 및 기타 선권리의 합법적인 승계인, iii) 선사용 상표권의 담보권자, iv) 기타 선사용 상표권 및 기타 우선권과 이해관계가 있음을 증명할 수 있는 주체를 의미한다.

76 중국 상표심사 및 심리기준(2016년), p.194.

Q59.

무효심판청구에 대한 심리는 어떻게 진행되며 그 불복방법은 무엇인가?

■ 상표법 제44조: ② 상표국은 등록상표를 무효로 선고하는 결정을 서면으로 당사자에게 통지해야 한다. 당사자가 상표국의 결정에 불복할 경우, 통지를 받은 날로부터 15일 이내에 상표평심위원회에 복심을 신청할 수 있다. 상표평심위원회는 신청을 받는 날로부터 9개월 이내에 결정하여 서면으로 당사자에게 통지해야 한다. 특수한 상황이 있어 연장이 필요한 경우, 국무원 공상행정관리부서의 허가를 얻어 3개월 연장할 수 있다. 당사자가 상표평심위원회의 결정에 불복할 경우, 통지를 받은 날로부터 30일 이내에 인민법원에 소를 제기할 수 있다.

③ 기타 단체 또는 개인이 상표평심위원회에 등록상표에 대한 무효선고를 청구한 경우, 상표평심위원회는 신청을 받은 후 서면으로 관련 당사자에게 통지하고, 기한 내에 답변을 제출하도록 해야 한다. 상표평심위원회는 신청을 받은 날로부터 9개월 이내에, 등록상표를 유지하거나 등록상표를 무효로 선고하는 재정을 하고, 서면으로 당사자에게 통지해야 한다. 특수한 상황이 있어 연장이 필요한 경우, 국무원 공상행정관리부서의 허가를 얻어 3개월 연장할 수 있다. 당사자가 상표평심위원회의 재정에 불복할 경우, 통지를 받은 날로부터 30일 이내에 인민법원에 소를 제기할 수 있다. 인민법원은 상표재정절차의 상대방 당사자에게 제3자로서 소송에 참가하도록 통지해야 한다.

■ 상표법 제45조: ② 상표평심위원회는 등록상표에 대한 무효선고 신청을 접수한 경우, 서면으로 관련 당사자에게 통지하고 기한 내에 답변을 제출하도록 해야 한다. 상표평심위원회는 신청을 받은 날로부터 12개월 이내에, 등록상표를 유지하거나 무효로 선고하는 재정을 하고, 서면으로 당사자에게 통지해야 한다. 특수한 상황이 있어 연장이 필요한 경우, 국무원 공상행정관리부서의 허가를 얻어 6개월 연장할 수 있다. 당사자가 상표평심위원회의 재정에 불복할 경우, 통지를 받은 날로부터 30일 이내

에 인민법원에 소를 제기할 수 있다. 인민법원은 상표재정절차의 상대방 당사자에게 제3자로서 소송에 참가하도록 통지해야 한다.

③ 상표평심위원회가 전항의 규정에 의한 무효선고청구를 심사하는 과정에서, 관련된 선권리의 확정은 반드시 인민법원에 심리 중이거나 행정기관이 처리 중인 다른 사건의 결과에 근거해야 할 경우, 심사를 중지할 수 있다. 중지의 원인이 소멸한 경우, 심사절차를 회복해야 한다.

무효심판 청구 사유에 따라 상표평심위원회는 심리기한을 다르게 적용하여 그 기한 내에 결정을 하며 구체적으로는 다음과 같다.

(1) 상표법 제4조, 제10조, 제11조, 제12조, 제19조 제4항의 규정을 위반하여 등록을 취득한 상표 또는 기만 수단 또는 기타 부정당한 수단으로 등록한 상표에 대한 무효심판 심리기한은 '9개월'이다. 상표평심위원회는 무효심판 청구서를 접수한 이후 서면으로 관련 당사자들에게 통지하고 기한 내에 답변 제출을 요구한다. 상표평심위원회는 신청 접수일로부터 9개월 내에 등록상표의 유지 또는 등록상표의 무효를 결정하고 당사자에게 통지해야 한다. 특수한 상황이 있어 기간을 연장해야 할 경우 국가지식산권국의 승인을 거쳐 3개월 연장할 수 있다. 당사자가 상표평심위원회의 결정에 불복할 경우, 통지서 수령일로부터 30일 내에 인민법원에 제소할 수 있다. 인민법원은 무효심판 절차의 상대방 당사자에게 제3자로 소송에 참여할 수 있음을 통지해야 한다.

(2) 선권리를 침해한 등록상표에 대한 무효심판 심리 기한은 '12개월'이다.

상표법 제13조 제2항과 제3항, 제15조, 제16조 제1항, 제30조,

제31조, 제32조 규정을 위반할 경우 상표등록일로부터 5년 내에 선권리자 또는 이해관계인은 무효심판을 청구할 수 있다. 다만 악의적으로 등록한 상표에 대해 저명상표 권리자는 5년의 기간제한을 받지 않는다. 따라서 상표평심위원회는 무효심판의 쌍방 당사자가 제출한 자료를 심리 확인한 이후 신청 접수일로부터 12개월 내에 등록상표 유지 또는 등록상표 무효의 결정을 내리고 당사자에게 서면으로 통지한다. 특수 상황이 있어 연장이 필요하면 국가지식산권국의 승인을 거쳐 6개월 연장할 수 있다. 당사자가 상표평심위원회의 결정에 불복할 경우, 통지서 수령일로부터 30일 내에 인민법원에 기소할 수 있다. 인민법원은 무효심판 절차의 상대방 당사자에게 제3자로 소송에 참여할 수 있음을 통지해야 한다.

상표평심위원회가 무효심판 청구에 대해 심리하는 과정 중에, 관련된 선권리의 확정이 인민법원에서 현재 진행 중이거나 또는 행정기관이 현재 처리하고 있는 다른 사건의 결과를 근거로 해야 할 경우, 심리를 중지할 수 있다. 그러나 중단 이유가 해소된 후에는 심리절차를 다시 진행해야 한다.

Q60.

中國商標

무효심판 청구에 필요한 서류 및 주의사항은?

무효심판청구에 필요한 서류는 ① 상표등록 무효심판 청구서, ② 무효심판 대상상표의 출원공고 페이지와 등록공고 페이지 복사본, ③ 대리 위탁서(상표 대행기관에 의뢰하여 처리할 경우, 날인한 의뢰서 필요), ④ 신청인의 주체 자격 증명서류, ⑤ 증거 목록 및 증거

자료 등이다

무효심판 청구 시에는 증거자료를 완비할 수 있도록 유의해야
한다. 특히 한국 기업이 먼저 사용하고 있던 상표임을 근거로 무효
심판을 청구할 때에는 증거자료가 중국 상표법에서 요구하고 있는
구체적인 요건들을 만족하고 있는지를 꼼꼼하게 살펴야 한다. 증
거자료는 반드시 무효심판 청구 후 3개월 이내에 모두 제출해야
한다. 청구일로부터 3개월 이내에 무효심판 청구이유 및 증거를
보완할 수 있으며 이 시기를 경과한 뒤에 제출되는 서류는 참고사
항일 뿐이기 때문에 가급적 무효심판 청구 시에 중요 증거들을 취
합하여 함께 제출하는 것이 중요하다.

또한 무단선점, 타인의 선권리 침해 등 상대적 무효사유로 인한
무효청구는 5년의 제척기간이 있으므로 상표등록일로부터 5년 이
내에 청구해야 하며, 이 기간을 놓칠 경우 무효심판을 청구할 수
없는 점에 유의해야 한다.

Q61.

무효와 취소의 효과는?

■ 상표법 제47조: ① 이 법 제44조 또는 제45조 규정에 의하여 무효가 선
고된 등록상표는 상표국이 공고하고, 그 등록상표의 전용권은 처음부터
존재하지 아니하는 것으로 본다.
② 등록상표를 무효로 선고하는 결정 또는 재정은 무효를 선고하기 전에
인민법원이 결정하고 집행한 상표권 침해사건의 판결·재정·화해와 공
상행정관리부서가 결정하고 집행한 상표권 침해사건의 처리결정 및 이미

이행한 상표양도 또는 상표사용허가계약에 대해서는 소급력이 없다. 다만, 상표권자가 악의로 타인에게 초래한 손해는 배상해야 한다.

③ 전항의 규정에 의하여, 상표권 침해에 대한 배상금·상표양도비용 또는 상표사용료를 반환하지 않는 것이 명백히 공평의 원칙에 위반될 경우, 전부 또는 일부를 반환해야 한다.

■ 상표법 제55조: ② 취소된 등록상표는 상표국이 공고하고, 그 등록상표권은 공고한 날로부터 종료한다.

상표법에 의해 무효 선고된 등록상표는 그 등록상표권이 처음부터 존재하지 않은 것으로 간주한다. 다만, 등록상표 무효선고 결정은 다음 사항에 대해 소급력을 갖지 않는다.

① 무효선고 전에 인민법원이 이미 결정하고 집행한 상표 권리 침해 사건의 판결, 재정, 조정서
② 공상행정관리기관(시장감독관리기관)이 이미 결정 집행한 상표 권리 침해 사건의 처리 결정
③ 이미 이행하고 있는 상표 양도 계약
④ 이미 이행하고 있는 상표 사용 허용 계약

다만, 위와 같은 경우라 할지라도 다음 두 가지 사항은 주의해야 한다.

① 상표 등록인이 악의로 타인에게 손실을 입혔을 경우에는 여전히 배상해야 한다.
② 상표 권리침해 배상금, 상표 양도비용, 상표 사용료를 반환하

지 않는 것이 명백히 공평의 원칙에 위반될 경우 전부 또는
일부를 반환해야 한다.

등록상표가 취소된 경우에는 상표국은 취소된 등록상표를 공고
하고, 그 상표권은 공고한 날로부터 소멸한다. 또한 등록상표가 취
소된 경우, 상표국은 원상표등록증을 폐기하고 공고하며, 부분지
정상품의 등록이 취소된 경우 또는 상표등록인이 그 상표의 일부
지정상품의 등록을 말소신청한 경우, 상표등록증을 다시 발급하
고, 공고한다.

Q62.

무효와 취소 후 1년 이내에 출원할 경우에는 어떻게 되나?

■ 상표법 제50조: 등록상표가 취소 또는 무효선고가 되었거나 존속기간이
만료된 후 존속기간 갱신등록을 하지 아니한 경우, 1년 이내에 상표국은 그
상표와 동일 또는 유사한 상표출원에 대하여 등록을 허여하지 아니한다.

등록상표가 취소, 무효선고를 받았거나, 기간 만료 후 연장을 하
지 않아 말소된 상표와 동일 또는 유사한 상표를 취소, 무효, 말소
된 날부터 타인이 1년 내에 재출원하는 경우 상표국은 등록을 불
허한다. 왜냐하면, 등록상표가 취소, 무효되었거나 또는 기간 내에
갱신등록되지 않은 경우, 만약 일정한 시간적 간격을 두지 않고 동
일 또는 유사한 새로운 상표가 등록된다면, 취소 · 무효로 되었거

나 또는 아직 시장에서 사용되고 있는 경우, 동일 또는 유사한 상표가 바로 등록되어 사용된다면 두 개의 동일하거나 유사한 상표의 상품이 공존하게 되어 소비자에게 혼동을 초래할 수 있기 때문이다. 그러나 원래의 등록권자가 다시 이 상표를 출원하는 경우에는 혼동의 가능성이 없으므로 상표법 제50조를 적용하지 않는다.

다만, 정당한 이유 없이 연속해서 3년 불사용으로 취소된 상표의 경우, 원래 상표권자가 연속해서 3년 동안 그 등록상표를 사용하지 않았으므로, 시장에서도 그 등록상표를 부착한 상품 또는 서비스업이 없었으므로, 상표법 제50조를 적용하지 않아도 된다.

제5장

저명상표 보호

Q63.

중국에서 저명상표란 무엇이며 저명상표를 인정하는 기관은?

■ 상표법 제13조: ① 관련 공중에게 널리 알려진 상표의 소유자가 자신의 권리가 침해받았을 경우, 이 법 규정에 의하여 저명상표 보호를 청구할 수 있다.

■ 상표법 제14조: ② 상표등록에 대한 심사 또는 공상행정관리부서가 상표법 위반사건에 대한 조사·처리 과정에서, 당사자가 이 법 제13조 규정에 의하여 권리를 주장한 경우, 상표국은 심사 또는 사건처리의 필요에 근거하여, 상표의 저명상황에 대하여 인정할 수 있다.

③ 상표분쟁에 대한 처리 과정에서, 당사자가 이 법 제13조 규정에 의하여 권리를 주장한 경우, 상표평심위원회는 사건처리의 필요에 근거하여, 상표의 저명상황에 대하여 인정할 수 있다.

④ 상표에 관한 민사 또는 행정사건에 대한 심리 과정에서, 당사자가 이 법 제13조 규정에 의하여 권리를 주장한 경우, 최고인민법원이 지정한 인민법원은 사건심리의 필요에 근거하여, 상표의 저명상황에 대하여 인정할 수 있다.

⑤ 생산 또는 경영자는 "저명상표"의 글자형태를 상품·상품의 포장 또는 용기에 사용하거나 광고·선전·전시회 및 기타 상업활동에 사용할 수 없다.

저명상표(馳名商标)란 중국에서 관련 공중에게 널리 알려져 있고 비교적 높은 명성을 향유하는 상표를 가리킨다. 여기서 관련 공중이란 상표 또는 서비스업표를 사용한 어떤 상품 또는 서비스업과 관련한 소비자, 그 상품을 생산하거나 그 서비스업을 제공한 기타 경영자 및 유통과정에서 관련된 판매자와 사람 등을 말한다.[77]

저명상표의 인정기관으로는 상표국, 상표평심위원회, 법원이 있다.

저명상표로 인정받고 싶은 자는 상표 이의신청 또는 지방 시장 감독관리기관의 상표권 침해 수사사건을 통해, 관련 당사자가 본인의 상표가 저명상표에 해당한다고 판단되는 경우 저명상표 인정 신청을 제기할 수 있다.

상표국의 거절결정에 대한 불복심판 사건과 무효심판 사건에서 당사자는 타인의 기등록 상표가 상표법 제13조 규정을 위반했다고 판단할 경우, 상표평심위원회에 그 등록상표와 관련한 인용상표가 저명상표임을 주장하면서 유명상표 인정 신청서를 제출하고 증거 자료를 제출한다.

행정소송 및 민사소송 과정에서 중급 이상의 인민법원[78]에 저명상표 인정 신청을 제기할 수 있다.

---

77 저명상표 인정 및 보호 규정 제2조.
78 북경, 상해, 광저우의 지식재산전문법원은 해당 지역의 저명상표 인정과 관련된 민사사건을 관할한다.

1. 주지상표(著名商標)

주지상표(著名商標)는 일정한 입법권한이 있는 중국 각 지방정부가 해당 지방의 시장경제를 강화하고 해당 지방에서 인지도가 상대적 높은 상표를 특별히 보호하기 위하여 만든 개념이다. 즉, "주지상표"는 성급 시장감독관리조직에서 인정하는 상표로 해당 지역에서 높은 인지도를 가지고 있는 상표를 말한다. 다만, 각 지방의 주지상표의 정의, 인정기준 또는 인정방식 등은 통일된 것이 아니다. 중국의 주지상표는 저명상표의 하위개념으로 독자적 인정체계가 존재하고 있으며, 한국의 저명상표와 같이 "famous mark"로 번역되고 있지만 한국의 강학상 저명상표와는 다른 개념으로 인식해야 한다.

2. 지명상표(知名商標)

중국의 지명상표(知名商標)는 앞에서 언급한 중국의 주지상표의 경우와 유사하다. 즉, 지방정부가 해당 지방에서 일정한 인지도를 가지고 있는 상표를 일정한 인정절차 및 기준에 따라 해당 지방정부의 시장감독관리국에 의해 인정된 상표이다. 중국의 주지상표와 지명상표의 차이는 일반적으로 주지상표는 성급(省級)의 시장감독관리국에 의해 인정되지만, 지명상표는 시급(市級)의 시장감독관리국에 의해 인정된다.

3. 중국 명품 브랜드(中國名牌)

중국 명품 브랜드(中國名牌)는 중국 국가질량감독검험검역총국(中華人民共和國國家質量監督檢驗檢疫總局)에서 인정하는 브랜드이다. 질량감독검험검역총국이 공포한 「중국 명품 브랜드 관리방법(中國名牌產品管理辦法)」 제2조에 의하면, 중국 명품 브랜드는 제품의 품질이 세계적인 선진수준에 도달하여 국내에서 동일 종류의 제품 중에 선도적 위치를 유지하고 있으며, 높은 고객만족도와 시장 경쟁력이 있는 제품이다.

4. 중화노자호(中華老字號)

중화노자호(中華老字號, China Time-honored Brand)는 중국의 역사가 오래된 만큼 대대로 내려오는 유명한 가게 즉, 노포(老鋪)이다. 중국 상무부(商务部)가 공포한 「중화노자호 인정규범」에 의하면, 중화노자호는 역사가 오래되고 대대로 전승되고 있는 상품, 기술 또는 서비스업을 가지고 선명(鮮明)한 중화민족전통문화적 배경 및 풍부한 문화재가 포함되어 있는 브랜드이다. 중화노자호로 인정되기 위해서는 사회에서 광범위하게 인정을 받고 높은 신용을 가지고 있어야 한다. 이를 인정하는 기관은 중화노자호진흥발전위원회(中華老字號振興發展委員會)로 중국 상무부의 소속기구이며, 중화노자호의 인정과 관련된 업무를 관장한다.

Q64.

중국에서 저명상표를 인정하는 원칙은 무엇인가?

상표이의신청, 거절불복심판 및 무효심판 과정에서 타인의 저명상표를 복제·모방 또는 번역한 경우, 저명상표 소유자가 자신의 권리가 침해받고 있다고 판단되는 경우 아래 원칙에 의하여 저명상표 여부를 인정한다.[79]

(1) 개별인정 원칙

당사자가 구체적인 상표사건에서 분쟁상표가 관련 공중에게 이미 익숙하게 알려진 상표의 복제·모방 또는 번역한 것일 뿐만 아니라, 용이하게 공중의 오인·혼동을 초래하여 그 저명상표 소유자의 이익에 손해를 입힐 수 있다고 할 경우에 비로소 저명상표의 인정을 청구할 수 있다. 저명상표의 인정은 해당 사건에서만 유효

---

79 중국 상표심사 및 심리기준(2016년), P.141.

하다. 다만 해당 상표가 저명상표로 인정받은 적이 있는 경우, 해당 사건에서 저명상표로 보호받은 사실이 추후 다른 사건에 참고가 될 수 있다.

(2) 수동적 보호 원칙

상표국과 상표평심위원회는 구체적인 사건에서 당사자의 요청에 의하여 해당 상표의 저명상표 여부를 인정해야 하고, 그 관련사실을 기초로 결정해야 한다. 따라서 당사자가 저명상표 보호를 주장하지 않는 경우에는 상표국과 상표평심위원회는 능동적으로 저명성 인정을 하지는 않는다.

(3) 필요에 따른 인정 원칙

분쟁상표가 타인의 상표와 명백히 구별되거나, 그 지정상품 또는 지정서비스업이 타인 상표의 지정상품·서비스업과 명백히 구분되어, 결과적으로 분쟁상표의 출원이 공중의 오인·혼동을 초래하지 않으므로 그 저명상표 소유자의 이익이 침해를 받을 가능성이 없는 경우, 상표국과 상표평심위원회는 저명여부를 인정할 필요가 없다.

중국에서 등록된 저명상표와 등록되지 않은 저명상표의 보호요건은 어떻게 다른가?

■ 상표법 제13조: ② 동일 또는 유사한 상품에 출원한 상표가, 타인이 중국에서 등록하지 아니한 저명상표를 복제·모방 또는 번역하여, 용이하게 혼동을 초래할 경우, 등록하지 아니하고 사용을 금지한다.
③ 동일하지 아니하거나 유사하지 아니한 상품에 출원한 상표가 타인이 중국에서 등록한 저명상표를 복제·모방 또는 번역하여, 공중의 오인을 초래하고 그 저명상표권자의 이익에 손해를 초래할 우려가 있는 경우, 등록하지 아니하고 사용을 금지한다.

중국 상표법에는 중국에서 등록된 저명상표와 등록되지 않은 저명상표의 보호요건에 대해 달리 규정하고 있다.

중국에서 등록되지 않은 저명상표의 보호요건은 아래와 같다.
 (1) 타인의 상표가 분쟁상표의 출원일 전에 이미 저명하였지만, 중국에서 등록받지 않았을 것
 (2) 분쟁상표가 타인의 저명상표를 복제·모방 또는 번역한 것일 것
 (3) 분쟁상표가 사용되는 상품 또는 서비스업이 타인의 저명상표가 사용되는 상품 또는 서비스업과 동일 또는 유사할 것
 (4) 분쟁상표가 등록 또는 사용되면 혼동을 일으키기 쉬울 것

중국에서 등록된 저명상표의 보호요건은 아래와 같다.

(1) 타인의 상표가 분쟁상표의 출원일 전에 이미 저명하였고, 중국에서 이미 등록받았을 것

(2) 분쟁상표가 타인의 저명상표를 복제·모방 또는 번역한 것일 것

(3) 분쟁상표가 사용되는 상품 또는 서비스업이 타인의 저명상표가 사용되는 상품 또는 서비스업과 동일하지 아니하거나 유사하지 아니할 것[80]

(4) 분쟁상표가 등록 또는 사용되면 공중을 오도하여 그 저명상표 등록인의 이익에 손해를 입힐 수 있을 것

판례로 배우는 중국상표실무 (3)

● 해외 영문상표의 저명성이 입증되지 않아, 중문명과 유사한
문자상표의 등록 인정[81] ●

[사건개요]
Avon社(이하 원고)는 전 세계 140여 개국에 판매망을 보유한 미국 화장품 회사이자, "雅芳", "雅芳 AVON" 상표의 권리자이다. 피고 천펀(陈频)이 "雅芳苑" 상표(이하 피이의상표)를 출원하자, 원고는 피이의상표가 중국 내 저명한 "雅芳 AVON" 상표와 유사하고 자신의 상호와도 유사하다며 이의를 제기하였고, 상표국은 원고의 이의를 기각하였다. 이에 불복한 원고는 상표평심위원회에 이의를 제기하였으나, 상표평심위원회역시 원고의 이의를 기각하였다. 이에 원고는 소송을 제기하였다.

---

80 중국에서 등록된 저명상표와 동일 또는 유사한 경우는 당연히 보호된다.
81 IP-NAVI(국제지재권분쟁정보포털) IP Insight http://www.ip-navi.or.kr/board/

182

雅芳 AVON　VS　雅芳苑

원고 등록상표　　　　　　　피고의 등록상표
(제3류 화장품 등)　　　　　(제41류 학교(교육) 등)

[법원판결]

(1심) 원고의 "雅芳"이 홍보 및 사용을 통해 피이의상표가 출원되기 전 이미 중국 대륙의 일반대중이 알 수 있을 만큼 높은 인지도를 축적한 상표라는 걸 입증하기에 부족하므로, 원고의 주장을 기각한다[(2011)一中知行初字第1511号].

(2심) 원고는 제3류 "雅芳" 관련상표가 저명상표라고 주장하였으나, 피이의상표 출원 이전에 해당 상표가 지속적으로 사용됐는지, 광고 투입 및 홍보 방식, 지속기간, 범위, 정도 등의 정보 및 "雅芳" 상표의 명성, "雅芳" 상표를 사용한 상품의 점유율, 판매지역, 이윤과 세금 등의 관련 정보가 제공되지 않아 피이의상표 출원 전부터 저명상표였는지를 판단하기 어렵다고 판단하였다. 또한 피이의상표의 지정서비스는 제41류 학교(교육) · 양성 등으로, 원고 상표의 지정상품과는 연관성이 약하여, 일반대중이 오인 · 혼동할 가능성이 낮다고 판단하였다[(2017)高行终2913号].

[시사점]

본 사안은 일반공중에게 널리 알려져 있어야 하는 저명상표의 '저명성'은 해외에서 널리 알려진 상표일지라도 중국 대륙 내 관련분야의 대중에게 널리 알려져 있지 않다면 저명상표로 인정되기 어렵다는 것을 보여주는 것으로 중국 내에서의 인지도 입증이 더 결정적인 요소로 작용함을 알 수 있다.

boardList.navi

중국에서 저명상표 판단과 관련하여 어떠한 요소를 고려하는가?

■ 상표법 제14조: ① 저명상표는 당사자의 청구에 의하여, 관련된 상표사건을 처리하는데 인정할 필요가 있는 경우 사실로서 인정해야 한다. 저명상표의 인정은 아래 사항을 고려해야 한다.

관련 공중이 그 상표에 대하여 알고 있는 정도

그 상표의 사용이 지속된 시간

그 상표의 어떤 광고·선전업무가 지속된 시간·정도 및 지리적 범위

그 상표가 저명상표로서 보호받은 기록

그 상표의 저명한 기타 요소

■ 상표법실시조례 제3조: 상표소유자가 상표법 제13조 규정에 의하여 저명상표의 보호를 청구할 경우, 자신의 상표가 저명상표에 해당한다는 증거자료를 제출해야 한다. 상표국 또는 상표평심위원회는 상표법 제14조 규정에 의하여 심사 또는 처리할 사건의 필요와 당사자가 제출한 증거자료에 근거하여 그 상표의 저명상황을 인정해야 한다.

저명상표 해당 여부를 인정함에는 개별 사건의 상황에 따라 아래 각 요소를 종합적으로 고려해야 한다.

① 관련 공중이 해당 상표에 대해 알고 있는 정도

② 해당 상표사용의 지속시간

③ 해당 상표에 대한 모든 광고의 지속시간, 정도 및 지리적 범위

④ 해당 상표가 저명상표로 보호받은 기록이 존재하는지 여부

⑤ 기타 해당 상표의 저명성에 관한 요소

저명상표 보호를 청구할 경우 자신의 상표가 저명상표에 해당한다는 증거자료를 제출해야 한다. 저명상표의 인정에 필요한 증거자료로는 다음과 같은 것들이 있다.[82]

① 해당 상표가 사용된 상품·서비스업의 계약서·영수증·인수증·은행입금명세서·수출입증명서 등
② 해당 상표가 사용된 상품·서비스업의 판매지역범위, 판매망 분포 및 판매경로·방식 등 관련 자료
③ 해당 상표의 방송·영화·TV·신문·잡지·온라인·옥외 등의 광고매체, 매체평론 및 기타 선전활동자료
④ 해당 상표가 사용된 상품·서비스업이 출품된 박람회, 전람회 자료
⑤ 해당 상표의 최초 사용시기 및 사용 지속상황 관련 자료
⑥ 해당 상표가 중국 및 기타 국가에서 등록되었다는 증명서
⑦ 해당 상표가 저명상표로 인정되어 보호받았다는 관련 법률문서 및 해당 상표의 권리침해 또는 모조상황
⑧ 공신력이 있는 기관에서 발표한 해당 상표가 사용된 상품·서비스업의 판매액, 이윤·세금액, 생산액 등 통계자료 및 시장점유율, 광고액 통계 등 자료
⑨ 해당 상표가 사용된 상품·서비스업의 전국 동종업계에서의 순위 또는 시장점유율
⑩ 해당 상표가 사용된 상품·서비스업의 발명특허 취득 상황 및 출원인의 아이디어 등 기타 상황

---

82 중국 상표심사 및 심리기준(2016), p.149.

⑪ 해당 상표가 사용된 상품·서비스업의 기술이 국가표준, 업
　　종표준으로 채택된 상황

⑫ 해당 상표의 수상경력

⑬ 기타 해당 상표의 지명도를 증명할 수 있는 자료

Q67.

중국에서 저명상표로 인정받으면 어떠한 점이 좋은가?

저명상표는 중국 상표분야의 최고의 영예이다. 상표가 저명상표
로 인정되면 기업의 서비스업, 제품 품질, 기업의 신용과 이미지
모두가 소비자의 인정을 받았다는 의미이다.

중국에서 저명상표로 인정받게 되면 다음과 같은 장점이 있다.[83]
(1) 등록여부를 떠나 상표법의 보호를 받는다. 중국에서 미등록
　　된 저명상표의 보호범위는 지정상품·서비스업과 동일 또는
　　유사한 상품·서비스업이다.
(2) 등록된 저명상표의 경우 지정상품·서비스업이 서로 다른
　　상품·서비스업까지 미칠 수 있다. 그러나 이는 저명상표가
　　전체 상품·서비스업분류에서 보호받는다는 것은 아니다.
　　실무에서는 저명상표의 지정상품·서비스업과 전혀 관련이
　　없는 상품·서비스업은 소비자들의 오인·혼동을 초래할 가
　　능성이 없으므로 저명상표에 대한 침해로 인정하지 않는 경

83　商标专利著作权不可不知440问(法律出版社专业出版编委会 编, 2016), p.87.

우가 많다.

(3) 저명상표의 권리자는 자신의 상표와 동일 또는 유사한 상표에 대하여 무효심판을 청구할 때 5년 이내에 청구해야 하는 시간적 제한을 받지 않는다.

중국 상표법 제13조 제2항 및 제3항에 의한 저명상표 보호

등록여부	대상상품	보호여부 및 범위
중국에 등록된 저명상표	동일 유사 상품	일반 상표와 동일하게 등록 불허, 사용금지
	비유사 상품	제13조 제3항에 의해 등록불허, 사용금지
중국에 미등록된 저명상표	동일 유사 상품	제13조 제2항에 의해 등록불허, 사용금지
	비유사 상품	보호불가

제6장

상표 무단선점에 대한 대응방안

[무단선점 대응 일반]

Q68.

중국에서 자신의 상표가 무단 선점당했을 경우 어떻게 대응하면 좋은가?

만약 자신의 상표가 중국에서 상표브로커[84]에 의해 무단 선점되었을 경우, 그 발견 시기에 따라 대응방법이 다르다.

첫째, 상표브로커의 상표출원이 자신의 상표가 한국에 출원된 후 6개월을 경과하지 않았을 경우에는, 파리조약상의 우선권을 주장하면서 중국에 출원하면, 우리나라에 출원된 날을 중국에서의 출원일로 인정받기 때문에 상표브로커의 중국 선출원이 있더라도

---

84 상표를 사용할 목적으로 상표등록을 하는 것이 아니라, 사용할 의사가 없으면서 미리 타인의 인지도 높은 상표 또는 신규상표를 먼저 출원, 등록하여 이를 그 타인 또는 제3자에게 양도하거나 사용료를 요구하여 부당한 경제적 이익을 취하고자 하는 자를 의미한다.

그 등록을 저지할 수 있다.

둘째, 자신의 상표를 우리나라에 출원 후 6개월이 경과했고, 상표브로커의 상표출원이 진행 중인 경우라면 이의신청을 할 수 있다. 중국 상표법에 따르면, 출원공고된 상표에 대해 관련 규정에 위반한다고 판단된 경우 공고한 날로부터 3개월 이내에 이의신청을 할 수 있다. 가급적 이의신청 단계에 집중하여 상표브로커에 의한 상표선점을 방지하는 것이 최선의 방법이다.

셋째, 상표브로커의 선점상표가 등록되었다면 무효심판이나 불사용취소심판을 청구할 수 있다. 무효심판은 상표권이 처음부터 없었던 것이 되어 상표권을 되찾을 수 있고, 무효사유는 대부분 이의신청 사유와 동일하나 중국 상표법 제44조 제1항에서 규정하는 '사기 및 기타 부정당한 수단으로 등록된 경우'는 거절이유 또는 이의신청의 이유가 아닌, 오직 무효심판 청구사유로만 규정하고 있어 동 규정을 적절히 사용하는 것이 필요하다.

상표브로커가 상표를 등록한 후에 3년 동안 실제 그 상표를 사용하지 않는 경우에는, 불사용취소심판을 통해 상표브로커의 등록상표를 취소시킬 수 있다

대부분의 상표 브로커들은 피동적인 선점행위(무단 선점만 하고 이에 대한 이의, 무효, 취소 등 절차에 적극적으로 대응하지 않고, 적극적인 상표양도, 판매행위가 없고 실제 권리자가 연락하기를 기다림) 행태를 보이고 있으나, 일부 브로커는 실제 권리자에게 전화로 연락하여 상표양도를 권유, 협박하고 상표판매 사이트를 운영하여 선점한 상표들을 판매할 뿐만 아니라, 실제권리자가 상표브로커가 선점한 상표를 양도받지 않고 이의, 무효 등의 절차를 진행하면 이에 맞대응함과 동시에 유사한 상표를 지속적으로 출원하고 있다. 따

라서 브로커들의 선점행위에 대하여 대응함과 동시에 중국에서의 상표출원을 가급적 빠른 시일 내에 진행하는 것이 좋다.

중국에서 상표브로커 등의 악의적 무단선점에 대응하기 위해 고려할 수 있는 상표법상의 규정에는 어떠한 것들이 있는가?

중국 상표법상 자신의 상표가 무단 선점당했을 경우 그 등록을 저지하거나 등록상표를 취소, 무효화시키기 위해 적용할 만한 규정들은 다음과 같다.

(1) 중국 상표법 제4조: ① 사용을 목적으로 하지 않는 악의적 상표출원은 거절해야 한다.

제4차 상표법 개정에서 신설된 것으로, 사용을 목적으로 하지 않는 악의적 상표출원은 상표브로커의 전형적인 형태에 해당한다. 따라서 상표브로커를 대상으로 이 조항을 근거로 이의신청이나 무효선고 등을 청구할 수 있다. 다만 사용을 목적으로 하지 않는다는 것을 증명해야 하는 어려움이 있으나, 상표출원이 사업자등록증상에 기재된 사업범위를 벗어난다거나 사용하지 않는 등록상표가 다수 존재하고 있다는 사실 등을 증거로 대응할 수 있을 것이다.

(2) 중국 상표법 제7조: ① 상표의 등록출원 및 사용은 당연히 신의성실의 원칙(诚实信用原则)에 따라야 한다.

신의성실원칙은 상표법 전반에 흐르는 기본정신으로 상표브로커의 상표 무단선점은 신의성실 원칙에 위배되는 행위에 해당된다. 중국이 최근 시장질서를 어지럽히는 신용불량행위를 강력 제재하는 등 신의성실원칙을 매우 강조하고 있다. 따라서 분쟁대응 시 상표브로커의 신의성실원칙 위반을 적극 주장할 필요가 있다.

(3) 상표법 제15조: ① 권한을 수여받지 아니하고, 대리인 또는 대표자가 자신의 명의로 피대리인 또는 피대표자의 상표에 대하여 등록출원하여, 피대리인 또는 피대표자가 이의를 제기한 경우, 등록하지 아니하고 사용을 금지한다 ② 동일 또는 유사한 상품에 등록을 출원한 상표가 타인이 먼저 사용한 미등록 상표와 동일 또는 유사하고, 출원인과 그 타인이 전항의 규정 이외의 계약, 업무 거래 또는 기타 관계로 그 타인의 상표가 존재하는 것을 명백히 알고 있고, 그 타인이 이의를 제출한 경우 등록을 허가하지 아니한다.

그간 우리나라 기업들이 가장 많은 피해를 입었던 경우로, 대리관계, 거래관계 등으로 인해 우리 기업의 상표임을 분명히 알고 있음에도 이를 악의적으로 선점하는 사례가 많았다. 동 조항을 통해 이의신청 등의 수단으로 무단선점을 막을 수 있는 장치가 마련되었다고 할 수 있다.

(4) 중국 상표법 제32조: 상표 등록출원은 타인이 소유한 선권리를 침해하지 못하며, 타인이 이미 사용하고 일정한 영향력을 가진 상표를 부정당한 수단으로 선등록 하지 못한다.

선권리 중에서도 저작권은 등록해 놓으면 아주 유용하게 활용될 수 있다. 타인이 무단선점 하더라도 보호를 받을 수 있는 근거가 된다.
또한, 우리 기업의 상표가 중국 내에서 이미 사용하여 일정한 영향력을 가지게 되었다면 이 조항을 활용할 수 있다.

(5) 중국 상표법 제44조: ① 등록된 상표가 본 법 제10조, 제11조, 제12조 규정을 위반했거나, 기만 수단이나 기타 부정당한 수단으로 등록한 경우 상표국에서 해당 등록상표에 대해 무효선고를 내린다.

무효선고 이유로 기만수단 이외에도 상표심리기준 및 사법해석 등에서 '기타 부정당한 수단'에 대해 그 범위를 폭넓게 인정하고 있으므로 이를 적극 활용할 필요가 있다.

---

(6) 중국 상표법 제59조: ③ 상표권자가 상표출원 이전에 타인이 이미 동일 상품 또는 유사한 상품에 등록상표와 같거나 유사하고 일정한 영향력을 가진 상표를 상표권자보다 먼저 사용한 경우 등록상표권자는 해당 사용자가 원래 사용한 범위 내에서 해당 상표를 계속해서 사용하지 못하도록 금지할 권리가 없다. 단, 적당한 구별표지를 부가할 것을 요구할 수 있다.

우리 기업이 중국 내에서 등록하지 않고 사용하고 있을 경우, 일정한 영향력을 갖추었다면 타인이 등록하였다 할지라도 선사용권을 주장할 수 있다.

▤ 보충설명

상표법 제4차 개정(2019년 11월 1일 시행)에서 사용을 목적으로 하지 않는 악의적 상표출원은 거절하도록 하고, 이를 상표대리기구의 의무사항이자 이의신청 및 무효사유로도 규정하였다.

또한 최근 국가지식산권국은 "상표 출원등록행위 규범화에 관한 약간의 규정(关于规范商标申请注册行为的若干规定)"에 대한 의견수렴을 실시(2019.2.13.~3.14.)하였는데, 여기에서도 시장질서를 어지럽히는 상표출원행위를 열거하고 이러한 행위에 대해서는 강력한 제재조치를 가하도록 규정하였다.[85] 제4차 상표법 개정과 함께, 이 규정이 시행되면 악의적 상표선점 행위를 일삼는 상표브로커 등에 대한 대응이 보다 용이할 것으로 예상된다.

---

85 최근 지식산권국은 "상표 출원등록행위 규범화에 관한 약간의 규정"에 대한 의견수렴을 실시(2019.2.13.~3.14.)하였는데 그 주요 내용을 보면, ① 공중에게 널리 알려진 상표를 모방하여 상표등록을 출원하여, 타인의 상업명성에 편승하는 행위; ② 타인이 이미 사용 및 일정한 영향력이 있는 상표를 선점 등록출원하여 타인의 상업적 명성을 가로채는 행위; ③ 기타 선권리를 명확히 알고 있거나 마땅히 알고 있으면서 해당 선권리와 동일, 유사한 상

[대리인 또는 대표자의 무단 선점(상표법 제15조 제1항)]

Q70.

대리인 또는 대표자가 피대리인 또는 피대표자의 상표를 무단으로
출원하여 등록받을 수 없는데, 여기서 대리인과 대표자는 누구를 말
하는가?

■ 상표법 제15조: ① 권한을 수여받지 아니하고, 대리인 또는 대표자가
자신의 명의로 피대리인 또는 피대표자의 상표에 대하여 상표출원하여,
피대리인 또는 피대표자가 이의를 제기한 경우, 등록하지 아니하고 사용
을 금지한다.

대리인 또는 대표자가 권한 없이 무단으로 피대리인 또는 피대
표자의 상표를 등록하는 것은 신의성실원칙을 위반하고 피대리인,
피대표자 또는 이해관계자의 합법적인 권익을 침해하는 것이므로
이러한 행위를 금하고 있다.

여기서 대리인이란, 중국 〈민법통칙〉과 〈계약법〉에서 규정한

표를 선점 등록출원하는 행위; ④ 상표등록을 중복하여 출원하고, 명확한
부정목적이 있는 경우; ⑤ 단기간 내에 상표등록을 대량 출원하거나, 합리
적인 한도를 명확하게 초과한 경우; ⑥ 상표등록을 출원함에 있어서, 진실
한 사용의도가 결여되고, 상품 또는 서비스에 대해 상표전용권 취득의 실제
수요가 없는 경우; ⑦ 기타 신의성실원칙에 위배되고 타인의 합법적 권익을
침해하거나, 시장경제질서를 교란하는 상표 출원등록행위; ⑧ 타인 또는 상
표대리기구를 도와 본 조항 제1 내지 7 각호에 해당하는 유형의 상표 출원
등록행위를 하는 경우를 시장질서를 어지럽히는 행위로 규정하고 강력한
제재를 가하도록 하고 있다. 이와 같은 행위를 한 경우 등록거절, 무효선고,
양도불허, 상표대리업무 정지 등의 조치뿐만 아니라 각종 정부지원제한, 금융
제재, 정부홈페이지를 통한 명단 공개 등의 조치를 취할 수 있도록 하였다.

대리인을 포함할 뿐만 아니라, 상업거래를 기반으로 피대리인의 상표를 알 수 있는 중개상(판매대리점, 가맹점, 총대리점 등)도 포함한다. 대표자란, 피대표자에 종속되어 있는 특정신분을 가지고 있어 직무행위를 수행함에 있어 피대표자의 상표를 알 수 있는 개인(법정대표자, 이사, 감사, 매니저, 공동조합원 등)을 의미한다.[86]

대리·대표관계가 완전히 구축되지 않은 관계라 할지라도 대리인·대표자가 피대리인·피대표자의 상표를 알게 된 후 등록을 진행하는 경우에도 상표법 제15조 제1항의 대리인·대표자의 무단 등록행위에 해당한다. 또한, 대리·대표관계가 종료된 후 대리인·대표자가 피대리인·피대표자의 이익에 손해를 입힐 수 있는 경우에도 상표법 제15조 제1항의 대리인·대표자의 무단 등록행위에 해당한다. 비록 대리인 또는 대표자의 명의로 피대리인 또는 피대표자의 상표를 출원하지는 않았다고 하더라도, 출원인이 대리인 또는 대표자와 서로 공모하였음을 증명할 수 있는 증거가 있는 경우에도 상표법 제15조 제1항의 대리인·대표자의 무단 등록행위에 해당한다.[87]

대리관계가 존재하는지 여부는 ① 대리·중개판매 계약서, ② 대리·중개판매 관계를 증명할 수 있는 거래영수증, 구매자료 등 ③ 기타 대리·중개판매 관계의 존재를 증명할 수 있는 증거 등으로 증명할 수 있다. 대표관계가 존재하는지 여부는 ①기업 등록등기 자료, ② 기업의 월급명세서, 근로계약서, 재직증명서, 사회보험, 의료보험 자료, ③ 기타 당사자가 피대표자에 종속되어 있는 특정 신분을 갖고 있고, 직무이행을 통해 피대표자 상표를 알게 되었다는 것을 증명할 수 있는 증거자료 등으로 증명할 수 있다.[88]

---

86 중국 상표심사 및 심리기준(2016년), p.157.
87 중국 상표심사 및 심리기준(2016년), p.157.

상술한 대리관계는 여러 가지 대리계약으로 증명할 수 있는데, 여기에서 말하는 대리계약은 광의의 계약으로서, 정상적인 의미의 대리계약, 가맹계약 외에도 대리계약의 명의로 체결한 업무협력계약 내지는 양측의 성명(聲明), 서신왕래내용 등이 포함된다. 대표관계는 기업등기자료, 노임표, 노동계약, 재직서류, 사회보험, 의료보험 등의 자료 및 대표자가 직무행위 시 피대표자의 상표를 알았을 가능성이 존재한다는 사실을 증명하는 자료 등이 포함된다.

판례로 배우는 중국상표실무 (4)

• 대리상의 악의적 상표 선등록 이의신청 사건 •

[사건개요]

출원인은 닝보시에 위치한 무역회사로 슬로바키아 식품무역을 주업으로 하고 있고 이의신청인의 중국 대리상으로 이의신청인(슬로바키아의 유명한 맥주생산회사)의 권한 위임을 받지 않고 "Urpiner" 상표를 출원하였고, 이에 대해 이의신청인이 상표국에 이의신청을 제기하였다.

이의대상 상표	이의신청인의 상표
Urpiner (제17888780호)	

[상표국결정]

이의신청인은 역사가 유구한 슬로바키아 맥주 생산기업으로 "URPINER"은 그가 독자적으로 창설하고 수년간 '맥주'에 등록하여 사용한 상표이며, 비교적 강한 식별력 및 독창성을 가지고 있다. 이의신청인이 제공한

---

88 중국 상표심사 및 심리기준(2016년), p.158.

증거는, 피신청인이 중국 대륙 내의 그의 수입상 및 판매상임을 증명할 수 있다. 피신청인이 이의신청인 및 그의 "URPINER" 브랜드 지명도를 알고 있는 상황에서 이의신청인의 수권을 받지 않고 자기의 명의로 이의신청인의 "URPINER" 상표를 '맥주' 등 상품에 선등록한 행위는 중국 〈상표법〉 제15조 제1항의 관련 규정을 위반하였다. 따라서 "Urpiner"의 등록을 불허한다.

[시사점]
이의신청인은 피이의신청인의 악의적 선등록을 증명하기 위해 피이의신청인과 연락한 모든 자료들을 증거로 제출하여 대리관계를 입증하였다. 상표법 제15조 제1항뿐만 아니라 제2항에서도 대리관계나 특수관계에 대해 보다 넓게 인정하고 있으므로 증거자료가 매우 중요하다. 사소한 것 하나라도 빠뜨리지 말고 증거로 남겨 놓는 것이 필요하다.

* 이 사건에서 이의신청인이 제공한 증거: 피신청인의 사이트, 홍보자료, 상표 사용증거, 슬로바키아 상표등록증 등 상표권리 귀속 및 지명도 증거/피신청인과 이의신청인이 체결한 판매대리계약, 왕래 이메일 등 대리관계 증명/이의신청인이 피신청인에게 상품 수출 시 체결한 판매계약, 원산지증명서, 인증서, 제품설명서, 포장명세서, 물품발주서 등

[특정관계인의 무단 선점(상표법 제15조 제2항)]

Q71.

상표법 제15조 제2항에서 정하고 있는 특정관계인의 무단선점과 관련하여, 특정관계는 어떤 관계를 포함하나?

■ 상표법 제15조: ② 동일 또는 유사한 상품에 등록을 출원한 상표가 타인이 먼저 사용한 미등록 상표와 동일 또는 유사하고, 출원인과 그 타인

이 전항의 규정 이외의 계약, 업무 거래 또는 기타 관계로 그 타인의 상표가 존재하는 것을 명백히 알고 있으며, 그 타인이 이의를 제출한 경우 등록을 허가하지 아니한다.

상표법 제15조 제2항 규정은 특정관계를 통해 타인의 상표를 알게 된 후 악의적으로 선등록하는 행위를 금지하고, 공정한 시장경쟁 질서를 유지하기 위해 만들어졌다. 즉, 계약, 거래 또는 기타 관계 등으로 인해 타인의 상표임을 알고 있으면서도 먼저 등록하는 행위는 신의성실원칙에 위배되고, 상표 선사용자 또는 이해관계인의 합법적인 권익을 침해하는 것이다.

상표법 제15조 제2항에서 규정하고 있는 특정관계는 계약, 업무거래 또는 기타 관계이다. 여기서의 계약·거래 관계는 양측의 대표 관계, 대행관계 이외의 기타 상업적 계약·거래 관계를 의미하며, 기타 관계는 쌍방의 상업적 거래 이외의 관계를 말한다.

계약·거래 또는 기타 관계의 범위는 신의성실의 원칙 실현이라는 입법취지에서 출발해서 선권리 보호와 불공정한 경쟁 방지를 중심으로 판단한다. 흔히 발생하는 계약·거래 관계는 ① 매매관계, ② 위탁가공관계, ③ 가맹관계(상표사용허가), ④ 투자관계, ⑤ 행사 협찬이나 공동 개최, ⑥ 사업 조사·협상 관계, ⑦ 광고대행관계, ⑧ 기타 비즈니스 거래 관계 등을 포함한다.[89]

최고인민법원의 관련 규정[90]에서는 다음의 사항들이 기타 관계

---

89 중국 상표심사 및 심리기준(2016년), p.162.
90 최고인민법원 상표권부여 및 확인 행정사건의 몇 가지 문제에 대한 규정(最高人民法院关于审理商标授权确权行政案件若干问题的规定, 2017.3.10 시행) 제16조.

에 해당된다고 규정하고 있다. ① 친족관계, 노사관계, 근거리 영업장소, ② 대리, 대표 관계의 형성에 대해 협상하였지만 무산된 경우, ③ 계약, 업무거래 관계의 형성에 대해 협상하였지만 무산된 경우 등이다.

이처럼 '기타 관계'를 폭넓게 인정하고 있으므로, 우리 기업이 중국 대리상이나 총판 등과 거래나 협상을 할 경우에는 거래나 협상 과정의 사소한 것 하나라도 증거로 남겨 놓는 것이 필요하다. 특히 기타 관계에는 협상하였지만 무산된 경우도 포함하고 있으므로 협상 초기단계부터 이메일을 비롯한 사소한 것을 모두 증거로 남겨두는 것이 필요하다.[91]

비록 특정관계인의 명의로 출원하지는 않았지만, 출원인이 특정관계인과 공모하였음을 증명할 수 있는 증거가 있는 경우, 상표법 제15조 제2항에서 의미하는 특정 관계자가 먼저 등록한 행위에 해당한다. 공모에 따른 선등록 행위는 사안에 따라 상표 출원인이 특정관계지와 친인척이나 투자 등의 관계에 의거하여 추정할 수 있다.

❓ 추가질문 대리상의 악의적 선점행위 어떻게 대비해야 할까?[92]

대리상의 악의적 선등록을 방치하면…
　대리상 또는 총판의 악의적 선점을 그대로 방치하면 어떤 영향이 있을까?

---

91 그러나 지금 중국에서는 이메일보다는 더 편리한 위챗이나 qq를 통하여 업무왕래를 진행하는 것이 일상적이다. 따라서 업무편리를 위하여 일부 한국 기업들은 중국 내 대리상이나 총판 등과 위챗으로 업무왕래를 진행하고 있고, 업무 관계를 증명하는 증거로 이러한 위챗대화 내용 캡처본을 제공하는 경우가 있다. 그러나 위챗이나 qq의 경우 아이디 신청에 있어서 심사가 필요 없어, 대화주체가 바로 상대방이란 것을 증명하기에는 부족한 면이 있으므로 신중을 기해야 할 것이다.

먼저, 정상적인 마케팅 활동에 많은 영향을 끼치게 된다. 예를 들어 관련 자격을 필요로 하는 매장이나 플랫폼에 입주를 할 수 없게 되고, 대리상 등과의 관계 악화 시에는 침해소송을 당하거나 제품 판매에 어려움을 겪을 수도 있다. 또한, 대리상이 등록상표를 세관에 등록해 놓았을 경우에는 제품의 수출입에도 영향을 줄 수 있나

다음으로, 대리상 등에 빼앗긴 권리를 찾아오는 데 상당한 시간과 비용이 소요된다. 이의신청이나 무효심판에도 통상 1년 정도 걸리고 소송까지 이어질 경우, 최소 2~3년의 시간이 소요된다. 게다가 협상의 경우에도 비교적 높은 대가를 요구하거나 부득이하게 대리상의 불합리한 요구를 받아 주어야 한다(독점허가, 독점대리상 등). 또한 증거수집 시 번역도 해야 하고, 해외에서 발생한 증거는 공증도 거쳐야 해서 사건종결까지 부담해야 하는 비용도 크다(공증비, 번역비, 변호사비 등).

그럼 어떻게 대비해야 하나?

중국 대리상 등과의 합작 시에는 초기부터 상표권에 대한 권리귀속 및 관련 위약책임 등을 명확히 하고 전문가에 의뢰하여 대리계약, 판매계약을 작성해야 한다. 또한 전방위적인 상표보호 전략을 수립하여 악의적 선등록 리스크를 감소시키는 것이 중요하다. 상표의 경우에도 한글, 중문, 영문 및 유사한 상표를 패키지로 출원해 놓는다면 비교적 안전하다 할 것이다. 그리고 합작과정에서 발생하는 모든 이메일, 영수증, 통관증, 판매증 등 관련 증거자료를 철저하게 챙겨야 한다.

🔖 Case로 알아보기

날개 없는 선풍기를 판매하는 S사는 2년 전 중국 시장 진출을 위해 중국 현지 대리상 P사와 총판계약을 맺으려고 협상을 진행하던 중 협상이 결렬되어 다른 현지 대리상을 물색하고 상표등록도 준비하고 있었다. 그 과정에서 S사는 P사가 중국 상표국에 S사의 상표를 출원한 사실을 알게 되었다. S사가 대응할 수 있는 방법은 무엇인가?

---

92 조선족IP협의회 최춘화 변호사(DHH법률사무소) 발표자료(2018.9.14.) 참조.

→ S사는 중국 상표법 제15조를 근거로 이의신청이나 무효심판을 제기할 수 있다. 중국 상표법 제15조에는 계약·업무 또는 기타 관계에 있는 자가 타인의 상표존재를 알고 출원했고, 그 타인이 이의를 제출한 경우 등록을 허가하지 아니한다고 규정하고 있다

S사와 P사의 관계는 위 규정의 '기타 관계'로 볼 수 있다. 최근 중국 최고인민법원은 상표법 제15조의 '기타 관계'의 범위에 '대리, 대표 관계의 형성에 대해 협상하였지만 무산된 경우'도 포함하고 있으므로 S사와 P사는 총판협상을 진행하였으나 무산된 경우이므로 이에 해당한다고 볼 수 있다. 이를 근거로 등록전이라면 이의신청, 등록 후라면 무효심판을 제기할 수 있다. 관련 증거자료만 잘 제시한다면 충분히 승산이 있다고 할 수 있다.

Q72.

상표법 제15조 제2항에서의 타인이 "먼저 사용한"은 어떤 의미인가?

상표법 제15조 제2항에서 규정하고 있는 타인이 '먼저 사용한'의 의미는 분쟁상표가 출원 전부터 이미 중국시장에서 사용된 상표이어야 한다는 것이다.

'먼저 사용한'에는 실제 판매된 상품에 사용된 것뿐만 아니라, 상표에 대해 홍보 및 선전을 진행한 것도 포함된다.

또한 이 조항의 '먼저 사용한'은 분쟁상표를 표장으로 하는 상품·서비스업이 중국시장 출시를 위해 실제로 준비작업을 진행한 것도 포함한다.

선사용자는 상표가 이미 사용되었음을 증명하면 족하고, 상표가 사용을 통해 일정한 영향력이 생겼음을 증명할 필요는 없다.[93]

93 중국 상표심사 및 심리기준(2016년), p.163.

[타인의 선권리 침해(상표법 제32조 전단)]

상표출원이 타인의 선권리에 손해를 입히는 경우는 어떻게 되는가?

> ■ 상표법 제32조: 상표출원은 타인의 현존하는 선권리에 손해를 끼쳐서
> 는 안 되고…(후략)

상표법 제32조에서 규정한 선권리는 분쟁상표의 출원일 전에 이미 취득한 상표권 이외의 기타 권리로서 상호권, 저작권, 디자인권, 성명권, 초상권 및 보호되어야 하는 기타 합법적인 선권익을 포함한다. 이러한 선권리에 손해를 입혔을 경우 상표 거절결정, 이의신청 및 무효선고의 이유가 된다.

1. 타인의 선상호권을 침해하는 경우

타인이 먼저 등기·사용하여 일정한 인지도를 가지고 있는 상호(기업명칭)와 동일 또는 유사한 문자를 상표출원하여, 관련 공중들의 오인·혼동을 초래하여 선상호권자의 이익에 손해를 초래할 가능성이 있을 경우, 타인의 선상호권을 침해하는 행위에 해당되며, 이 경우 분쟁상표의 등록을 불허하거나 무효선고를 해야 한다.

선상호권의 침해 적용조건은 다음과 같다.
(1) 분쟁상표 출원일 전에 타인이 해당 상호에 대하여 먼저 등기

또는 사용하고 있을 것

(2) 해당 상호가 중국 내에서 일정한 인지도가 존재할 것. 인지도 존재 여부는 보통 기업의 홍보자료, 사용시간, 경영실적 및 규모 등을 통해 알 수 있다.

(3) 분쟁상표의 등록과 사용이 관련 공중들로 하여금 오인·혼동을 초래하고 선상호권자의 이익이 침해받을 가능성이 존재할 것

2. 타인의 선저작권을 침해하는 경우

저작권자의 허가를 받지 않고 타인이 저작권을 소유하고 있는 작품 등에 대하여 무단으로 상표를 출원한 경우, 타인의 선저작권을 침해한 것으로 인정하여야 하며, 이런 경우 분쟁상표의 등록을 불허하거나 무효선고를 해야 한다.

선저작권의 침해 적용조건은 다음과 같다.

(1) 분쟁상표 출원일 전에 타인이 이미 저작권을 소유하고 있을 것

(2) 분쟁상표와 타인이 저작권을 소유하고 있는 작품 등이 서로 동일하거나 실질적 유사성을 가지고 있을 것

(3) 분쟁상표 출원인이 해당 작품을 접촉했거나 접촉했을 가능성이 있을 것

(4) 분쟁상표가 저작권자의 허가 없이 무단으로 출원한 것일 것

단, 저작권은 상표권이나 기타 권리와 달리 등록 없이도 작품 등이 완성되거나 처음으로 발표함과 동시에 자동으로 생성되는 권리

이다. 따라서 저작권이 해당 상표의 출원일 전에 이미 생성되었다는 사실을 증명하는 것이 권리보호에 있어 매우 중요하다고 할 수 있다. 그러므로 저작권자는 선저작권임을 증명할 수 있는 증거자료들을 잘 갖추어야 한다. 통상 저작권등록증, 해당 작품을 공개발표한 증거자료, 해당 작품을 완성한 자료, 해당 작품의 저작권을 상속받았거나, 양도받은 자료 등으로 증명할 수 있다.[94]

🏛 Case로 알아보기

유명화가인 갑이 그림작품을 을에게 송부하였는데, 어떤 회사의 사장인 을은 이 그림 중의 도안을 자기의 상표로 하고 싶어한다. 갑의 허가를 받지 않고 을은 이 그림작품에 있는 도안을 상표로 출원할 수 있나?[95]

→ 갑의 허가 없이 을은 그 작품의 도안을 상표로 신청할 수 없다. 왜냐하면, 갑은 그 도안에 저작권을 가지고 있기 때문이다. 중국 상표법 규정상 상표출원은 타인의 선권리를 침해해서는 안 된다. 다만 여기서 선권리는 중국 법률상 보호를 받을 수 있는 합법적인 권리를 의미하며, 저작권은 여기에 포함된다. 따라서 타인이 창작한 도안에 저작권이 있다면 허락을 받지 않고 타인의 도안을 상표로 등록받을 수 없다.

---

3. 타인의 선디자인권을 침해하는 경우

권한 없이 타인의 디자인권에 대하여 상표출원하여 선디자인권자의 이익에 손해를 입힐 수 있는 경우, 분쟁상표의 등록을 불허하거나 무효선고를 해야 한다.

---

94 商标专利著作权不可不知440问(法律出版社专业出版编委会 编, 2016), p.22.
95 专利法商标法实用问题版(法律出版社大众出版编委会编, 2016), p.110.

디자인권의 보호대상은 제품의 외관이며, 제품의 외관에는 그 제품 포장의 형상·사용된 색채·도안·글자체·문자 또는 도안의 배열방식 등이 포함된다. 따라서 타인의 디자인권에 포함된 특수한 형태의 문자 등에 대하여 상표출원한 경우, 그 상표출원은 선디자인권의 보호범위에 속하게 된다. 그러나 디자인권은 그 문자의 표현형식만 보호한다. 따라서 선디자인권에 문자가 포함되어 있고, 그와 동일한 문자를 다른 글자체로 변경하여 상표출원한 경우에는 선디자인권의 침해를 구성하지 아니한다.[96]

4. 타인의 선성명권을 침해하는 경우

허가 없이 타인의 성명을 상표로 출원하여 타인의 성명권에 손해를 입힌 경우 분쟁상표의 등록을 불허하거나 무효선고를 해야 한다.

여기서 '타인'은 이의신청·거절결정 불복청구 또는 무효선고청구 시 생존해 있는 자연인을 말하며, 타인의 '성명'은 본명·필명·예명·별명 등을 포함한다. 또한 분쟁상표가 타인의 성명권에 손해를 초래할 가능성이 있는지 여부는, 관련 공중이 분쟁상표가 그 지정상품에서 성명권자를 가리키거나 성명권자와 대응관계가 있다고 인식하는 것을 전제로 해야 하며, 이는 분쟁상표가 타인의 성명과 완전히 동일한 것뿐만 아니라, 문자구성에 있어 다소 차이가 있다고 하더라도 타인 성명의 주요 특징을 반영하여 관련 공중이 그 성명권자를 가리킨다고 인식하는 경우도 포함한다.

허가를 받지 않고 공인의 성명을 이용하여 상표를 출원하였거

---

96 중국 상표법(정덕배, 북랩, 2018), p.261.

나, 타인의 성명임을 분명히 알면서도 타인의 이익에 손해를 입힐 목적으로 상표를 출원한 경우, 타인의 성명권에 손해를 입힌 것으로 간주한다.

판례로 배우는 중국상표실무 (5)

● 마이클 조던(Michael Jordan)의 성명권을 인정한 사례[97] ●

[사건개요]

2012년 마이클 조던은 중국의 유명 스포츠용품 기업인 챠오단(喬丹)회사 (중국 전역에 약 6000여 개 매장을 운영, 연 매출 10억 위안의 스포츠 관련 기업)가 등록한 '喬丹(챠오단)', 'QIAODAN' 등의 상표가 본인의 성명권을 침해했다고 주장하며 무효심판을 청구하였으나, 상표평심위원회가 이를 거절하였고, 이에 불복해 북경시 중급인민법원에 소송을 제기하였다.

[법원판결]

⟨1심 및 2심 판결⟩ 중급인민법원 및 고급인민법원은 분쟁상표 등록이 마이클 조던의 성명권을 침해하였다는 것을 증명하기 어렵고, '조던'은 미국에서 보편적인 성씨이며, 마이클 조던을 지칭한다고 볼 수 없다며 원고 패소 판결을 내렸다

⟨최고인민법원 판결⟩ 챠오단社의 쟁의상표 등록은 마이클 조던이 이미 향유하고 있는 '喬丹' 성명권에 손해를 끼치며, ⟨상표법⟩ 제31조의 "상표 출원은 타인의 현존하는 선권리에 손해를 끼치지 않아야 한다"는 규정을 위반하였다.

또한 챠오단社의 분쟁상표 등록에서 분명한 악의가 있었으며, 챠오단社의 경영상황, 기업명, 관련 상표의 홍보, 사용 등을 고려했을 때 분쟁상표 등록이 합법성을 가지고 있다고 볼 수 없다. 따라서 챠오단社의 '喬丹(챠오단)'과 관련한 상표 3건의 취소를 선고한다. 다만, 마이클 조던은 병음 'QIAODAN' 및 'qiaodan'에 대해서는 성명권을 향유하고 있지 않으므로 마이클 조던의 성명권에 손해를 초래했다고 볼 수 없다(최고인민법원 2015民申字第909号).

그간 많은 중국 상표권 침해 사안에서 분쟁의 소지가 되었던 자연인(특히 국외 자연인)에 대한 성명권 보호의 표준과 조건을 명확히 규정하여, 향후 이와 유사한 사건의 판결에 기준을 제시하였다. 즉, 해당 특정 명칭은 반드시 일정 정도의 지명도를 갖추어야 하고, 해당 공중에게 잘 알려져야 하며, 명칭은 자연인을 지칭하여야 한다는 것이고, 해당 특정 명칭과 자연인 사이에 안정적인 대응관계가 형성되어야 한다는 것이다.

외국인의 중문 명칭에 대해서도 성명권을 인정한 사례로, 우리기업, 특히 한류 연예인과 성명 브랜드가 중요한 패션, 뷰티업계에 시사하는 바가 큰 판결이라 하겠다.

5. 타인의 선초상권을 침해하는 경우

허가를 받지 않고 타인의 초상으로 상표를 출원하여 타인의 초상권에 손해를 입힐 가능성이 있는 경우, 분쟁상표의 등록을 불허하거나 무효선고를 해야 한다.

선초상권으로 보호받기 위해서는 다음 조건에 부합해야 한다.
(1) 관련 공중이 분쟁상표 이미지가 그 초상권자를 가리킨다고 인식할 것
(2) 분쟁상표의 등록이 타인 초상권에 손해를 입힐 가능성이 있을 것

여기서 '타인'은 이의신청, 거절결정 불복청구 또는 무효심판청

---

97 IP-NAVI(국제지재권분쟁정보포털) IP Insight http://www.ip-navi.or.kr/board/boardList.navi

구 시 생존해 있는 자연인을 의미하고, '초상'이란 촬영·그림 등의
예술적 수단으로 타인의 이미지를 재현하는 것을 의미하며, 이는
사진, 초상화, 동영상 등의 표현형식을 포함한다.

분쟁상표가 타인의 초상권에 손해를 초래하는지 여부는, 관련
공중이 분쟁상표를 사용한 상품이 초상권자를 가리키거나 초상권
자와 대응관계가 있다고 용이하게 인식하는 것을 전제로 한다.

타인의 초상사진(肖像照片)을 분쟁상표로 출원한 경우, 그 타인
이 공중에게 알려진 정도를 보호의 전제로 해서는 안 되지만, 타인
의 초상화(肖像画)를 분쟁상표로 출원한 경우, 그 타인의 알려진 정
도를 고려하여 보호범위를 결정해야 한다. 허가를 받지 않고 공인
의 초상을 이용하여 상표를 출원했거나 타인의 초상인 것을 알면
서도 타인의 이익에 손해를 가하려는 목적으로 상표를 출원한 경
우 타인 초상권을 침해했다고 간주한다.

6. 타인의 알려진(知名) 상품 또는 서비스업의 특유의 명칭·포장·장식을 침해하는 경우

타인의 알려진(知名) 상품 또는 서비스업 특유의 명칭·포장·
장식과 같거나 유사한 문자, 도형 등을 상표로 출원하여 중국 관련
대중에 혼동을 초래하여 합법적인 권익자의 이익에 손해를 초래할
가능성이 있는 경우, 타인의 알려진 상품/서비스업의 특유한 명칭,
포장, 장식에 대한 손해로 간주하여, 분쟁상표 등록을 불허하거나
무효를 선고해야 한다.

사용하여 알려진 상품 또는 서비스업 특유의 명칭·포장·장식

으로 보호받기 위해서는 다음 조건을 만족해야 한다.

(1) 분쟁상표 출원 전에 타인이 알려진 상품 또는 서비스업 특유의 명칭 · 포장 · 장식을 먼저 사용하고 있을 것

(2) 타인의 알려진 상품 또는 서비스업 특유의 명칭 · 포장 · 장식이 상표로 등록되지 않았을 것

(3) 분쟁상표가 타인의 알려진 상품 또는 서비스업 특유의 명칭 · 포장 · 장식과 동일 또는 유사할 것

(4) 분쟁상표의 등록과 사용으로 인해 관련 공중의 혼동 또는 오인을 초래하여, 알려진 상품 또는 서비스업 특유의 명칭 · 포장 · 장식 권리자의 이익에 손해를 초래할 가능성이 있을 것

[일정한 영향력 있는 상표 등록 금지(상표법 제32조 후단)]

Q74.

中國商標

상표법 제32조에서 규정하고 있는 "먼저 사용하고 있고 일정한 영향력이 있는 상표"는 어떻게 판단하는가?

■ 상표법 제32조: 상표 등록출원은…(중략)… 타인이 이미 사용하고 일정한 영향력을 가진 상표를 부정당한 수단으로 선등록하지 못한다.

타인이 먼저 사용하고 있고 일정한 영향력이 있으나 아직 등록하지 않은 상표를 부정당한 수단으로 상표를 선점할 수 없다.

등록주의 원칙으로 인해 중국 내에서 "상표브로커" 문제가 자주 발생하는데, 상표브로커는 생산경영에 사용할 목적으로 상표를 등

록하는 것이 아니라 상표권에 대한 인식이 미약한 기업이 그들의 상표를 등록하지 않은 것을 이용하여 먼저 상표등록을 한 후 이를 고가에 진정한 선사용자에게 양도하여 사익을 취한다. 이러한 행위는 신의성실원칙에 위반되는 것이고 선사용자의 이익을 침해하는 것이므로, 이러한 행위를 방지하기 위해 중국 상표법 제32조에 관련 규정을 두고 있다.

특히 일부 상표 브로커들이 중국 내에서 등록출원이 되지 않았으나 이미 일정한 인지도를 가지고 있는 외국 상표(다수가 한국 중소기업의 상표)를 선점한 후, 이를 빌미로 상표의 정당 권리자를 협박하거나, 고가로 양도하는 등 부당 선점하는 행위가 점차 늘어나고 있다.

제32조의 '일정한 영향력'이 있다는 것을 증명하려면 다음의 증거자료를 제시해야 한다.[98]

(1) 해당 상표의 최초 사용시간과 지속사용 상황 관련 자료

(2) 해당 상표를 사용한 상품/서비스업의 계약서, 영수증, 선하증권, 은행입금증명서, 수출입증명서 등

(3) 해당 상표를 사용한 상품/서비스업의 판매구역 범위, 판매망 분포 및 판매루트, 방식 관련 자료

(4) 해당 상표의 방송, 영화, TV, 신문, 정기 간행물, 인터넷, 옥외 등 미디어 광고, 미디어 평론 및 기타 홍보활동 자료

(5) 해당 상표를 사용한 상품/서비스업이 참여한 전시회, 박람회 관련 자료

---

98 중국 상표심사 및 심리기준(2016년), p.175.

(6) 해당 상표의 수상경력

(7) 기타 해당 상표의 어느 정도 영향을 증명할 수 있는 자료

그리고 "일정한 영향력을 가진"이란 일정범위 내의 관련 공중이 타인의 선사용상표에 대하여 알고 있는 정도를 말하며, 분쟁상표의 출원일을 기준으로 판단한다. 따라서 분쟁상표의 출원일 전에 상표를 사용하여 일정한 영향력을 갖고 있더라도 계속 사용하지 아니한 경우, 그 영향력이 출원일까지 지속되었는지를 판단해야 한다.

👤 Case로 알아보기

아동복을 제작 판매하는 국내기업 A사는 자사의 상표가 중국에서 다수의 브로커들에게 선점당한 것을 알게 되었다. 그러나 A사의 아동복은 상표가 선점당하기 전부터 이미 중국의 온라인쇼핑몰인 타오바오와 찡동 등에 입점하여 인기리에 판매하고 있었다. A사가 대응할 수 있는 방법은 무엇인가?

→ 중국 상표법 제32조에 근거하여 무효심판을 청구할 수 있다.

중국 상표법 제32조에는 "상표출원은 타인이 소유한 선권리를 침해하지 못하며 타인이 이미 사용하고 있는 일정한 영향력을 가진 상표를 부정당한 수단으로 선등록하지 못한다"고 규정하고 있다.

A사의 상표는 비록 중국 상표브로커에 의해 선점당했지만 선점당하기 전 이미 중국 내에서 사용되고 있었고, 특히 중국에서 가장 큰 온라인 쇼핑몰인 타오바오와 찡동에서 판매되고 있었다는 것은 일정한 영향력을 가진 상표라고 할 수 있으므로 이를 근거로 상표브로커를 대상으로 무효심판을 청구할 수 있다. 다만, 상표출원일보다 A사의 상표 사용일이 앞서 있어야 하는 등 객관적인 증거자료를 수집하여 제출하여야 할 것이다.

● 선사용상표에 대해 일정한 영향력을 인정한 사례[99] ●

[사건개요]

원고 허이(和一)社는 한국 화일(和一)기업사가 설립한 중국공상으로 40년 이상 재단용 초크를 생산해 왔으며, 해당 제품을 해외에 수출하고 있었다. 2015년 6월 15일, 원고는 루윈시아(詹云霞)가 제16류 (재단용)초크를 지정상품으로 하는 상표를 등록받은 것을 발견하고, 상표평심위원회에 무효선고를 청구하였으나, 상표평심위원회는 원고의 해당 상표가 일정수준 이상의 영향력을 보유하고 있다는 것을 입증하기 어려워, 상표법 제32조에 해당하지 않는다고 판단하였고 원고가 이에 불복하여 소송을 제기하였다.

    VS

원고의 선사용상표	피고의 등록상표
제16류: (재단용) 초크	제16류: (재단용) 초크

[법원판결]

원고가 제출한 증거자료를 볼 때, 원고가 분쟁상표 출원일 전부터 이미 중국 대륙에서 재단용 초크상품에 "PANDA" 상표를 사용하고 상품 홍보 시 "熊猫牌"划粉(팬더표 초크)라고 칭하였으며, 일정한 영향력을 보유하고 있음이 인정된다.

또한 분쟁상표와 원고의 선사용상표가 비록 다소 다른 점이 있으나, 문자와 도형 구성이 직접적으로 대응하고, 일반대중이 "재단용 초크" 상품에서 분쟁상표를 접할 경우 쉽게 원고의 선사용 상표를 연상시킬 수 있으며, 이로 인하여 상품 출처의 오인·혼동이 야기될 수 있으므로 유사상표에 해당한다.

상표출원인이 원고와 동종업계 종사자로 마땅히 원고의 선사용 상표를 알 수 있었음에도 불구하고, 재단용 초크를 지정상품으로 하여 선사용상표와 유사한 분쟁상표를 출원한 것은 악의적 행위에 해당한다[京行终 5085号(2017.12.22.)].

[시사점]
고급인민법원의 판단은 상품의 출처표시라는 상표의 본질적 기능을 토대로 시장 참가자들의 합법적인 권리를 보호하며 사회 경제 질서를 유지하고자 한 신의성실원칙에 부합한 공정한 처사라 할 수 있으며, 우리 기업에게는 인지도를 보유한 미등록 상표를 보호받은 사례라는 측면에서 의의가 있다.

Q75.

상표법 제32조에서 규정하고 있는 "부정당한 수단"이란 어떤 것인가?

분쟁상표의 출원이 '부정당한 수단'을 쓴 것인지를 판단함에는 다음과 같은 요소를 종합적으로 고려한다.[100]

(1) 분쟁상표 출원인이 선사용권자와 거래 또는 협력관계가 존재하는지 여부

(2) 분쟁상표 출원인과 선사용권자가 동일지역에 위치해 있거나, 상품·서비스업의 판매경로와 지역범위가 동일한지 여부

---

99 IP-NAVI(국제지재권분쟁정보포털) IP Insight http://www.ip-navi.or.kr/board/boardList.navi
100 중국 상표심사 및 심리기준(2016년), p.176.

(3) 분쟁상표 출원인과 선사용권자가 일찍이 분쟁이 발생한 적이 있어 선사용상표에 대하여 알고 있을 가능성이 존재하는지 여부

(4) 분쟁상표 출원인과 선사용권자 사이에 내부 직원으로서 왕래관계가 있었는지 여부

(5) 분쟁상표 출원인이 부정당한 이익을 얻을 목적으로, 선사용권자의 일정한 영향력 있는 상표의 명성과 영향력을 이용하여 허위홍보를 하고, 선사용권자로 하여금 자신과 거래관계를 맺도록 협박하여, 선사용권자 또는 타인에게 고액의 양도비용, 사용허가비용 또는 침해배상금 등을 요구하는 행위가 있었는지 여부

(6) 선사용상표가 비교적 높은 독창성을 가지고 있으며, 해당 상표가 선사용상표와 상당히 유사한지 여부

(7) 부정당한 수단으로 인정될 수 있는 기타의 상황이 있는지 여부

[기만 또는 부정당한 수단으로 등록된 상표의 무효(상표법 제44조)]

Q76.

中國商標

기만수단 또는 기타 부정당한 수단을 써서 등록된 상표는 어떻게 되나?

■ 상표법 제44조: ① 등록된 상표가 본 법 제4조, 제10조, 제11조, 제12조, 제19조 제4항 규정을 위반했거나, 기만 수단이나 기타 부정당한 수단으로 등록한 경우 상표국에서 해당 등록상표에 대해 무효선고를 내린다.

상표출원을 함에는 신의성실원칙을 준수해야 하고, 속임수를 사용하여 상표행정기관을 기만하여 등록받아서는 안 된다. 상표등록질서를 어지럽히거나, 공공이익에 손해를 가하거나, 공공자원을 부당하게 점용하거나 또는 기타 부정당한 방식으로 부정한 이익을 취하는 등의 기타 부정당한 수단을 사용하여 등록받아서도 안 된다. 이렇게 등록된 상표는 무효로 한다.

상표법 제44조에서 말하는 '기만수단'이란 상표출원 시, 사실의 진상을 숨기고 위조된 출원서류 또는 기타 증명서류를 제출하여 상표를 등록하는 행위를 의미하는데 구체적으로 아래의 행위들이 이에 해당된다.[101]

(1) 출원서류의 인감날인을 위조하는 행위
(2) 출원인의 신분증명서류를 위조, 수정하는 행위, 거짓된 신분증, 사업자등록증 등의 서류를 사용하거나, 해당 서류상의 중요한 등기사항들을 수정하는 행위
(3) 기타 증명서류들을 위조하는 행위

상표법 제44조에서 말하는 '기타 부정당한 수단'이란 분쟁상표 등록인이 기만적 수단 이외에 상표 등록질서를 어지럽히거나 공중의 이익에 손해를 가하거나, 부당하게 공공자원을 점용하거나 또는 기타 방식을 써서 부정당한 이익을 취하는 등의 기타 부정당한 수단으로 등록한 것을 말하며, 그 행위가 신의성실의 원칙을 위반하여 공공의 이익을 훼손하는 것을 의미한다.

---

101 중국 상표심사 및 심리기준(2016년), p.177.

이러한 기타 부정당한 수단의 구체적인 행위는 아래와 같다.[102]

(1) 분쟁상표의 출원인이 여러 건의 상표를 출원했을 뿐만 아니라, 타인의 식별력이 강한 상표와 동일 또는 유사한 경우

(2) 분쟁상표의 출원인이 여러 건의 상표를 출원했을 뿐만 아니라, 타인의 상호, 기업명칭, 사회조직 및 기타 기구의 명칭, 유명상품의 특유명칭, 포장, 인테리어 등과 동일 또는 유사한 경우

(3) 분쟁상표의 등록인이 대량의 상표를 출원하였으나, 진실한 사용의도가 명백하게 결여되어 있는 경우

(4) 기타 부정당한 수단으로 인정되는 행위

분쟁상표가 등록결정을 받은 후 분쟁상표 출원인이 실제 사용도 하지 않고 사용 준비도 하지 않으며, 부정당한 권익을 편취하려는 목적으로 적극적으로 타인에게 상표 판매, 무역협력 강요를 하거나 타인에게 거액의 양도비용, 허가사용료, 침해배상금을 요구하는 등의 행위를 할 경우, 진실한 사용의도가 분명히 결여되어 있다고 판단할 수 있다. 분쟁상표 출원인이 부정당한 수단으로 등록한 상표는 분쟁상표 출원인 본인이 출원한 상표뿐만 아니라 분쟁상표 출원인이 결탁 공모행위를 하였거나 특정 신분관계 또는 기타 특정 관계자가 출원한 상표도 포함한다.[103]

---

102 중국 상표심사 및 심리기준(2016년), p.178.
103 중국 상표심사 및 심리기준(2016년), p.179.

● '기타 부정당한 수단'에 해당된다고 판단한 사례 ●

[사건개요]

일본 유니클로회사는 일본에서 복장 등을 지정상품으로 'UL'상표를 등록하였으나 중국에서는 해당 상표를 등록하지 않고 오래전부터 중국에서 'UL'상표를 부착한 제품을 판매하고 있었는데, 'UL' 상표등록권자인 지남침회사 및 중유컨설팅회사가 중국 각 지역에서 유니클로(중국)를 상대로 'UL'상표권침해 소송을 제기하였고, 유니클로(중국)는 이에 대해 무효심판을 신청하였으나 패소하여, 법원에 행정소송을 제기하였다.

	VS	
등록상표		사용상표
권리자: 중국 지남침회사 등		사용자: 일본 유니클로 회사
지정상품: 25류		사용상품: 의류 등

[북경시 고급인민법원 판결]

상표권자는 약 2,600여 개의 등록상표를 보유하고 있고, 많은 상표를 양도한 경력이 있으며, 이러한 등록상표들을 실질적으로 사용하였다는 증거가 없는 등, 상표권자의 'UL'상표의 등록은 구상표법 제41조 제1항(상표법 제44조 제1항)에 규정된 "사기 또는 기타 부정당한 수단"에 의한 것이기에 무효화되어야 한다.

"기타 부정당한 수단"이란 기만수단 이외의 방법으로 상표등록 질서를 어지럽히고, 공공의 이익을 해치며, 공공자원을 부당하게 점유하거나 기타 방식으로 부정당한 이익을 취하는 수단을 말한다. 사용을 주된 목적으로 하는 것이 아니고, 정당한 사유 없이 상표를 대량으로 등록하거나 사재기하는 행위, 특히 사리를 취하기 위한 양도 혹은 양도를 목적으로 등록하거나 사재기할 경우, 통상적으로 "기타 부정당한 수단"으로 인정된다[(2017)京行终5603号(2018.1.26.)].

[선사용항변권 주장(상표법 제59조)]

Q77.

상표권자의 침해 주장에 대해 선사용 항변권을 주장하여 대응할 수 있는가?

> ■ 상표법 제59조: ③ 상표권자가 상표출원 이전에 타인이 이미 동일 상품 또는 유사한 상품에 등록상표와 같거나 유사하고 일정한 영향력을 가진 상표를 상표권자보다 먼저 사용한 경우 등록상표권자는 해당 사용자가 원래 사용한 범위 내에서 해당 상표를 계속해서 사용하지 못하도록 금지할 권리가 없다. 단, 적당한 구별표지를 부가할 것을 요구할 수 있다.

상표를 등록하지 않고 사용하고 있더라도 만약 등록상표보다 먼저 사용하여 일정한 영향력을 갖추고 있으면 상표권자의 침해주장에 대해 선사용항변권을 주장할 수 있다. 따라서 우리기업이 중국에서 상표등록을 하지 않은 채 사용하고 있다고 하더라도, 그 상표가 사용으로 인해 어느 정도 알려져 있고 일정한 영향력을 갖추었다면, 중국 상표브로커가 악의적으로 그 상표를 무단 선등록하였더라도 원상표사용자에게 침해주장을 하지 못한다.

일정한 영향력이 있음을 입증해야 하므로 그리 쉬운 문제는 아니긴 하나, 최근 온라인 시장의 발달로 상표에 대한 영향력이 오프라인 시장보다 훨씬 빠르고 널리 확대될 수 있으므로 온라인상에서의 일정한 영향력을 갖추었다면 이를 적극 주장할 필요가 있다.

● 선사용항변권을 인정한 사례 ●

[사건개요]

2008년에 설립되어, 베이징에 점포 8개를 가진 베이징 상단니미용스튜디오는 '상단니조형(尚·丹尼造型)'이라는 간판과 표지를 계속 사용해 왔다. 그러나 전(前) 종업원의 부인인 담여사(譚女士, 원고)가 '尚丹尼(상단니)' 상표를 등록하고 상단니 스튜디오에 '상단니尚丹尼'라는 글자의 사용을 금지하고, 손실액 20만 위안을 배상하라고 소송을 제기하기에 이르렀다.

| 피고 사용상표 | vs | 원고 등록상표 |

[법원판결]

상단니 스튜디오는 2008년 설립 이래 상단니를 상업표장으로 사용해 왔고, 장기간의 사용행위는 상표적 사용의 범주로 볼 수 있다. 상단니 스튜디오는 상표등록은 하지 않았지만, 인터넷 등을 통해 상단니 상표사용이 이미 일정한 범위 내에서 일정한 영향력을 갖게 되었다.

비록 상단니 스튜디오가 상단니 상표를 사용한 서비스업 범위가 담여사가 등록한 상표권과 동일한 서비스업이고 그 표장도 일치하지만, 상단니 스튜디오가 담여사의 상표등록 전에 이미 미용업에 등록되지 않은 상표를 오랫동안 사용해 왔고 일정한 영향력을 갖게 되었으므로, 결국 상단니 스튜디오의 선사용 행위가 〈상표법〉 제59조 제3항의 규정에 부합한다 할 것이다. 따라서 담여사는 상단니 스튜디오가 계속 '尚丹尼' 상표를 사용하는 것을 금지할 권한이 없다"고 판결하면서 담여사의 소송요구 전체를 기각하였다(북경시 조양구인민법원, 2014.12.8.).

[무단선점 예방을 위한 저작권 등록]

Q78.

무단선점 예방을 위해 저작권 등록이 필요한가?

창작성 있는 도형상표, 캐릭터, 독특한 한글체 등으로 구성된 상표는 이를 미리 저작권 등록을 해 두면 분쟁이 생기더라도 되찾아 올 수 있는 가능성이 크다.

상표는 출원서에 지정한 특정 상품류에 속하는 상품에 따라 보호를 받는데, 현재의 사업범위와 관련이 없는 상품류까지 출원을 할 경우, 많은 비용이 든다. 따라서 현재 사업범위와 관련이 있는 상품류에는 상표를 출원하고, 그 이외에는 저작권으로 등록하는 것도 좋은 방법이다. 이렇게 해 두면, 제3자가 해당 상표를 다른 류에 출원하더라도 저작권을 통해 저지시킬 수 있다. 타인의 도용이나 악의적 선등록을 예방할 수 있고, 추후 본인이 다른 상품류에 상표를 출원하여 권리를 받을 수도 있다.

저작권이 있는 경우, 타인이 상표를 어떤 상품류에 출원하더라도 이를 선권리로 주장할 수 있고, 등록해 놓으면 전 세계에 영향을 미칠 뿐만 아니라, 특히 중국에 저작권을 출원하면 중국의 각종 심판이나 소송에서 관련 증거자료로 간편하게 제출할 수도 있다. 다만 외국에 등록된 저작권의 경우 요구하는 서류도 많고, 공증을 받아야 하는 번거로운 절차를 진행하여야 하며, 해당 절차가 지연될 경우 정해진 기한 내에 증거자료를 제출하지 못하는 경우도 있다.

저작권은 심사를 거치지 않기 때문에 신청 후 약 2-3개월 내에 등록될 수 있으며, 비용도 300-400 USD 정도로 저렴하다. 또한 상표와 달리 실질심사 절차가 없기 때문에 형식적으로 문제가 없다면 저작권 등록을 받을 수 있다. 다만, 저작권은 등록이 되더라도 추후 권리 행사를 할 때, 권리행사의 가능 여부를 다투는 경우가 있다. 따라서 저작권 권리행사를 고려하지 않고 나중에 상표출원을 목적으로 한다면 문제가 없다.

한국 기업의 경우 한국에서 상표를 출원할 때, 한국에 저작권을 같이 등록하고, 나중에 중국에 진입할 때 상표 출원을 하면서 중국에도 저작권을 다시 등록하는 것이 좋다. 창작시기를 증명할 수 있기 때문에 중국에 저작권을 등록할 경우에도 한국에서의 창작시기를 소급받을 수 있다. 도형뿐만 아니라 한글, 중국어, 영어와 같은 문자의 경우에도 디자인적 요소가 있으면 저작권 등록이 가능하다.

제7장
등록상표의 사용 및 활용

[상표의 사용 일반]

Q79.

중국 상표법상 상표의 사용이란 무엇인가?

> ■ 상표법 제48조: 이 법 규정상 상표의 사용이란 상표를 상품, 상품의 포장 또는 용기 및 상품거래서류에 사용하거나 또는 상표를 광고선전, 전시 및 기타 상업활동에 사용하여, 상품의 출처를 식별하는 데 사용하는 행위를 말한다.

상표의 사용이란 상표를 상품, 상품의 포장 또는 용기 및 상품거래서류에 사용하거나 또는 상표를 광고선전, 전시 및 기타 상업활동에 사용하여, 상품의 출처를 식별하는 데 사용하는 행위를 말한다. 따라서 상표의 사용행위에는 이러한 행위 외에도 음악·영상·전자매체·인터넷 등의 평면 또는 입체적 매체에 상표를 사용하여,

관련 공중으로 하여금 상표가 표시하는 상품의 출처 또는 서비스업의 제공자를 인식하도록 하거나, S/W 상품을 설치하거나 사용할 때 나타나는 대화창·표제란·도표 또는 저작권 표시란에 등록상표가 표시되고, 그 표시가 나타내는 상품이 기타 상품과의 출처를 구별함을 표시하는 등의 경우에도 상표의 사용에 해당한다.[104]

상표의 사용과 관련하여 다음 사항을 유의하여야 한다.[105]

(1) 상표의 사용은 반드시 일정한 형식으로 소비자들에게 공개되어야 한다. 소비자들이 유통시장에서 해당 상표를 표기한 상품 또는 서비스업을 인지하여야 상표의 사용이라 할 수 있다.

(2) 반드시 중국 내에서의 사용이어야 한다. 홍콩, 마카오, 대만에서의 사용은 중국 내 상표사용이라고 할 수 없다.

(3) 상표권자의 사용뿐만 아니라 사용권자의 사용도 포함한다. 즉 상표권자가 직접 사용하는 행위 외에도 해당 등록상표의 사용을 허락받은 사용권자의 사용도 상표의 사용에 속한다. 다만, 단순히 상표의 불사용을 면하기 위한 상표사용허가 계약서만 있고 실제적인 사용행위가 없는 경우에는 상표의 사용이라 할 수 없다.

(4) 상표의 사용은 반드시 공개적이고, 진실되며, 합법적인, 상업적 사용이어야 한다. 공개적 사용이란, 상표사용은 반드시 공개된 상업적 분야 및 관련 분야에서 진행되어야 함을 의미한다. 진실된 사용이란, 상표의 사용이 진실되게 발생하여야

---

104 북경시고급인민법원 상표분쟁사건심리에 관한 해답(北京市高级人民法关于审理商标民事纠纷案件若干问题的解答) 제2조 및 제5조.
105 商标专利著作权不可不知440问(法律出版社专业出版编委会 编, 2016), p.44.

하며, 단지 상표의 사용증거 조작을 위한 거짓된 사용행위는 포함하지 않음을 의미한다. 합법적인 사용이란, 상표사용이 법적으로 허용하는 범위에서 사용됨을 의미한다. 상업적 사용이란, 상표의 사용행위가 유통, 판매, 소비 등 분야에서 발생하며, 상품의 출처를 구분하고 상품의 품질을 나타는 기능을 발휘할 수 있는 사용행위를 의미한다. 단순한 상표등록정보의 공개, 상표등록 설명 내지는 단순한 허가, 양도 등은 상표의 사용으로 인정하지 않는다.

Q80.

중국 상표법상 상표사용의 증거로 볼 수 있는 것과 그렇지 않은 것의 구체적인 형태는 어떤 것이 있는가?

중국 상표법상 상표의 사용으로 볼 수 있는 것은 다음과 같다.[106]

지정 상품에서 상표사용의 구체적인 형식으로는,

(1) 직접 부착·인쇄·낙인·편직 등의 방식을 통해 상표를 상품, 상품 포장, 용기, 라벨 등에 부착하거나 상품에 추가한 마크, 상품설명서, 카탈로그, 가격표 등에 사용

(2) 상품 판매 거래, 영수증, 어음, 인수증, 상품수출입 검역검사 증명, 통관서류 등에 사용하는 것을 포함하여 상품 판매와

---

106 상표국이 발표한 "상표사용증거 관련 설명(提供商标使用证据的相关说明)" (2018.8.13.)(http://sbj.saic.gov.cn/sbsq/sqzn/201808/t20180813_275533.html)

관련된 거래문서상에 상표를 사용

(3) 라디오, 텔레비전 등 매체에서 상표를 사용하거나 공개적으로 발행된 출판물을 통해 발표되는 경우와 광고판, 우편광고 또는 기타 광고방식으로 상표 또는 상표를 사용한 상품에 대한 광고 홍보를 진행

(4) 전람회, 박람회에서 제공하는 해당 상표가 사용된 인쇄품 및 기타 자료를 포함하여 전람회 및 박람회에서 상표를 사용

(5) 기타 법률에서 규정하는 상표 사용 형식

지정 서비스업에서 상표사용의 구체적인 형식은,

(1) 서비스업장소에 직접적으로 상표를 사용하는 경우(서비스업의 카탈로그, 서비스업장소 간판, 매장 장식, 직원 복장, 포스터, 메뉴판, 가격표, 쿠폰, 사무용 문구, 편지지 및 기타 지정 서비스업과 관련된 물품에 사용되는 경우 포함)

(2) 서비스업과 관련된 문서자료에서의 상표 사용(영수증, 입금전표, 제공 서비스업 계약, 유지보수 증명 등)

(3) 라디오, 텔레비전 등 매체에서 상표를 사용하거나 공개적으로 발행된 출판물을 통해 발표되는 경우와 광고판, 우편광고 또는 기타 광고 방식으로 상표 또는 상표를 사용한 서비스업에 대한 광고 홍보를 진행

(4) 해당 상표가 사용된 인쇄품 및 기타 자료를 전람회 또는 박람회에서 제공하는 것을 포함하여, 전람회 및 박람회에서의 상표 사용

(5) 기타 법률에서 규정하는 상표 사용형식

상표법상 상표사용으로 인정하지 않는 경우는 다음과 같다.[107]

(1) 상표등록정보의 공개 또는 상표권자가 해당 등록상표에 대해 향유하는 전용권에 대한 설명

(2) 공개되지 않은 상업활동에서 사용되는 경우

(3) 경품으로만 사용되는 경우

(4) 양도 또는 허가 행위만 있을 뿐 실제사용은 없는 경우

(5) 상표등록 보호만을 위해 상징적으로 사용된 경우

(6) 이 밖에도 상품판매계약 또는 서비스업 제공 계약, 서면 증언, 시청각 자료, 홈페이지 정보, 실물과 복제품 등의 증거만을 제출한 경우에는 상표사용으로 인정될 수 없다.

Q81.

등록상표를 그대로 사용하지 않고 변경하여 사용하면 어떻게 되나?

■ 상표법 제49조: ① 상표권자가 등록상표를 사용하는 과정에서 임의로 등록상표, 상표권자 명의, 주소 또는 기타 등록사항을 변경한 경우, 지방 공상행정관리부서가 기한을 정하여 시정을 명령하고 그 기한 내에 시정하지 않으면, 상표국이 그 등록상표를 취소한다.

상표를 등록받은 그대로 사용하지 않고 일부를 변경하여 사용하는 경우에는 지방 시장감독관리부서에서 규정된 기한 내에 시정할 것을 요구하며, 이를 위반 시 상표국에서 해당 등록상표를 취소할

---

107 중국 상표심사 및 심리기준(2016년), p.186.

수 있다. 아래의 행위들이 그에 해당된다.

(1) 임의로 등록상표를 변경하는 행위: 상표사용 중 상표의 주요
부분과 식별력 있는 부분을 변경하여 등록된 상표표장과 동
일성이 없는 경우를 의미한다. 예를 들어, ⅰ) 등록된 상표에
문자와 자모, 도형 등을 첨가하여 등록상표의 모양을 변형시
키는 경우, ⅱ) 상표의 일부분을 고의로 크게 하거나 또는 작
게 하는 경우 등이 해당한다.
(2) 임의로 등록인의 명의, 주소 또는 기타 등록사항을 변경하는
행위: 해당 사항들이 변경되었으나 상표국에 변경신청을 진
행하지 않아 상표등록원부상의 정보와 실제로 사용되는 등
록인의 정보가 다른 경우를 의미한다.

따라서 상표권자가 자신의 상표를 변경하여 사용할 필요가 있는
경우에는 다시 출원하여 등록받은 후에 사용하여야 한다. 그렇지
않은 경우에는 타인의 등록상표와 상표권 침해 문제 또는 자신의
등록상표가 취소되는 상황이 발생할 수도 있으니 유의할 필요가
있다.

[상표갱신 및 등록증 분실훼손]

Q82.

등록상표의 갱신은 어떻게 하나?

등록상표의 존속기간이 만료되었지만 이를 계속 사용하고자 하는 경우 상표권자는 존속기간 만료 전 12개월 내에 관련 규정에 따라 갱신을 해야 한다. 다만, 이 기간 내에 갱신절차를 진행할 수 없을 경우, 별도의 비용을 납부하면 6개월의 연장 기간 내에 등록상표의 갱신이 가능하다. 갱신된 상표권의 존속기간은 10년이며 동 상표의 존속기간 만료 익일부터 계산한다. 등록상표의 존속기간 만료 전 갱신을 하지 않을 경우 상표국은 해당 등록상표를 말소시킨다.

존속기간 갱신등록 출원인의 이름, 주소는 상표국에 등록된 것과 일치해야 한다. 출원인의 이름, 주소가 변경된 경우 상표국에 변경 등록을 먼저 해야 한다. 다만, 실무상 변경 등록을 하지 않아도 상표권 갱신에 영향을 주지는 않는다.

존속기간을 갱신하고자 하는 상표가 공유상표인 경우에는 신청서에 공유상표임을 표시해야 한다. 공유상표의 존속기간 갱신등록 출원은 공유상표의 대표자가 신청해야 하며, 출원인 이름 주소에 대표자의 이름 주소를 기입하고 기타 공유자의 이름 주소는 순서대로 신청서 첨부 페이지(페이지 추가 가능)에 기입한다.

상표등록증을 분실 또는 훼손하였을 경우에는 어떻게 하나?

■ 상표법실시조례 제64조: ① 상표등록증이 분실 또는 파손된 경우, 상표국에 상표등록증 재발급신청서를 제출하여야 한다. 상표등록증이 분실된 경우, 상표공고에 분실되었음을 분명하게 밝혀야 한다. 파손된 상표등록증은 재발급신청 시 상표국에 반납하여야 한다.
② …(중략)…상표등록증 발급이 필요한 경우 상표국에 신청서를 제출하여야 한다. 요건에 부합하는 경우, 상표국은 상응하는 증명서를 발급한다. 요건에 부합하지 아니하는 경우, 상표국은 처리하지 아니하고, 신청인에게 통지하여 이유를 고지한다.
③ 상표등록증 또는 기타 상표증명서류를 위조 또는 변조한 경우, …(중략)…법에 따라 형사책임을 추궁한다.

상표권자의 부주의로 상표등록증이 분실 또는 파손되었을 경우에는, 상표국에 상표등록증 재발급신청을 하여야 한다. 상표등록증을 분실하였을 경우, 상표공고에 분실되었음을 성명하여야 한다. 상표등록증이 파손되어 재발급신청을 할 경우 상표등록증을 상표국에 반납하여야 한다.

상표등록증 재발급신청을 할 경우, ① 상표등록증 재발급 신청서, ② 상표등록권자의 신분증 복사본, ③ 위임장(대리기구에 위임할 경우)을 준비하여야 한다. 상표등록증 재발급 신청 후 새로운 상표등록증 수령 시까지는 일반적으로 신청후 4~6개월 정도의 기간이 소요되고 있으나 점차 짧아지고 있다.

한편, 상표등록증, 기타 상표증명서류를 위조 또는 변조한 경우에는 형사책임을 지게 된다.

[상표양도]

Q84.

상표권 양도는 어떻게 하는가?

■ 상표법 제42조: ① 등록상표를 양도할 경우, 양도인과 양수인은 양도협의에 서명하고, 공동으로 상표국에 신청해야 한다. 양수인은 그 등록상표를 사용하는 상품의 품질을 보증해야 한다.
② 등록상표를 양도할 경우, 상표권자는 자신이 동일한 상품에 등록한 유사한 상표 또는 유사한 상품에 등록한 동일·유사한 상표를 함께 양도해야 한다.
③ 혼동을 일으키기 쉽거나 또는 기타 부정적 영향이 있는 양도에 대해서는 상표국이 허가하지 아니하고 신청인에게 서면으로 통지하여 이유를 설명한다.
■ 상표법실시조례 제31조: ① 등록상표를 양도할 경우, 양도인과 양수인은 상표국에 등록상표양도신청서를 제출해야 한다. 등록상표양도신청은 양도인과 양수인이 공동으로 처리해야 한다. …(중략)…
② 등록상표의 양도에 대하여, 상표권자가 자신의 동일 또는 유사한 상품에 등록한 동일 또는 유사한 상표를 일괄하여 양도하지 아니한 경우, 상표국은 기한을 정하여 시정하도록 통지하고, 기한 내에 시정하지 아니할 경우, 그 등록상표의 양도신청은 포기한 것으로 간주하고, 상표국은 서면으로 신청인에게 통지해야 한다.

상표권은 상표양도신청 절차를 통하여 양도할 수 있다. 상표권의 양도는 ① 상표권 취득에 소요되는 시간이 짧고(6개월 정도) ② 상표등록의 불확정요소를 감소할 수 있으며 ③ 최종적으로 양도를 통하여 상표권을 취득할 수 있는 장점이 있다.[108]

등록상표를 양도할 경우 쌍방 당사자의 상표양도계약 체결만으로 상표권 이전이 바로 발생하는 것은 아니다. 상표양도계약을 체결한 후 상표국에 양도 신청서를 제출하고 상표국의 승인 공고를 거쳐야만 양도행위가 효력을 발생한다.

그리고 양수인은 해당 양도상표를 사용하는 상품의 품질을 보장하여야 한다. 이는 소비자의 권익을 보호하기 위함이다. 또한 용이하게 혼동을 초래하거나 기타 불량한 영향을 초래할 수 있는 상표권은 양도하지 못한다.

등록상표를 양도할 경우 상표권자는 동일 상품에서 등록한 유사 상표 또는 유사 상품에서 등록한 동일하거나 유사한 상표를 전부 양도해야 한다. 예를 들어 양도인은 자신의 명의하에 제25류 의류상 A, B, C 세 상표를 가지고 있으며 해당 세 상표는 외관상 비교적 유사하며, 양도인은 A상표를 양수인에게 양도하고 기타 두 상표는 양도하지 않았을 경우, 동일 상품상의 유사한 상표들의 소유권자는 양도인과 양수인 두 사람이므로 소비자는 해당 상표들을 사용하는 상품들의 출처에 대하여 혼동이 일어날 수 있으며 시장 질서의 유지에도 일정한 영향이 발생한다. 따라서 전부 양도하지 않을 경우, 상표국이 기한을 정해 이를 시정하라고 통지하고, 기한 만료까지 이를 시정하지 않을 경우에는, 동 등록상표의 양도 신청을 포기한 것으로 간주하고 상표국은 서면으로 신청인에게 이를 통지한다.[109]

---

108 商标实务指南(张锐主编, 法律出版社, 2017), p.49.
109 실무적으로 양도신청을 하면 심사관은 양도상표와 유사한 양도인의 등록상표가 있는지 검색한 후, 유사한 상표가 있을 경우 양도신청에 대해 유사상표를 함께 양도하라는 보정통지를 한다. 만약 양도인이 이 보정통지에 대해 유사 상표를 함께 양도한다는 의사를 표시하지 않으면 양도신청은 포기한

상표권 양도신청 시 필요한 서류와 주의해야 할 점은 무엇인가?

상표권 양도신청 시에는 ① 상표양도신청서, ② 상표양도인과 양수인의 신분증명서류(법인은 사업자등록증, 자연인은 여권 또는 주민등록증), ③ 위임장(양도인과 양수인 각 1부씩 제출)을 제출한다.

등록상표를 양도할 경우 양도인과 양수인이 함께 상표국에 신청해야 하며, 공동으로 날인해야 한다. 양도인과 양수인 모두 외국기업·개인일 경우, 영문 양도신청서에 날인할 수 있으며, 이 경우 중문 양도신청서도 함께 첨부해야 한다.

상표권 양도신청 시 주의해야 할 사항은 다음과 같다.

(1) 양도신청은 서면 또는 온라인 신청 두 가지 방식을 선택할 수 있다. 서면신청의 경우 상표양도신청서와 위임장은 반드시 원본이어야 한다. 온라인 신청은 모든 서류들이 컬러 스캔본이면 충분하나 별도로 상표양도협의서 스캔본을 제출하여야 한다.

(2) 온라인 신청은 스캔본을 업로드하는 방식으로 진행되므로, 양도인 또는 양수인 인감날인이 위조되는 경우가 존재한다. 그러나 상표국은 심사 시 해당 인감날인의 위조여부에 대하여 심사감독할 의무가 없으므로, 양측의 자체적인 감독과 신의성실을 바탕으로 진행되어야 하는 것이 현 실정이다. 실제로 양도신청을 제출한 후 양도인 측에서 일방적으로 양수인

것으로 간주한다.

의 인감날인을 위조하여 양도철회신청을 제출한 경우도 발생하고 있어 이러한 면에서 각별히 신경 써야 할 것이다.

(3) 만약 양도인 또는 양수인이 양도절차 중 상기 상황 또는 기타 양도에 관한 이의가 생겨 해당 양도절차에 대한 심사중단을 요청할 경우, 상표국에 서면으로 심사중단 신청을 제출하여야 하며 사법기관의 입건증명 또는 기타 증명서류를 함께 제출하여야 한다.

양도계약에는 아래의 주요 조항을 포함해야 한다.

① 양도인과 양수인의 명칭, 주소, 대표자
② 양도 대상 등록상표의 기본 상황은 다음 내용을 포함한다.
  - 상표 도안 및 명칭
  - 출원 또는 등록 일시
  - 상표의 효력
  - 사용허가 진행 여부 또는 질권 존재 여부
③ 양도비용 및 지급방식
④ 계약의 효력발생 시간
⑤ 위약 책임
⑥ 법률 적용 및 분쟁 해결방식
⑦ 계약체결일
⑧ 양도인, 양수인의 서명, 날인

상표권 양도는 보통 신청서 제출 후 4~6개월의 기간이 소요된다.[110]

---

[110] 이전에는 상표양도에 통상 6개월이 소요되었으나, 2018년도에 이를 4개월로 단축하였다고 발표하였다(국가지식산권국 상표국 발표, 2019.1.7.).

상표양도신청에 대한 심사는 어떻게 이루어지는가?

> ■ 상표법 제42조: ③ 상표국은 용이하게 혼동을 초래하거나 기타 불량한
> 영향이 있는 양도에 대해서는 허가하지 아니하고, 신청인에게 서면으로
> 통지하고 그 이유를 설명해야 한다.
> ④ 등록상표의 양도는 심사 후 공고한다. 양수인은 공고일로부터 상표권
> 을 향유한다.
> ■ 상표법실시조례 제31조: ① …(중략)…상표국이 등록상표양도신청을
> 심사하여 허가할 경우, 양수인에게 상응한 증명서를 발급하고 공고한다.

상표국은 상표권 양도신청에 대해 형식심사를 진행하여 규정에
부합할 경우 양수인에게 양도신청수리통지서(转让申请受理通知书)
를 송부하고, 동시에 양도인에게 수리통지서 사본을 송부하며, 규
정에 부합하지 아니할 경우 수리하지 아니하고 불수리통지서(不予
受理通知书)를 송부한다.

상표국은 수리한 양도신청이 실질적인 양도요건에 부합하는지
여부에 대한 실질심사를 진행한다. 실질심사의 주요 내용은 ① 양
도인의 자격에 대한 심사(양도인이 등록상표의 진정한 권리자인지 여
부 및 상표국의 등록원부에 기재된 상표권자와 동일인인지 여부), ② 양
도대상 등록상표에 대한 심사(등록상표가 존속기간 내에 있는지, 등록
상표가 유효한지 여부 등), ③ 동일 유사한 상품에 양도대상 등록상
표와 동일 또는 유사한 상표권자의 기타 등록상표가 존재하는지
여부, ④ 등록상표의 양도가 일반 소비자의 오인·혼동 또는 기타
불량한 영향을 초래하는지 여부 등을 심사한다.

이러한 심사를 통해 양도신청에 아무런 문제가 없어 양도를 허가할 경우, 상표국은 양수인에게 증명서를 발급하고 공고한다. 양수인은 공고일로부터 상표권을 향유하지만, 양도 전에 이미 효력이 발생한 상표사용허가계약에 다른 약정이 있는 경우에는 그러하지 아니하다.[111]

[상표사용허가]

Q87.

상표사용허가 계약에는 어떤 유형이 있는가?

■ 상표법 제43조: ① 상표권자는 상표사용허가 계약의 체결을 통하여 타인에게 자신의 등록상표에 대한 사용을 허가할 수 있다. (후략)

상표권자는 상표사용허가 계약의 체결을 통하여 타인에게 자신의 등록상표에 대한 사용을 허가할 수 있다. 상표사용허가에는 상표사용의 범위와 사용권자의 수 등에 따라 다음 3가지 유형이 있다.[112]

(1) 독점적 사용허가: 상표권자와 약정한 기간 및 지역에서 1명의 사용권자가 등록상표를 사용하도록 허가하는 것으로, 상

---

111 상표민사분쟁심리에 관한 해석(最高人民法院关于审理商标民事纠纷案件适用法律若干问题的解释) 제20조.
112 상표민사분쟁심리에 관한 해석(最高人民法院关于审理商标民事纠纷案件适用法律若干问题的解释) 제3조.

표권자는 약정에 따라 등록상표를 사용할 수 없다.

(2) 배타적 사용허가: 상표권자와 약정한 기간 및 지역에서 1명 의 사용권자가 등록상표를 사용하도록 허가한다는 점에서 독점적 사용허가와 동일하지만, 상표권자는 약정에 따라 등 록상표를 사용할 수 있다. 다만, 제3자에게 등록상표를 사용 하도록 허가할 수는 없다.

(3) 일반 사용허가: 상표권자와 약정한 기간 및 지역에서 다수의 사용권자가 등록상표를 사용할 수 있으며, 상표권자 역시 동 등록상표의 사용이 가능하다.

타인에게 등록상표를 사용하도록 허가할 경우 상표권자는 그의 상표 사용허가서를 상표국에 제출하여 등록하고 상표국에서 공고 해야 한다. 상표의 사용허가는 상표국에 등록해야 선의의 제3자에 게 대항이 가능하다.

상표권에 대한 침해가 발생한 경우, 상표사용허가의 유형에 따 라 소 제기 주체도 달라진다.[113] 즉, ① 독점적 사용허가의 경우, 피 허가인은 상표권자의 허가 없이 자체적으로 상표권침해에 대한 소 송을 진행할 수 있고, ② 배타적 사용허가의 경우 피허가인과 상표 권자가 공동으로 소송을 진행할 수 있는데, 상표권자가 소송진행 을 원하지 않는다고 하더라도 상표권자는 피허가인의 소 제기를 반드시 허락해 주어야 하며, ③ 보통사용허가의 경우, 피허가인은 상표권자의 명시적인 허락하에 원고로써 소송을 진행할 수 있다

---

113 상표민사분쟁심리에 관한 해석(最高人民法院关于审理商标民事纠纷案件适 用法律若干问题的解释) 제4조.

갑회사는 을회사와 배타적 사용허가 계약을 체결하여, 을회사가 등록상표를 사용할 수 있도록 허가하였다. 현재 병회사가 허가를 받지 않고 등록상표를 사용하고 있다면, 을회사는 스스로 병회사에게 상표권 침해소송을 제기할 수 있는가?[114]

→ 을회사는 배타적 사용허가 계약에 의한 사용권자이므로 상표권자인 갑회사가 소송을 제기하지 않는 경우, 독자적으로 소송을 제기할 수 있다. 일반적으로 을회사는 갑회사와 함께 공동원고로 공동소송을 제기할 수 있다.

〈최고인민법원의 상표민사분쟁사건 적용법률의 몇 가지 문제에 관한 해석〉제4조 제2항에 의하면, 등록상표권이 침해를 당했을 때, 독점적 사용허락을 받은 사용권자는 인민법원에 소송을 제기할 수 있으며, 배타적 사용허락을 받은 사용권자는 상표권자와 함께 공동으로 소송을 제기할 수 있고, 상표권자가 소송을 제기하지 않는 경우에는 독자적으로 침해소송을 제기할 수 있다. 또한 비배타적인 보통의 사용허락을 받은 사용권자는 상표권자의 명시적인 수권을 받아 소송을 제기할 수 있다.

Q88.

상표의 사용허가에 필요한 서류와 주의해야 할 점은 무엇인가?

■ 상표법 제43조: ② 허가를 받아 타인의 등록상표를 사용할 경우, 반드시 그 등록상표를 사용하는 상품에 피허가인의 명칭과 상품의 산지를 명시해야 한다.

③ 타인에게 자신의 등록상표에 대한 사용을 허가하는 경우, 허가인은 자

---

114 专利法商标法实用问题版(法律出版社大众出版编委会编, 2016), p.126.

> 신의 상표사용허가를 상표국에 보고하고 등록해야 하며, 상표국이 공고한다. 상표사용허가를 등록하지 아니한 경우, 선의의 제3자에게 대항할 수 없다.

상표권자가 타인에게 자신의 등록상표에 대한 사용을 허가한 경우, 상표권자는 사용허가 계약 유효기간 내에 상표국에 사용허가 등록서류를 제출하고 등록해야 한다. 등록서류에는 일반적으로 등록상표 권리자, 사용권자, 사용기한, 사용허가한 상품 또는 서비스업 범위 등의 사항이 설명되어야 한다.[115]

상표사용계약을 상표국에 등록하지 아니한 경우 상표사용허가 계약의 효력에는 영향을 미치지 않지만, 선의의 제3자에게 대항할 수 없다.

상표사용허가계약에는 최소한 ① 사용을 허가한 등록상표 및 등록번호, ② 사용을 허가한 상품의 범위, ③ 사용허가 기간, ④ 사용을 허가한 상표의 표지 제공방식, ⑤ 피허가인이 등록상표를 사용하는 상품의 품질에 대한 상표권자의 감독에 관한 내용, ⑥ 등록상표를 사용하는 상품에 피허가인의 성명과 상품의 산지 표시에 관한 내용 등이 담겨야 한다.[116]

상표사용허가계약을 체결할 때 주의할 사항은,[117]

(1) 피허가인은 반드시 상표출원인의 자격에 부합되어야 한다.
   즉 생산경영 활동을 진행하는 자연인, 법인 및 기타 조직이

---

115 상표법실시조례 제69조.
116 상표사용허가계약등록방법(商标使用许可合同备案办法) 제6조.
117 商标专利著作权不可不知440问(法律出版社专业出版编委会 编, 2016), p.49.

어야 한다.

(2) 계약서에는 반드시 사용허가 대상인 상표와 지정상품이 명확히 기재되어야 한다. 등록상표와 일치하여야 하고 지정된 상품에 사용하여야 한다.

(3) 허가기간은 상표전용권의 유효기간을 초과하지 못한다.

🚶 한 걸음 더 들어가 보기

• 상표사용허가계약서 표준양식[118] •

계약서번호
계약체결장소
상표사용허가인(갑측) _____
상표사용피허가인(을측) _____

≪중화인민공화국 상표법≫ 제26조와 ≪상표법 실시조례≫ 제35조의 규정에 따라, 갑, 을 쌍방은 신의성실 원칙을 준수하며, 자발적인 협상을 거쳐 본 상표사용허가계약을 체결한다.

1. 갑은 이미 등록된 ____류 ____상품상의 제____호의 ____상표를, 을이 ____류 ____상품상에 사용하도록 허가한다.
   상표표장:
2. 사용 허가 기한은 _____년 __월__일부터 ____년___월__일 까지로 한다. 계약기간이 만료되어 사용기간을 연장할 필요가 있을 경우에는 갑, 을 쌍방이 별도로 상표사용허가기간을 연장하는 계약을 체결한다.
3. 갑은 을이 등록상표를 사용하는 상품의 품질을 감독할 권리가 있으며, 을도 마찬가지로 등록상표의 상품의 품질을 보증해야 한다.
   구체적인 조치는: _____

---

118 상표사용허가계약등록방법(商标使用许可合同备案办法) 첨부 1.

4. 을은 반드시 당해 등록상표를 사용하는 상품에 자기의 기업명칭과 상품생산지를 명시해야 한다.

5. 을은 갑의 등록상표의 문자, 도형 또는 그 조합을 임의로 변경하여서는 안 되며, 허가된 상품범위를 초월하여 갑의 등록상표를 사용하여서는 안 된다.

6. 갑의 수권을 거치지 않고 을이 그 어떤 형식과 이유로도 갑의 등록상표를 제3자에게 사용하도록 허락해서는 안 된다.

7. 등록상표표장의 제공방식:

8. 라이선스 사용료 및 지불 방식:

9. 본 계약이 앞당겨 종료하고자 할 때는, 갑, 을 쌍방은 각각 종료일을 기산으로 1개월 내에 서면으로 상표국과 그 각자의 소재지 현급 공상행정관리부서에 통지해야 한다.

10. 위약책임

11. 분쟁해결방식:

12. 기타 사항:

본 계약은 ___ 부 작성되며, 체결일로부터 3개월 내에 갑과 을 쌍방이 각각 계약서 부본을 소재지의 현급 공상행정관리부서에 교부하여 보관하게 하고, 갑은 상표국에 보고하여 등록하도록 한다.

상표사용허가인(갑측)   상표사용피허가인(을측)
(기명날인)   (기명날인)
법정대표자   법정대표자
주소   주소
우편번호   우편번호
년 월 일   년 월 일

Q89.

상표사용허가에 있어서 품질보증의무란?

> ■ 상표법 제43조: ① …(중략)… 허가인은 피허가인이 자신의 등록상표를
> 사용하는 상품에 대한 품질을 감독해야 한다. 피허가인은 그 등록상표를
> 사용하는 상품의 품질을 보증해야 한다.

상표권자(허가인)는 자신의 등록상표를 사용한 상품에 대한 품질을 보증할 의무가 있다. 따라서 타인에게 등록상표의 사용을 허가한 경우 그 등록상표를 사용한 피허가인의 상품 품질을 감독해야 하며, 상표국에 상표사용허가를 보고하고 등록해야 한다.

상표권자의 허가를 받아 타인의 등록상표를 사용하는 자(피허가인)도 해당 상품의 품질을 보증해야 하고, 그 등록상표를 사용하는 상품에 피허가인의 명칭과 상품의 산지를 명시해야 한다. 타인의 등록상표를 사용하는 피허가인이 이를 위반할 경우, 시장감독관리부서는 기한을 정하여 시정을 명하고 피허가인이 기한 내에 시정하지 아니한 경우, 판매정지를 명하고, 판매를 정지하지 아니한 경우 과태료에 처한다.[119]

---

119 상표법실시조례 제71조.

[상표권 담보]

Q90.

상표권을 담보로 제공할 경우, 그 조건과 절차는 어떻게 되는가?

상표권도 재산권의 일종이므로 담보(질권)로 제공할 수 있다. 상표권의 질권이란 상표권자가 채무자 또는 담보제공자로서 본인이 보유하고 있는 등록상표를 관련법에 의해 채권으로 담보하는 것을 지칭하며, 채무자(상표권자)가 채무를 이행하지 않을 경우, 채권자는 법률의 규정에 따라 동 상표권을 경매, 판매 등의 방법에 따라 매각한 금액으로 우선 변제할 수 있다.

상표권을 담보로 제공하기 위해서는 ⅰ) 상표권이 유효한 등록상표이어야 하며, ⅱ) 상표권이 법에 의해 양도 가능하고 제한이 없어야 한다(예를 들어 법원에 의해 압류되어 있는 상표는 담보로 제공할 수 없다[120]).

상표권을 질물로 할 경우 질권설정자(상표권자)와 질권자는 서면으로 질권계약을 체결하고 상표국에 질권등기를 공동으로 신청해야 하며, 등기신청서류가 완비되고 관련 규정에 부합할 경우 상표국은 이를 수리하고 공고한다. 여기서 수리일이 곧 등기일이며, 담보계약은 등기일부터 효력이 발생한다.[121] 상표국은 등기일로부터 근무일 5일 이내에 쌍방 당사자에게 상표권 질권 등기증[122]을 발급한다.

---

120 专利法商标法实用问题版(法律出版社大众出版编委会编, 2016), p.121.
121 중국담보법 제79조.
122 상표권 질권 등기증의 기재 내용: 질권설정자와 질권자의 이름(성명), 질물 상표 등록번호, 담보대상의 채권 금액, 질권 등기 기한, 질권 등기 일자.

[상표권 침해행위 유형]

Q91.

타인의 상표권을 침해하는 행위는 어떠한 것인가?

▪ 상표법 제57조: 아래 행위 중 하나에 해당할 경우, 등록상표권 침해에 해당한다.

1. 상표권자의 허가 없이 동일한 상품에 등록상표와 동일한 상표를 사용하는 행위

2. 상표권자의 허가 없이 동일 또는 유사한 상품에 등록상표와 동일 또는 유사한 상표를 사용하여 오인·혼동을 초래하는 행위

3. 상표권을 침해한 상품을 판매하는 행위

4. 타인의 등록상표 표장을 위조하거나 무단으로 제작하는 행위, 또는 위조하거나 무단으로 제작된 등록상표 표장을 판매하는 행위

5. 상표권자의 동의 없이 상표권자의 등록상표를 변경하고, 변경한 상표를 부착한 상품을 유통시키는 행위

6. 고의로 타인의 상표권 침해행위를 위한 편의조건을 제공하여, 타인의

등록상표권을 침해하는 행위를 돕는 행위

7. 기타 타인의 상표권에 손해를 초래한 행위

■ 상표법 제64조: ② 등록상표권을 침해하는 상품인 것을 모르고 판매하였으나, 자신이 합법적으로 그 상품을 취득했음을 증명하고, 그 제공자를 설명할 수 있는 경우, 배상책임이 없다.

■ 상표법실시조례 제75조: 타인의 상표권 침해를 위하여, 창고저장·운송·우편·인쇄·은닉·영업장소·온라인상품거래장소 등을 제공하는 행위는 상표법 제57조 제6호 규정의 편리한 조건을 제공하는 것에 해당한다.

중국 상표법에서 규정하고 있는 상표권 침해행위를 살펴보면 다음과 같다.

(1) 상표권자의 허가 없이 동일한 상품에 등록상표와 동일한 상표를 사용하는 행위

(2) 상표권자의 허가 없이 동일 또는 유사한 상품에 등록상표와 동일 또는 유사한 상표를 사용하여 오인·혼동을 초래하는 행위

동일 또는 유사한 상품에 타인의 등록상표와 동일 또는 유사한 상표를 '상품의 명칭 또는 상품의 장식'으로 사용하여 관련 공중의 오인을 초래하는 경우도 상표권 침해행위를 구성한다.

(3) 상표권을 침해한 상품을 판매하는 행위

상표권을 침해한 상품을 판매하면 바로 침해행위를 구성한다. 그러나 상표권을 침해한 상품인 것을 모르고 판매한 자가 자신의 상품을 합법적으로 취득한 것을 증명하고 상품제공자를 설명할 수 있을 경우, 판매자는 배상책임이 없다.

상품을 판매하면서 상표권을 침해한 다른 상품을 끼워서 파는 행위도 일종의 상품 판매방식에 해당하므로 상표권 침해행위에 해당한다. 따라서 침해상품을 끼워팔기한 자는 침해행위를 정지할 책임이 있고 끼워팔기한 상품이 상표권을 침해한 상품이라는 것을 명백히 알았거나 중대한 과실로 알지 못한 경우에도 손해배상책임이 있다.[123]

(4) 타인의 등록상표 표장을 위조하거나 무단으로 제작하는 행위, 또는 위조하거나 무단으로 제작된 등록상표 표장을 판매하는 행위

중국은 상표의 위조·무단 제조를 막기 위해 ≪상표인쇄관리방법(商标印刷管理办法)≫이라는 별도의 규정을 두고 있다. 법에 따라 상표인쇄 제작업체를 선정하며 이에 대한 허가를 받지 않고 상표인쇄 제작업무에 종사할 수 없도록 하고 있으며, 만약 상표제작업체가 상표인쇄관리방법을 위반하여 상표를 제작하였다면 상표제작업체도 상표권 침해행위를 한 것으로 본다.

(5) 상표권자의 동의 없이 상표권자의 등록상표를 변경하고, 변경한 상표를 부착한 상품을 유통시키는 행위

이는 등록상표가 부착된 타인의 상품을 구매한 후, 상표권자의 동의를 얻지 않고 상품에 부착된 상표를 떼어내고, 자기의 상표를 부착하여 시장에 유통시키는 행위를 말한다.

---

123 북경시고급인민법원 상표민사분쟁사건심리에 관한 해답(北京市高级人民法院关于审理商标民事纠纷案件若干问题的解答) 제22조.

(6) 고의로 타인의 상표권 침해행위를 위한 편의조건을 제공하여, 타인의 등록상표권을 침해하는 행위를 돕는 행위

이러한 행위는 행위자가 타인의 상표권을 침해하는 행위라는 것을 알면서, 상표권 침해행위를 위한 창고저장·운송·우편·인쇄·은닉·영업장소·온라인상품거래장소 등의 편리한 조건을 제공하는 것을 말한다.

(7) 기타 타인의 상표권에 손해를 초래한 행위
여기에는 다음의 행위들이 해당된다.[124]

① 타인의 등록상표와 동일 또는 유사한 문자를 기업의 상호로 하여 동일 또는 유사한 상품에 특출하게 사용하여, 관련 공중으로 하여금 용이하게 오인을 초래하는 행위

② 타인이 등록한 저명상표 또는 그 주요부분을 복제, 모방, 번역한 후, 동일·유사하지 아니한 상품의 상표로 사용하여, 공중의 오인을 초래하고, 그 저명상표권자의 이익에 손해를 줄 가능성이 있는 행위

③ 타인의 등록상표와 동일 또는 유사한 문자를 도메인네임으로 등록한 후, 그 도메인네임을 통하여 해당 사이트에서 관련 상품을 판매하여, 관련 공중으로 하여금 용이하게 오인을 초래하는 행위

---

124 상표민사분쟁심리에 관한 해석(最高人民法院关于审理商标民事纠纷案件适用法律若干问题的解释) 제1조.

● 역혼동 이론을 적용하지 않고 상표침해를 부정한 사례[125] ●

[사건개요]

원고(진아환)는 제45류 커플매칭 서비스업, 결혼정보업체 등을 지정서비스업으로 하는 "非诚勿扰"(feichengwurao, 페이청우라오) 상표의 권리자로, 2009년 2월 16일에 해당 상표를 출원하여 2010년 9월 7일에 등록받았다. 원고는 피고 1(쟝쑤TV는 "非诚勿扰"라는 중국 내 유명한 커플성사 프로그램을 2010년 1월 15일부터 매주 토·일요일에 방영하는 방송사)의 프로그램 명칭과 피고 2가 제공하는 이성 소개 서비스업명이 등록상표와 동일하여 원고의 상표권을 침해한다는 이유로 선전시 난산구 인민법원에 상표침해 소송을 제기하였다.

非誠勿擾	
원고등록상표	피고 사용상표
제45류: 커플매칭서비스업, 결혼정보업체 등	제41류: TV프로그램

[법원판결]

(중급인민법원) 피고 1의 TV 프로그램의 인지도가 높아 일반대중은 원고의 서비스업과 피고 1의 서비스업이 연관 있다고 오인할 수 있어, 원고의 정상적인 상표 사용이 역혼동(反向混淆)에 의한 지장을 받을 수 있으므로 피고에게 상표침해중지를 선고하였다.

(고급인민법원) 등록상표의 지정서비스업은 제45류인 반면, 피고 1의 사용표지는 제41류로 지정서비스업이 다르고, 설령 양 당사자의 서비스업이 유사 영역에 속할지라도, 일반대중이 피고 1의 "非诚勿扰"는 장기간에 걸친 TV 방영과 홍보로 인하여 쟝쑤위성TV에서 방영한다는 사실을 알고 있으므로, 서비스업 출처에 대한 오인·혼동이 야기되지 않는다. 결국 피고 1의 "非诚勿扰"이 상표적 사용에는 해당하지만, 등록상표를 침해하지 않는다.

[시사점]

역혼동이론에 관해 중급인민법원은 피고의 후행사용상표가 주지·저명성을 획득하여 역혼동(反向混淆)으로 인해 등록상표의 정상적인 사용에 지장을 줄 수 있다고 판단한 반면, 고급인민법원은 설사 양 상표의 서비스업 영역이 유사할지라도 후행사용상표의 인지도가 높아 식별력이 발휘되므로 일반대중의 오인·혼동이 야기되지 않고 서비스업 출처에 대한 혼동가능성이 없다고 판시하여 역혼동 이론을 적용하지 않았다.

※ 역혼동(Reverse confusion)이란, 상표권자 내지 선행사용자가 있음에도 불구하고 후행사용자가 그 상표와 동일 또는 유사한 상표를 동일 또는 유사한 상품에 사용한 결과, 수요자들이 선행 상표사용자의 상품이나 서비스업의 출처를 오히려 후행사용자로 오인·혼동하게 되는 경우, 선행상표에 대한 상표침해에 해당한다는 것이다.

 판례로 배우는 중국상표실무 (10)

● 역혼동 이론을 적용하여 상표침해를 인정한 사례[126] ●

[사건개요]

원고(저우러룬 周乐伦)가 "新百伦" 상표를 출원하자 2007년 12월 미국 New Balance社는 모방상표라는 이유로 상표등록 이의를 제기하였으나, 2011년 7월 중국 상표국은 이를 기각하였다.

* 저우러룬(周乐伦)은 제25류 신발·의류 등을 지정상품으로 하는 "百伦"(바이룬), "新百伦"(신바이룬)의 상표권자

피고 1 신바이룬社(新百伦 公司)는 미국 New Balance社의 중국판매 법인으로, 중문 네이밍과 병기된 "新百伦 New Balance" 문구를 홍보 및 마케팅에 사용하였고, 피고 2 성스社(盛世公司)는 피고 1과 전문매장협의

---

125 IP-NAVI(국제지재권분쟁정보포털) IP Insight http://www.ip-navi.or.kr/board/boardList.navi

서를 체결한 뉴발란스 상품 판매업체로, "N", "NB", "New Balance" 상표
에 대한 사용권을 취득한 뒤 제품에 대한 판매와 홍보를 진행하였다. 이
에 대해 원고는 피고 1, 2가 원고의 허가 없이 "新百伦"을 사용하여 의류
및 신발을 판매하고 대외홍보를 진행하는 것은, 등록상표 "百伦", "新百
伦"에 대한 침해에 해당한다고 소를 제기하였다.

百 伦
新百伦
원고의 등록상표

vs

NEW BALANCE
피고 등록상표

[법원판결]
(1심) 피고 1, 2가 "新百伦"을 사용한 것은 기업명칭으로서가 아닌 "상표
적 사용"에 해당하여 원고의 "百伦", "新百伦" 상표권을 침해한 것이라고
판결하였다.
(2심) 등록상표 "百伦", "新百伦"에 대한 원고의 상표적 사용이 인정되고
원고의 "新百伦" 상표 출원은 악의적 선점으로 볼 수 없으며, 피고 1이
"新百伦"을 사용한 것은 기업명칭 선사용권·미등록상표 선사용권에 해
당하지 않고, 피고 1의 "新百伦" 사용행태로 보아 원고의 등록상표에 대
한 침해에 해당한다고 판시하였다.

[시사점]
미국 뉴발란스社의 중국판매 법인인 피고가 New Balance을 번역한 단
어로 "新百伦"을 사용한 것은 피고의 후행사용상표의 주지·저명성으로
인하여 일반대중이 원고의 선등록상표와 피고의 후행 사용상표가 연관
성이 있다고 오인·혼동할 수 있으므로, 역혼동 이론을 적용하여 피고의
상표침해를 인정하였다.

126 IP-NAVI(국제지재권분쟁정보포털) IP Insight http://www.ip-navi.or.kr/board/
boardList.navi

• 샤넬 모조품이 판매된 쇼핑몰에
상표권침해 연대책임을 인정한 사례[127] •

[사건개요]

원고 샤넬(CHANEL)社은 "CHANEL" 도형 상표와 문자 상표의 권리자이다. 광저우 패션 쇼핑몰社(피고 1)는 광저우의 상업지구인 텐허(天河) 지역에 대규모 쇼핑몰을 운영하는 업체이고, 후샤오친(胡小琴, 피고 2)은 피고 1의 매장에 입점하여 "카센니 가죽용품점(卡仙妮皮具店)"을 운영하는 개인사업자이다.

원고는 피고 2가 판매한 핸드백상의 "CHANEL" 표장은 원고의 문자 상표(제145865호) 및 도형상표(제793287호)에 대한 침해에 해당한다고 주장하면서, 피고 1과 피고 2를 상대로 광저우시 텐허구 인민법원에 소를 제기하였다.

원고 등록상표	
	제793287호 (1994년 2월 7일 출원, 1995년 11월 21일 등록) - 제18류: 가죽지갑, 머니클립, 서류가방, 핸드백, 백팩, 여행가방, 캐리어, 트렁크 등
CHANEL	제145865호 (1979년 8월 12일 출원, 1981년 4월 15일 등록) - 제18류: 지갑, 핸드백, 공문서 가방, 가죽지갑 등

[법원판결]

(1심) 광저우시 텐허구 인민법원은 피고 2의 모조품 판매행위는 원고의 상표권 침해에 해당하며, 피고 1은 쇼핑몰 운영자로서 이를 관리·감독할 의무가 있음에도 불구하고 이행하지 않았으므로, 피고 2와 함께 손해배상에 대한 연대책임이 있다고 판시하였다[(2015)穗天法知民初字第243号(2016년 1월 15일)].

(2심) 광저우시 지식재산법원은 피고 1이 피고 2와 체결한 《임대차계약

서》에 명시된 관리·교육의 의무를 다하지 않고, 피고 2에게 모조품 판매를 위한 경영 장소를 제공하였으므로, 연대책임을 인정한 원심판결을 유지한다고 판시하였다. 그 이유는 ⅰ) 피고 1이 피고 2와 체결한 임대차 계약서에 따르면, 피고 1은 상가들에게 경영 장소를 제공할 뿐만 아니라 "일관된 관리·법률제도 교육·직업도덕 교육·안전방화교육" 등의 의무가 있는데, 피고 1은 피고 2가 행정처벌을 받은 이후에 관리에 대한 의무를 이행하지 않음으로써 침해 재발을 방임한 책임이 있고, ⅱ) 피고 1은 모조품을 판매한 피고 2에게 경영 장소를 제공하였는데, 이는 중국 상표법 실시조례 제75조가 규정하는 상표 침해 행위에 대한 "편의조건 제공"에 해당하므로, 연대책임을 지는 것이 마땅하다고 하였다[(2016)粤73民终530号(2016년 9월 19일)].

[시사점]
본 사안은 직·간접 침해행위가 아니더라도 "방임"으로 인한 침해행위까지 엄격하게 단속함으로써, 지식재산권 보호에 힘쓰는 중국의 의지를 나타낸 것으로 보인다.

Q92.

동일 또는 유사한 상품에 타인이 등록상표와 동일 또는 유사한 상표를 사용한 행위가 상표권 침해를 구성하지 않는 경우는 어떠한가?

■ 상표법 제59조: ① 등록상표에 포함된 그 상품의 보통명칭·도형·형식번호 또는 그 상품을 직접적으로 표시한 품질·주요원료·기능·용도·중량·수량 및 기타 특징, 또는 포함된 지명에 대해서, 등록상표권자는 타인의 정당한 사용을 금지할 권리가 없다.
② 입체상표에 포함된 상품 자체의 성질로 인한 형상·기술효과를 얻기

---

127 IP-NAVI(국제지재권분쟁정보포털) IP Isight http://www.ip-navi.or.kr/board/boardList.navi

위하여 필요한 상품형상 또는 상품의 실질적 가치를 구비하도록 하는 형상에 대해서, 등록상표권자는 타인의 정당한 사용을 금지할 권리가 없다. ③ 상표권자가 상표출원 전에, 타인이 동일 유사한 상품에 상표권자보다 먼저 등록상표와 동일 또는 유사하고 일정한 영향력이 있는 상표를 사용한 경우, 등록상표권자는 그 사용자가 원사용의 범위 내에서 그 상표를 계속 사용하는 것을 금지할 권리가 없으나, 사용자에게 적당한 구별표지를 부가할 것을 요구할 수 있다.

상표법의 등록상표에 대한 보호는 절대적이 아닌 상대적인 것으로, 등록상표와 동일 또는 유사한 표장을 사용했다고 해서 반드시 상표권 침해에 해당된다고 할 수는 없다. 어떤 상황하에서는 타인이 등록상표와 동일 또는 유사한 표장을 사용하였으나 상표권을 침해할 고의가 없고, 객관적으로 관련 공중의 오인·혼동을 초래하지 않을 경우, 상표권 침해로 볼 수 없다.

상표의 합리적인 사용, 상표권 소진 및 선사용 등의 상황에서는 동일 또는 유사한 상품에 타인의 등록상표와 동일 또는 유사한 상표를 사용하는 행위를 금지하지 않는다.

(1) 상표의 합리적 사용

상표의 합리적인 사용이란, 상표권자 외의 타인이 합리적인 목적과 이유로 상표권자의 허락 없이 해당 등록상표를 사용하더라도 침해를 구성하지 않음을 의미하는데 이러한 행위가 침해를 구성하지 않기 위해서는 다음과 같은 조건을 만족시켜야 한다.

① 상표사용인은 주관적 선의를 기반으로 사용하여야 하고, 타인의 상업상의 명성을 이용하거나 관련 공중의 오인·혼동

을 초래할 목적으로 사용하지 않아야 한다.

② 객관적으로 상품의 특징 또는 상품의 기능을 설명하는 용도로 사용되어야 한다.

③ 결과적으로 소비자들의 상품출처에 대한 오인·혼동을 초래하지 말아야 하는 조건이 있다.

이러한 합리적 사용에 대한 상표법에 규정된 것을 보면,

① 등록상표에 포함된 그 상품의 보통명칭·도형·형식번호 또는 그 상품을 직접적으로 표시한 품질·주요원료·기능·용도·중량·수량 및 기타 특징, 또는 포함된 지명에 대해서, 상표권자는 타인의 정당한 사용을 금지할 권리가 없다.

② 입체상표에 포함된 상품 자체의 성질로 인한 형상·기술효과를 얻기 위하여 필요한 상품형상 또는 상품의 실질적 가치를 구비하도록 하는 형상에 대해서, 상표권자는 타인의 정당한 사용을 금지할 권리가 없다.

다음의 경우에도 합리적 사용으로서 상표권 침해에 해당하지 않는다.

① 상품을 판매할 때 출처·용도 등을 설명하기 위하여 필요한 범위 내에서 타인의 등록상표 표장을 사용하는 경우, ② 타인의 등록상표와 동일 또는 유사한 자신의 기업명칭 또는 그 상호를 규범적으로 사용하는 경우, ③ 타인의 등록상표와 동일 또는 유사한 자신이 소재하는 지명을 사용하는 경우, ④ 기타 등록상표를 정당하게 사용하는 경우 등이다.[128]

(2) 상표권 소진

상표권의 소진이란, 상표권자가 등록상표를 사용한 상품을 처음으로 시장에 투입하여 타인에게 판매한 경우, 해당 타인이 구매한 상품을 기타 소비자에게 판매하거나 다른 방식으로 제공하는 경우 상표권자는 이를 저지하지 못함을 의미한다.

상표권 소진이 상표권 침해를 구성하지 않는 이유는,

첫째, 합법적으로 등록 상표를 사용한 상품이 팔린 후에는, 구매자는 그 제품의 소유권을 얻은 것이어서, 물권법의 원리에 따라 구매자는 사용권과 처분권을 누리며, 이 제품을 재판매할 권리도 있다. 만약 구매자가 해당 상품의 재판매와 사용에 있어 모두 상표등록자의 허가를 받아야 한다면 정상적인 경제질서와 자유무역에 장애가 될 것이기 때문이다.

둘째, 상표등록자가 스스로 사용하거나 상표등록자의 허가를 받아 등록상표를 사용한 상품을 판매한 이후에는, 권리자는 이미 이득을 본 것이고 권리자의 권리는 이미 실현된 것으로, 권리자는 동일한 상품에 중복해서 권리를 가질 수는 없기 때문이다.

(3) 상표의 선사용

상표의 선사용이란 등록상표 출원일 전에 타인이 동일 또는 유사한 상품에 등록상표와 동일 또는 유사한 상표가 이미 사용되었고 일정한 영향력을 가지고 있음을 의미하는 것으로, 이러한 경우 상표권자는 원래의 사용범위 내에서의 사용을 금지할 권리가 없다.

---

128 북경시고급인민법원 상표민사분쟁사건심리에 관한 해답(北京市高級人民法院关于审理商标民事纠纷案件若干问题的解答) 제27조.

판례로 배우는 중국상표실무 (12)

● 상징적 사용에 해당되어 상표사용행위로 보지 않은 사례 ●

[사건개요]

등록상표 "DA QIAO"에 대한 불사용취소신청에 대해 상표권자는 상표 사용의 증거로 아래 자료를 제출하였다.

① 분쟁상표 허가사용계약 및 접수통지서.

② 분쟁상표의 피허가사용자와 소외인(案外人)이 체결한 위탁가공계약 및 발급일자가 2006년 9월 1일인 판매영수증 1부(금액 1,800위안).

③ 2006년 8월 21일자 〈후저우일보(湖州日報)〉에 실린 광고 1편 및 이에 대응하는 영수증

④ 소송분쟁상표 사용 라벨, 상품사진 등

	상표등록 제1240054호 지정상품: 비금속건축물 도료 안건이 연루된 3년의 기간: 2003년 11월 16일~ 　　　　　　　　　　　　　　　　2006년 11월 15일

[베이징시 고급인민법원 판결]

상표의 사용은 진실성 있는 사용이어야 하며, 등록유지를 목적으로만, 또는 이를 주목적으로 하는 상징적인 상표 사용행위에 대해 상표법 의미 상의 상표 사용으로 간주해서는 아니 된다.

본 안건의 분쟁상표는 3년간 1,800위안의 매출액을 기록하는 데 그쳤으며, 1회뿐이었던 광고행위도 전국 발행량이 많지 않은 〈후저우일보〉에만 게재하였고, 이러한 광고 및 판매행위는 모두 안건에 연루된 3년의 기간 후반기에 발생한 것이다. 그러므로 분쟁상표의 사용은 〈상표법〉 관련 규정을 회피하고 그 등록효력 유지를 목적으로 한 상징적인 사용행 위이지 진실된 상업적 목적에서 나온 상표사용행위로 볼 수 없다[(2010) 高行终字第294号].

판례로 배우는 중국상표실무 (13)

● 합리적 상표사용이 아니어서 상표권침해행위로 본 사례 ●

[사건개요]

피고(구이저우융흥식품유한회사)는 원고(구이양난밍라오간마풍미식품 유한책임회사)가 보유한 등록상표 '라오간마(老干妈)'를 원고의 동의 없이 자사가 제조, 판매한 니우로어방(牛肉棒) 제품에 부착하였고, 이에 원고는 피고가 원고의 합법적 권익을 손상시키고, 라오간마 저명상표의 명성에 악영향을 끼쳤으므로 침해행위 중지 및 300만 위안 손해배상을 청구하는 소를 제기하였다. 이에 대해 피고는 이 제품의 상표는 '뉴터우 파이(牛头牌)'이며, '라오간마 맛(老干妈味)'은 그저 제품 맛을 묘사한 것에 불과하여 '老干妈' 글자는 상표적 사용에 해당되지 않으며, 상표권침해에 해당되지도 않는다고 주장하였다.

VS

원고
등록상표: 제2021191호 라오간마
(老干妈)
지정상품: 제30류의 고추장, 고추기름 등 장기간 사용 및 홍보를 통해
이미 저명 상표로 인정됨

피고 사용상표

[법원판결]

피고가 '老干妈' 글자를 사용하는 것이 상표 사용에 해당되는지의 여부와 관련하여, 피고는 원고의 저명 상표를 자사 니우로우방(牛肉棒) 제품

의 시리즈 명칭으로 삼아 자사 제품을 묘사했기 때문에, 소비자로 하여금 관련 제품이 원고와 모종의 연관성이 있다고 오인하도록 할 수 있으며, 피고가 '라오간마 맛'을 제품의 맛으로 표현함으로써 저명 상표의 식별력을 약화시키고, 저명 상표와 원고인 구이양라오간마社 간의 유일한 대응관계를 약화시키는 행위에 해당하고, 또한 원고의 저명상표의 보통명칭화를 가져올 가능성이 있다.

이러한 상표사용행위로 말미암아 소비자로 하여금 피고의 제품과 원고인 구이양라오간마社 간에 부적절한 연관성을 갖도록 유발하기 쉬우며 '라오간마' 상표가 가지고 있는 상업상의 신용과 명예를 관련 제품에 투영시킬 수 있다. 따라서 피고의 상표사용행위는 합리적인 사용의 범주에 해당하지 않고 상표권침해행위에 해당된다[북경지식재산법원(2017 京民終55호)].

판례로 배우는 중국상표실무 (14)

• "협력관계" 여부로 상표침해 및 부정경쟁 여부를 판단한 사례[129] •

[사건개요]

피고 디얼쟈(蒂尔佳)社는 2009년 11월 24일부터 2011년 3월 4일까지 원고 해브앤비社(Have&Be Co., Ltd.)의 상표사용허가를 바탕으로 판매상으로 활동하면서, 도메인의 웹사이트에서 Dr.Jart+ 화장품을 판매하였다. 2011년 3월 4일 이후, 더 이상 원고로부터의 제품공급은 없었으나, 피고는 여전히 해당 웹사이트에서 "Dr.Jart+" 상표를 이용하여 브랜드를 홍보하고 제품을 판매하였다. 이에 원고는 피고의 행위가 상표권침해 및 부정경쟁행위에 해당한다고 주장하며 선양(沈阳)시 중급인민법원에 소를 제기하였다.

---

129 IP-NAVI(국제지재권분쟁정보포털) IP Insight http://www.ip-navi.or.kr/board/boardList.navi

〈원고 등록상표〉

Dr.Jart+

蒂佳婷

제6604556호 (2008년 3월 19일 출원, 2010년 7월 7일 등록)
- 제3류: 화장품 등

제9730313호 (2012년 7월 18일 출원, 2012년 8월 28일 등록)
- 제3류: 화장품 등

[법원판결]

피고가 "Dr.Jart+" 표장의 제품을 판매한 행위는 상표권 침해에 해당하지만, 중국 계약법 제94조와 제96조에 따르면 양사의 협력관계(合作关系)가 종결되었다고 볼 수 없기 때문에 피고가 웹사이트에 "Dr.Jart+" 상표를 사용한 것은 정당한 사용에 해당하며, 이는 원고의 상표권을 침해하지 않고 부정경쟁행위에도 해당하지 않는다고 판단하였다[(2015)辽民三终字第97号)(2015년 9월 2일)].

[시사점]

본 사건에서 고급인민법원은 비록 양사의 계약기간이 만료되었으나 계약법(合同法) 제96조가 규정한 당사자 일방의 '서면통지'가 없었다는 이유로 양사의 협력관계가 여전히 종결되지 않은 상태라고 판단하였다. 중국 계약법은 우리나라와는 달리 계약기간이 만료되면 당사자 일방이 서면으로 계약종결을 통지해야 한다는 규정을 두고 있다.

이는 우리나라 법률에는 없는 명문 조항으로, 통상적으로 계약기간 만료와 함께 계약관계가 종결되는 환경에 익숙한 우리 기업이 흔히 간과할 수 있는 부분이기도 하다

이는 곧 우리 기업이 중국에서 협력사와 비즈니스를 진행할 경우, 계약서상에 계약조건에 대한 상세한 내용을 기입하여 보호받을 수 있는 권리 범위를 명확히 하는 한편, 계약기간 만료 후에는 반드시 서면통지로 계약관계 종결을 통보하여야 당사자에게 불리하게 작용할 수 있는 경우를 방지할 수 있음을 의미한다.

Case로 알아보기

만약에 갑회사가 2012년 1월 1일 자기가 생산하는 우유에 '쁘쁘'(lanlan) 이라는 상표를 등록받았고, 2015년 10월 1일 동일지역에서 요플레(酸奶)를 판매하는 을회사가 '쁘쁘'이라는 상호를 등록하고 대대적으로 선전하여 사용함으로써, 일반공중에게 오인을 일으키고 있다. 을회사의 행위는 갑회사의 상표권 침해인가?[130]

→ 상표권 침해이다. 을회사는 동종의 상품과, 동일 지역 내에서 갑회사의 등록상표를 상호로 사용하고 있기 때문에, 을회사의 행위는 갑회사의 등록상표권을 침해하는 것이다.

〈최고인민법원의 상표민사분쟁사건 적용법률의 몇 가지 문제에 관한 해석〉 제1조에서는 등록상표권의 침해를 규정하고 있는 상표법 제57조 제7호의 "타인의 등록상표권에 기타 손해를 입히는 행위"에 대해 설명하고 있다. 즉, 타인의 등록상표와 동일 유사한 문자를 기업의 상호로 동일 유사한 상품에 사용하는 것은 일반공중에게 오인·혼동을 쉽게 일으키는 것으로 상표권 침해행위로 보고 있다. 따라서 을회사의 행위는 등록상표권을 침해하는 것이며, 갑회사는 기업명칭 등록을 주관하는 기관에 을회사의 상호에 대해 취소를 신청할 수 있다.

Q93.

OEM(주문자 상표부착 생산)방식에 따른 생산이 상표권침해에 해당하는가?

OEM(Original Equipment Manufacturer)은 국제무역에서 점진적으로 형성되고 있는 하나의 협력방식으로, 중국 상표법에는 이에

---

130 专利法商标法实用问题版(法律出版社大众出版编委会编, 2016), p.125.

대한 명확한 규정이 없다. 통상 OEM은 중국 내 업체가 해외상표권자나 상표사용권자의 위탁을 받아, 그들의 요구에 따라 제품을 가공하고 해외위탁자가 제공한 상표를 부착해, 최종적으로 모든 상품을 역외위탁자에서 납품하는 것으로 중국 국내에서는 판매하지 않는 생산가공방식이다.

해외위탁자가 중국 국내 업체에 OEM 방식으로 생산을 의뢰할 경우 상표권 침해행위에 해당하는지에 대해서는 여러 가지 견해가 있으며, 판례 또한 개별사건에 따라 다른 견해를 보이고 있다.

OEM방식의 생산이 상표권 침해행위에 해당하는지에 대한 판례를 분석한 "OEM사법인정 109개 사례"를 보면, 최근 15년간 109건의 OEM 관련 판결 중 대부분(80건)이 상표권 침해를 구성하지 않는다는 것이었다.[131] 초창기(약 2002~2005년)에, 법원은 상표법의 침해조항을 기계적으로 적용하여 OEM 생산방식이 상표권 침해를 구성한다고 인정한 판례가 많았으나. 중기 이후에는(약 2006 이후) 실질적 정의를 중시하기 시작하여 OEM 생산방식이 상표권 침해가 되지 않는다고 보았으며, 그 이유는 OEM방식이 소비자 오인·혼동을 초래하지 않는다는 것이었다. 최근의 최고인민법원 판결을 보면, OEM 방식이 상표법상의 상표사용행위로 보기 어려워 상표권 침해를 구성하지 않는 것으로 판단하고 있다.

한편, 최고인민법원은 2009년 4월 21일 「오늘 경제정세하의 지

---

131 중국지식재산잡지 "OEM사건의 사법인정"(2018.7.26.)

	침해사건	행정사건
침해/상표사용에 해당	15건	14건
비침해/상표사용에 해당 않음	75건	5건
합계	90건	19건

식재산권 심판업무의 약간의 문제에 관한 의견[关于当前经济形势下 知识产权审判服务大局若干问题的意见(法发(2009)23号)]」을 제정·공포 하였는데, 이 의견 제18조는 주문자 상표부착 생산(贴牌加工)에서 많이 발생하는 상표권 침해문제를 합리적으로 처리하기 위해서는, 생산자가 필요한 심사주의 의무를 다했는지를 고려하여 상표권 침 해책임을 합리적으로 확정해야 한다고 규정했다.[132]

판례로 배우는 중국상표실무 (15)

● OEM 판매방식의 상표권 침해여부에 대한 판례의 변화 ●

① 침해인정: 나이키 사건(심천시 중급인민법원. 2002.12.10. 판결)

[사건배경]
피고소인 스페인 CIDESPORT사는 원고의 허가 없이 상업적 목적으로 중국 내에서 나이키 상표의 스키 점퍼를 제조·수출하였고, 피고(저장 성축산수출입회사)는 원고의 허가 없이 스페인 CIDESPORT사의 위탁을 받았다. 이에 원고가 피고의 행위가 자신의 상표권을 침해했다면서 소송 을 제기하였다.

[판결내용]
원고가 중국에서 NIKE 상표권을 가지고 있는 상황에서 피고가 원고의 허락 없이 어떤 방식으로든 상표권자에게 손해를 끼쳐서는 안 된다. 피 고들은 본 사건의 권리침해 행위 중 의미 있는 연락들을 취했고, 분명한 분업들이 이루어지고 있어 공동으로 하나의 완전한 행위를 구성하였으 므로, 그들의 행위는 고소인의 나이키 등록상표 전용권을 침해했다고 인 정해야 한다.

---

132 중국상표법(정덕배, 북랩, 2018), p.340.

② 침해불인정: 크로커다일 사건(광동성 고급법원, 2011.12.16. 판결)

[사건배경]

원고인 홍콩 크로커다일사는 중국 CROCODILE 상표의 상표권자이며, 피고(타이산 의류)는 의류와 의류 세탁세제 생산자로 생산 제품의 90%는 해외로 수출하고 있다.

피고는 일본 Kurado사의 의뢰를 받고 Yamato사의 Crocodile 및 악어도안 상표를 부착한 남성용 셔츠를 생산, 일본으로 수출하였으며, 이에 크로커다일사는 피고의 수출제품에 사용된 상표가 원고의 상표권을 침해한 행위라고 주장하며 법원에 소송을 제기하였고, 1심은 피고가 원고의 상표권을 침해했다고 판단하였다.

[2심 판결]

피고(타이산의류사)는 일본 상표권자인 Yamato사의 의뢰를 받아 제품을 생산하였으며 내수 없이 전부 해외로 수출하고 있고, 원고 크로커다일사의 "CROCODOLE" 상표와 침해혐의 상표 "Crocodile" 상표는 도형의 외관 디자인에서 차이가 있다. 또한 피고는 단지 위탁가공을 받았을 뿐, 고의적으로 원고 크로커다일의 상표를 침해한 행위는 없고, 타이산 의류사에서 생산한 제품은 모두 해외로 수출하였으므로, 중국 국내 소비자들로 하여금 크로커다일의 제품과 혼동을 일으킬 염려는 없을 것으로 보인다. 또한 크로커다일의 매출에 아무런 영향을 미치지 않을 것으로, 두 상표는 서로 구별이 가능하기에 침해가 존재하지 않는다고 판단하였다.

[시사점]

OEM 생산으로 인한 국제브랜드의 위조품 생산판매를 방지하기 위해서는 생산 업체는 OEM 생산 의뢰를 받을 때 주문자의 사업자등록증, 상표출원등록현황 등을 사전에 검토해야 하고, 생산의뢰를 받은 제조업체는 OEM 방식으로 생산한 제품을 전부 해외로 수출해야 하며, 주문자의 허락 없이 내수판매를 진행한 행위에 대해서는 상표권 침해행위로 인정되고 처벌을 받게 된다.

③ 침해불인정: pretul 사건(최고인민법원, 2015.11.26. 판결)

[사건 배경]

중국 A 회사는 「Pretual」이라는 상표의 권리자로 세관에 지식재산권 보호를 요청하였다. 중국 B 회사는 멕시코 기업으로부터 자물쇠 생산을 위탁받고 멕시코에 등록되어 있는 「Pretual」 상표를 부착하여 해당 상품을 전량 멕시코로 수출하는 OEM 기업이다. B 회사는 세관을 통해 자물쇠의 수출을 시도하였으나, A 회사가 세관에 등록한 지식재산권 보호요청에 근거하여, B 회사의 수출이 불발되었고 세관은 해당 물품들을 압수하기에 이르렀다. 이에 A 회사는 B 회사가 자신의 허가 없이 「Pretual」 상표를 부착한 자물쇠 상품을 생산·판매한 행위는 상표권 침해라고 주장하여 소를 제기하였으며, B 회사는 이에 대해 해당 상품은 전량 멕시코로 수출하여 실제로 중국에서는 판매되지 않고, 중국 소비자의 오인·혼동을 초래하지 않으므로 상표권 침해가 아니라고 주장하였다.

이에 대하여 1심과 2심은 B 회사가 A 회사의 상표권을 침해한 것이라고 판단하였으나, B 회사는 이에 불복하여 중국 최고인민법원에 재심을 신청하였다.

[최고인민법원 판결 요지]

B 회사의 행위는 ① 해당 상품이 전량 해외로 수출되고, ② 중국 내에서는 식별 기능을 갖지 않으며, ③ 중국 소비자의 오인 및 혼동을 초래할 여지가 없어, 「Pretual」 상표 사용은 OEM 방식으로 생산되는 상품에 단지 물리적으로 상표를 부착하는 행위에 불과하여, 상표권 침해에 해당하지 않는다고 판결하였다.

[시사점]

수출을 목적으로 하는 OEM 제품에 중국 상표권자가 등록한 상표를 사용하는 행위가 상표권 침해에 해당하는지 여부에 대하여 각 법원의 일관되지 않은 판결에 따라 논쟁이 지속되어 왔는데, 최고인민법원의 판결은 주문자상표부착생산(OEM) 방식 상품에 대한 상표권 침해를 인정하는 기준을 명시한 판결이라고 할 수 있다.

제9장

상표권 침해행위에 대한 행정적 보호방안

[이중적 보호]

Q94.

상표권 침해행위에 대한 이중적 보호란 어떤 것인가?

■ 상표법 제60조: ① 이 법 제57조 규정에 열거된 등록상표권을 침해하는 행위 중의 하나에 해당하여 분쟁이 발생한 경우, 당사자는 협상으로 해결하고, 협상을 원하지 아니하거나 협상이 성립하지 아니할 경우, 상표권자 또는 이해관계인은 인민법원에 소를 제기할 수 있고, 공상행정관리부서에 처리를 청구할 수 있다.

중국 상표권 보호의 특징 중의 하나가 바로 행정보호와 사법보호의 '이중적인(双轨) 보호'이다. 예컨대, 등록상표권의 침해행위가 있을 때 직접 법원의 소송절차를 거쳐 침해자를 기소하거나 관련 시장감독관리기관에 청구하여 침해자에 대해 행정제재를 할 수 있으며 동시에 두 가지 보호를 함께 받을 수도 있다.

상표권의 침해를 받게 되면, 우선 침해자와 협상을 진행하고, 상대방이 협상을 원하지 않거나 협상이 결렬된 경우, 침해를 당한 자는 행정기관이나 사법기관에 권리보호를 요청할 수 있다.

사법적 보호는 보호범위가 넓고 침해자에 대한 처벌정도가 엄한 반면, 판결까지의 시간이 오래 걸리고, 많은 비용이 소요되며, 절차가 복잡하다는 등의 단점이 있다. 행정적 보호는 심리, 결정, 단속에 이르기까지 절차가 간단하여 시간이 짧고 비용이 저렴하다는 장점과 아울러, 권리자나 소비자의 고소가 없어도 행정기관이 침해 사실을 발견하게 되면 그에 상응하는 행정조치를 취하게 되고, 침해행위의 즉시중지 명령, 침해상품의 몰수, 폐기 등의 다양한 조치를 취할 수 있다. 그러나 행정보호의 경우 그 보호가 철저하지 못하다는 단점이 있다.

[시장감독관리기관을 통한 행정보호]

Q95.

행정단속을 신청할 경우 사전에 준비할 것과 유의해야 할 사항은?

권리자가 상표권 침해 행위를 발견했을 경우, 침해 행위지의 현급(县级) 이상의 시장감독관리기관에 신고하여 침해행위 단속을 신청할 수 있다.

중국의 시장감독관리기관은 아래의 4단계로 구분된다.

(1) 국가시장감독관리총국
(2) 성(省), 직할시, 자치구급 시장감독관리국
(3) 시급(市级) 시장감독관리국
(4) 현급(县级) 시장감독관리국

상표권 침해행위에 대한 처리는 시급(市级)및 현급(县级) 시장감독관리국에서 주로 담당하고 있다. 상표권 침해행위 발견 시, 신고자는 관할권이 있는 시급(市级) 시장감독관리국 혹은 구(区)의 분국(分局) 및 현급(县级) 시장감독관리국에 신청하면 된다.
국가시장감독관리총국과 성급 시장감독관리국은 직접 구체적인 사건을 처리하지는 않고 하급 기관의 처리업무를 지도·감독하고 협조하는 역할을 한다.

상표권 침해에 대한 고발할 수 있는 자는 상표권자 및 이해관계인이다. 이해관계인은 주로 상표권자와 사용권 계약을 맺은 사용권자이거나, 상표권자의 권리 승계인을 말한다. 외국인 또는 외국기업이 중국에서 상표권 침해 고발 사건을 처리할 경우 반드시 상표대리 자격을 갖춘 기관에 의뢰하여 대행시켜야 한다.

시장감독관리기관에 신고하기 전에 상표권자 등은 침해를 입증할 수 있는 침해 증거를 주도적으로 조사 수집하는 것이 필요하다. 특히 행정단속업무의 효율성을 위해서, 침해제품의 생산공장, 침해제품을 생산하는 업체의 창고 등에 대한 증거를 수집하는 것이 중요하다.[133] 이러한 증거조사를 함에 있어서 유의해야 할 점은 중

---

133 商标实务指南(张锐主编, 法律出版社, 2017), p.167.

거확보의 적법성이다. 따라서 아래의 같은 상황에 의해 수집된 증거는 원칙적으로 판결의 근거로 활용할 수 없다.[134]

① 법적 절차를 심각하게 위반하면서 수집한 증거자료
② 몰래 촬영, 몰래 녹음, 도청 등의 수단으로 타인의 합법적인 이익을 침해하면서 확보한 증거자료
③ 회유, 사기, 협박, 폭력 등 부정당한 수단으로 확보한 증거자료
④ 법률상의 금지 규정을 위반했거나 타인의 합법적 이익을 침해하는 방법으로 확보한 증거 등

따라서 신고인은 적법한 절차에 의해 침해자를 방문하여 조사하는 것이 필요하며, 상황에 따라서는 전문 조사인원을 파견하여 권리침해 여부를 조사할 수 있다.

---

134 행정소송증거에 관한 규정(最高人民法院关于行政诉讼证据若干问题的规定)
    제57조, 제58조.

시장감독관리기관의 조사흐름도[135]

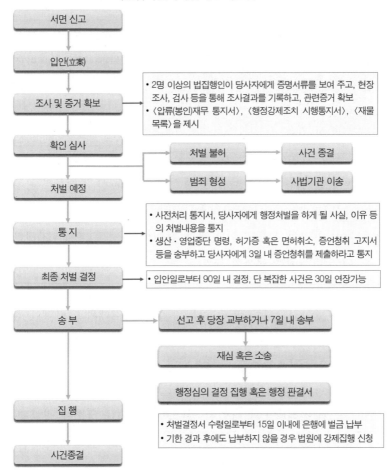

서면 신고

입안(立案)

조사 및 증거 확보
- 2명 이상의 법집행인이 당사자에게 증명서류를 보여 주고, 현장 조사, 검사 등을 통해 조사결과를 기록하고, 관련증거 확보
- 〈압류(봉인)재무 통지서〉, 〈행정강제조치 시행통지서〉, 〈재물 목록〉을 제시

확인 심사

처벌 불허 → 사건 종결

범죄 형성 → 사법기관 이송

처벌 예정

통지
- 사전처리 통지서, 당사자에게 행정처벌을 하게 될 사실, 이유 등의 처벌내용을 통지
- 생산·영업중단 명령, 허가증 혹은 면허취소, 증언청취 고지서 등을 송부하고 당사자에게 3일 내 증언청취를 제출하라고 통지

최종 처벌 결정
- 입안일로부터 90일 내 결정, 단 복잡한 사건은 30일 연장가능

송부 → 선고 후 당장 교부하거나 7일 내 송부

재심 혹은 소송

행정심의 결정 집행 혹은 행정 판결서

집행
- 처벌결정서 수령일로부터 15일 이내에 은행에 벌금 납부
- 기한 경과 후에도 납부하지 않을 경우 법원에 강제집행 신청

사건종결

---

135 商标实务指南(张锐主编, 法律出版社, 2017), p.175.

시장감독관리기관이 신고를 접수한 후의 업무처리절차는 다음과 같다.

(1) 입 안

시장감독관리기관은 신고, 고발, 이송, 상급기관에서 인계시킨 자료를 수령한 날부터 7일 이내에 확인조사를 하고 입안 여부를 결정해야 한다. 특별한 상황이 있을 경우, 15일까지 이를 연장하여 입안여부를 결정할 수 있다.[136]

(2) 조사 및 심문

입안 이후 사건처리담당자(최소 2인 이상)는 즉시 조사하여 증거를 수집하고, 필요 시 침해현장에서 검사를 진행할 수 있다. 시장감독관리기관이 이미 취득한 위법행위에 대한 증거 또는 제보에 근거하여, 타인의 상표권을 침해한 혐의에 대하여 조사·처리할 경우, 다음의 직권을 행사할 수 있다.

① 관련 당사자를 심문하고, 타인의 상표권 침해와 관련한 상황 조사
② 당사자의 침해활동과 관련된 계약·영수증·장부 및 기타 관련 자료의 열람·복사
③ 상표권 침해활동과 관련이 있다고 의심되는 장소에 대한 현장검사 실시
④ 권리침해 활동과 관련된 물품의 검사

---

136 행정처벌절차규정(工商行政管理机关行政处罚程序规定) 제17조.

⑤ 상표권을 침해했다고 입증할 수 있는 증거가 있는 물품에 대한 압류

(3) 고 지

시장감독관리기관이 상표권 침해의 단속신고에 대한 단속결과, 당사자에게 행정처벌을 내릴 경우, 그 당사자에게 행정처벌을 내릴 예정인 사실·이유·처벌내용 등을 고지하고, 이에 대해 법에 의해 진술하거나 변호할 권리가 있음을 고지해야 한다.

(4) 행정처리 결정

상표법과 관련 규정에 근거하여, 시장감독관리기관은 단속 등을 통해 침해가 인정될 경우, 침해행위 즉시 중지명령 등의 행정처리를 결정할 수 있다.

(5) 처벌결정의 집행

시장감독관리기관이 침해 당사자에게 과태료나 위법한 소득의 몰수처벌을 결정했을 경우, 당사자는 처벌결정서 수령일로부터 15일 내에 지정된 은행에 과태료 또는 몰수금액을 납부해야 한다.

침해행위 성립 시에 시장감독관리기관은 어떤 행정처벌을 내릴 수 있는가? 그리고 당사자는 이에 어떻게 대응할 수 있는가?

■ 상표법 제60조: ② 공상행정관리부서는 처리 시 침해행위의 성립이 인정될 경우, 침해행위의 즉시 정지를 명령하고, 침해상품과 침해상품을 제조하거나 등록상표의 표지를 위조하는 데 전문적으로 사용된 도구를 몰수 또는 폐기처분하고, 위법 경영액이 5만 위안 이상인 경우 위법경영액의 5배 이하의 과태료 처분을 할 수 있으며, 위법경영액이 없거나 위법경영액이 5만 위안 미만인 경우 25만 위안 이하의 과태료 처분을 할 수 있다. 5년 이내에 2회 이상의 상표권 침해행위를 실시했거나 기타 엄중한 상황이 있는 경우, 엄하게 처벌해야 한다. 등록상표권을 침해한 상품인 것을 모르고 판매하였으나, 자신이 합법적으로 그 상품을 취득했음을 증명하고 그 제공자를 설명할 수 있는 경우, 공상행정관리부서는 판매정지를 명령한다.

③ 상표권 침해배상액의 분쟁에 대하여, 당사자는 사건처리를 진행한 공상행정관리부서에 조정을 청구할 수 있고, 민사소송법에 의하여 인민법원에 소를 제기할 수도 있다. 공상행정관리부서의 조정을 거쳐, 당사자의 협의가 성립하지 아니하거나 또는 조정서의 효력이 발생한 후 이행하지 아니할 경우, 당사자는 민사소송법에 의하여 인민법원에 소를 제기할 수 있다.

상표법과 관련 규정에 근거하여, 시장감독관리기관은 단속 등을 통해 침해가 인정될 경우 다음과 같은 행정처리를 결정할 수 있다.

① 침해행위 즉시 중지 명령
② 권리침해 상품의 몰수, 폐기, 그리고 권리침해 상품이나 등록 상표 표장의 위조에 전문적으로 사용되는 도구의 몰수, 폐기

③ 권리침해 상표 로고(표장)를 몰수 및 폐기

④ 상표권 침해에 전문적으로 사용되는 금형판, 인쇄판과 기타 범죄 도구 몰수

⑤ 과태료 부과, 위법 경영금액이 5만 위안 이상일 경우 위법 경영금액 5배 미만의 과태료를 부과하고, 위법 경영금액이 없거나 또는 위법 경영금액이 5만 위안 미만일 경우 25만 위안 미만의 과태료를 부과한다. 다만, 5년 이내 2번 이상 상표권 침해행위를 했거나 또는 기타 심각한 상황이 있을 경우, 더 엄중하게 처벌해야 한다.

위법경영액을 계산할 경우는 다음 사항을 고려하여야 한다.[137] ① 권리침해상품의 판매가격, ② 판매하지 아니한 권리침해상품의 표시가격, ③ 조사된 권리침해상품의 실제 판매된 평균가격, ④ 권리를 침해받은 상품의 시장 중간가격, ⑤ 침해자가 침해행위로 얻은 영업수익, ⑥ 기타 권리침해상품의 가치를 합리적으로 계산할 수 있는 기타 요소.

주의할 것은, 침해자가 상표권을 침해했는지 모르고 판매한 상품은 동 상품을 합법적으로 취득했다고 입증하고 아울러 공급업자를 설명할 수 있다면, 시장감독관리기관이 판매 중단을 명령하고 사건정황을 권리침해 상품 공급업자 소재지 시장감독관리기관에 통보한다. 동 상품을 합법적으로 취득했다고 입증할 수 있는 정황은 다음과 같다.[138]

① 상품공급자가 합법적으로 서명하고 직인을 날인한 상품공급

---

137 상표법실시조례 제78조.
138 상표법실시조례 제79조.

목록과 대금지급영수증이 있고, 조사결과 사실이거나 공급업체가 물품 제공을 인정한 경우

② 공급자와 판매자 쌍방이 체결한 상품공급계약서가 있고 조사결과 사실대로 이행한 경우

③ 합법적으로 상품을 공급받은 영수증이 있고, 영수증에 기재된 사항이 사건과 관련된 상품과 일치하는 경우

④ 기타 합법적으로 사건관련 상품을 취득했다고 입증할 수 있는 경우

상표권 침해배상액의 분쟁에 대하여, 당사자는 사건처리를 진행한 시장감독관리기관에 조정을 청구할 수 있고, 민사소송법에 의하여 인민법원에 소를 제기할 수도 있다. 시장감독관리기관의 조정을 거쳐 당사자의 협의가 성립하지 아니하거나 조정서의 효력이 발생한 후 이행하지 아니할 경우, 당사자는 민사소송법에 의하여 인민법원에 소를 제기할 수 있다.

[전시회, 박람회에서의 보호조치]

Q98.

中國商標

전시회, 박람회에 참석하는 상표권자가 유의해야 할 사항은 무엇인가?

최근 컨벤션산업은 중국에서 발전 속도가 가장 빠른 산업 중 하나이며 국제무역에서도 중요한 역할을 하고 있다. 그러나 전시회 등에서 등록상표권의 침해가 아주 심각하다는 문제점도 있다. 일

반적으로 전시회 참가자가 동일 또는 유사한 상품이나 서비스업에 유명상표를 사칭 또는 위조하는 것이다. 중국정부와 주요 지방정부는 전시회에서의 지식재산권 보호강화 및 전시업의 질서유지, 건전한 발전을 촉진하기 위해 관련 법률을 제정하여 시행하고 있다.[139]

전시회, 박람회 등에서 상표권 침해가 발생한 경우, 상표권자는 전시회에 설치된 지식재산권 침해신고기관이나, 해당 전시회 등이 개최되는 곳의 지방 시장감독관리기관에 상표권 침해신고를 할 수 있다.

권리자는 권리침해의 단서를 발견한 경우, 전시회에서의 권리침해뿐만 아니라, 향후 시장감독관리기관의 수사 및 민사소송에 사용할 수 있도록 전시부스 및 권리침해 상표를 부착한 홍보책자와 샘플 등과 같은 정보나 자료를 보관하는 것이 필요하며, 경우에 따라서는 공증을 받는 것이 좋다.

상표권자는 침해신고 전에 사전에 아래 사항들을 준비하는 것이 좋다.

첫째, 전시회 참가업체의 정보를 수집한다.

권리자는 전시회 공식 홈페이지 등을 통해 전시회 참가업체의 정보를 확보할 수 있는데, 이 정보에는 전시회 참가업체의 전시부스 도면, 기업명칭, 참가예정 상품, 서비스업, 전시부스 번호가 포

---

139 〈전시회 지식재산권보호 방법(展会知识产权保护办法)〉(2006.3.1. 시행), 〈북경시 전시회 지식재산권보호 방안에 관한 법(北京市展会知识产权保护办法)〉(2008.3.1. 시행), 〈광저우시 전시회 지식재산권보호 관련 법(广州市展会知识产权保护办法)〉(2012.6.16. 시행), 〈광교회 관련 상표 지식재산권 침해 혐의자에 대한 신고 및 처리방안에 관한 법(广交会涉嫌侵犯知识产权的投诉及处理办法)〉(2007.8.5. 시행).

함되어 있다. 따라서 상표권 침해 혐의가 있을 수 있는 참가업체를 선별하여 중점적으로 주시한다.

둘째, 지식재산권 신고기관 설치여부를 확인한다.

전시회 현장에서 신속하게 신고할 수 있도록 전시회 개최 전, 전시회 주최 측에 지식재산권 신고기관의 설치 여부를 확인하는 것이 필요하다. 전시회 기간이 3일 이상이고, 전시회 관리기관이 필요하다고 판단되면 전시회 주최 측은 전시회 기간 내에 전시회 주최 측, 전시회 관리기관, 지식재산권 행정관리기관의 인력으로 구성된 지식재산권 침해 신고기관을 설치한다.[140]

셋째, 전시회 개최지의 시장감독관리기관을 확인한다.

사후에 지방 시장감독관리기관에 정식으로 상표권 침해 신고를 진행할 수 있도록 전시회 개최지 관할권이 있는 지방 시장감독관리기관의 연락처를 확인한다.

Q99.

中國商標

전시회 등에서의 신고절차는 어떻게 되는가?

권리자가 전시회 신고기관에 신고하거나 시장감독관리기관에 직접처리를 청구할 수 있으며, 전시회 신고기관에 신고할 경우에는 다음 자료[141]를 제출해야 한다.

---

140 전시회 지식재산권보호 방법(展会知识产权保护办法) 제8조.
141 전시회 지식재산권보호 방법(展会知识产权保护办法) 제7조.

① 신고인이 날인 확인한 상표등록 증명서류, 상표 권리자의 신분증
② 권리침해 혐의 당사자의 기본 정보
③ 권리침해 혐의의 이유와 증거
④ 대리인에 의뢰하여 신고할 경우 권한위임 의뢰서

전시회 신고기관은 〈전시회 지식재산권보호 방법(展会知识产权保护办法)〉 제8조 규정에 부합하는 침해신고 서류를 접수한 후 24시간 내에 이를 지식재산권 행정관리기관에 인계해야 한다. 신고에 대한 처리과정은 다음과 같다.[142]

(1) 주최 측 또는 신고기관은 침해신고 접수 후 즉시 담당자를 파견하여 조사를 진행한다.
(2) 조사를 통해 확인된 사항에 따라 피신고인에게 지식재산권 침해혐의가 있음을 통지하고 답변을 요청한다.
(3) 피신고인은 통지를 받은 후 즉시 권리증명서 또는 기타 증거를 제시하고, 피신고인이 합법적인 권리를 가지고 있으며 권리를 침해하지 않았다는 증거를 제시함과 아울러 주최 측 또는 주최 측이 설립한 신고기관의 권리침해 혐의 물품에 대한 검증에 협조하여야 한다.
(4) 피신고인이 유효한 증거를 제시하지 못할 경우, 주최 측과의 계약에 따라 권리침해 혐의 물품을 자발적으로 전시회에서 철수시켜야 한다. 피신고인이 자발적으로 전시회에서 철수

---

142 商标实务指南(张锐主编, 法律出版社, 2017), p.178.

시키지 않을 경우, 주최 측 또는 주최 측이 설립한 신고기관이 전시회에서 철수 결정을 내릴 수 있다.

(5) 전시회 기간 내에 지식재산권 분쟁이 발생할 경우, 주최 측 또는 주최 측이 설립한 신고기관은 사전 약정과 당사자 간의 자유로운 의사에 따라 조정을 진행하고 조정에 합의할 경우, 각 당사자는 이를 실행에 옮겨야 한다. 조정에서 합의를 이루지 못할 경우, 권리자 또는 이해관계인이 시장감독관리기관에 신고할 수 있고, 직접 인민법원에 기소할 수도 있다.

전시회 상표권 침해 신고 및 처리절차[143]

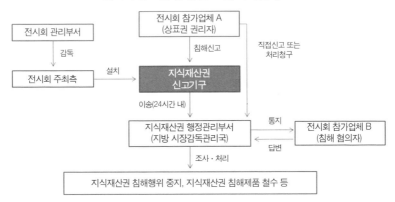

143 주요국 전시회 관련 지식재산권 보호가이드(특허청 · KOTRA, 2017), p. 27.

[세관에서의 보호조치]

Q100.

세관보호의 필요성과 세관에 의한 행정구제의 장점은 무엇인가?

중국 모조품은 일반적으로 중국에서 먼저 유통되므로 중국에서 먼저 발견되지만, 때로는 중국이 아닌 다른 나라에서 모조품이 유통되는 것을 발견하고 그 출처를 역추적하다 보면 모조품의 생산지가 중국이라는 것을 알게 되는 경우도 적지 않다.

일단 해외에서 모조품이 유통되기 시작하면,

첫째, 중국 모조품은 보통 정품에 비해 30% 이상 싼값에 공급되기 때문에 단기간에 시장을 잠식할 가능성이 있고,

둘째, 중국 모조품은 품질이 낮은 경우가 많아 오랜 기간 쌓아온 정품의 이미지 및 신용이 크게 훼손되게 되며,

셋째, 이러한 모조품 유통이 계속되면 해외 바이어들로부터 판매량 및 판매수익이 감소하여 클레임을 제기받게 되고,

넷째, 결국은 해외 거래처를 잃게 되는 결과에 이르게 된다.

중국 모조품이 세계로 나가는 통로는 중국 세관이다. 중국은 상표권을 침해하는 화물이 수출입세관을 통과하여 수출 또는 수입하는 것을 법으로 금지하고 있다. 따라서 중국 기업의 모조품이 중국 세관을 통하여 퍼져 나가는 것을 방지하기 위해 중국 세관의 상표권보호제도를 적극 이용할 필요가 있다.[144]

---

144 해외지식재산보호가이드북(중국편, 특허청, 2014), p.148.

세관에 자신의 상표권을 등록하면 아래와 같은 유리한 점이 있다.[145]

(1) 모조품의 수출은 대량으로 이루어지는 것이 통상적이므로 중국 경내에서 소규모 판매상들을 단속하는 것에 비해 세관에서 통관 화물을 압류, 몰수하는 것이 효과적이다.

(2) 세관이 모조품을 발견하면 반드시 이를 권리자에게 알리도록 하고 있으므로 세관의 자발적인 모조품 적발을 기대할 수 있다.

(3) 세관이 자발적으로 모조품을 적발한 경우에는 모조품의 몰수 및 벌금부과를 위해 따로 인민법원에 소를 제기할 필요가 없으므로 비용 절감의 효과가 있다.

(4) 세관에 의해 모조품이 적발되면 권리자는 모조품의 송하인, 수하인 및 모조품에 관한 정보를 제공받게 되므로 추가적인 법적 조치를 취하는데 이 정보를 활용할 수 있으며, 이후 손해배상 등의 민사소송에서 유리한 증거로 활용할 수 있다.

---

145 해외지식재산보호가이드북(중국편, 특허청, 2014), p.148.

상표권의 세관 등록은 어떻게 하나?

세관에 상표권 등록을 하기 위해서는 상표권자가 세관에 자신의 상표권에 대한 등록을 신청해야 하고, 등록을 신청할 경우에는 신청서와 관련 증명서류가 있는 경우 이를 첨부해야 한다.[146] 세관은 신청서류를 받은 날로부터 30일 이내에 등록여부를 결정하여 서면으로 신청인에게 통지해야 하고, 등록을 허여하지 아니할 경우 그 이유를 설명해야 한다.

세관에의 등기신청은 중국 세관총국의 "지식재산보호시스템(知识产权海关保护备案子系统[147])"상에서 진행하면 된다. 신청전에 먼저 사용자 등록을 해야 하는데 상표권자의 이름으로 진행해야 하고 관련 정보를 적어 제출하면 세관의 심사후 아이디를 받게 된다. 아이디 획득 후 온라인상에 등록을 진행하면 되는데 신분을 증명하는 서류, 상표권 증명서류(상표등록증, 상표양도증 등), 상표견본 등을 입력하면 된다.

또한 이 온라인시스템을 통해 세관에 등록된 상표권을 검색할 수도 있다.

상표권의 세관보호는 세관이 상표권 등록을 허여한 날로부터 효력이 발생하며 10년 동안 유효하다. 상표권자는 세관보호 등록유효기간 만료 6개월 전에 세관에 연장등록을 신청할 수 있으며, 매회의 연장등록 유효기간은 10년이다.

---

146 지식재산권 세관 보호조례(知识产权海关保护条例) 제7조.
147 인터넷 주소 www.haiguanbeian.com

Q102.

세관에서의 상표권 보호방식은?

세관에서 상표권 보호는 권리자의 신청에 의한 것과 세관이 직권으로 보호하는 방법이 있다.

1. 신청에 의한 보호[148]

등록상표의 권리자는 권리침해가 의심되는 화물이 수출입된다는 사실을 발견할 경우 세관에 보호조치를 요구하는 신청을 제기할 수 있는데, 이 경우 세관은 권리침해가 의심되는 화물에 대해 압류 조치를 취한다. 다만, 압류한 권리침해 혐의 화물에 대해 세관은 자발적으로 침해 여부에 대한 조사를 진행하지 않기 때문에 상표 권리자는 침해여부에 대한 권리침해 분쟁을 인민법원에 기소해야 한다. 따라서 권리자의 신청을 토대로 하는 보호는 '수동적 보호'라 할 수 있다.[149]

세관에 침해혐의가 있는 화물에 대한 압류조치를 요청할 경우에는 반드시 신청서와 관련 증명자료들을 제출하여야 하며, 해당 침해사실이 확실히 존재한다는 충분한 증거가 있어야 한다. 동시에 세관에 화물가치를 초과하지 않는 범위에서 담보를 제공하여야 한다.

상표권자의 압류신청이 관련 규정에 부합되고 상응한 담보를 제공한 경우 세관은 혐의가 있는 화물에 대하여 압류함과 동시에 상

---

148 지식재산권 세관 보호조례(知识产权海关保护条例) 제12조.
149 商标实务指南(张锐主编, 法律出版社, 2017), p.180.

표권자에게 서면으로 통지하며, 세관압류통지서를 화물 수취인 또는 발송인에게 송달한다.

2. 직권에 의한 보호[150]

세관은 수출입 화물이 세관에 이미 등록된 상표권을 침해했다는 혐의를 발견했을 경우 화물의 통관절차를 중단하고 상표권자에게 통지하며, 아울러 상표권자의 신청에 따라 권리침해 의심 화물에 대해 압류 조치를 한다. 세관이 직권에 따라 권리침해 의심 화물을 압수하는 것은 권리침해 화물의 수출입을 금지하는 능동적인 조치이다. 세관이 화물의 권리침해 상황에 대해 조사할 수 있고 관련 당사자에게 처벌을 내릴 권한이 있으므로, 직권에 따른 보호는 '능동적 보호'라 할 수 있다.[151]

세관에서는 수출입화물이 이미 등록한 상표권을 침해한 혐의가 있다는 사실을 발견하였다면, 반드시 적시에 상표권자에게 서면으로 통지하여야 한다. 상표권자가 통지를 받은 날로부터 3일 이내에 관련 규정에 따라 압류신청서를 제출하고 담보를 제공한 경우 세관은 침해혐의가 있는 화물에 대하여 압류하여야 한다. 동시에 상표권자에게 서면으로 이를 통지하고, 세관압류 통지서를 화물 수취인 또는 발송인에게 송달한다.

---

150 지식재산권 세관 보호조례(知识产权海关保护条例) 제16조.
151 商标实务指南(张锐主编, 法律出版社, 2017), p.180.

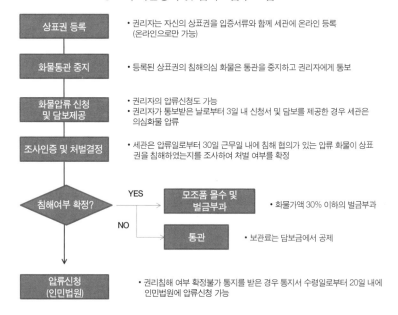

상표의 세관등록 및 검사 · 압수 흐름도152

상표권 등록	• 권리자는 자신의 상표권을 입증서류와 함께 세관에 온라인 등록 (온라인으로만 가능)
화물통관 중지	• 등록된 상표권의 침해의심 화물은 통관을 중지하고 권리자에게 통보
화물압류 신청 및 담보제공	• 권리자의 압류신청도 가능 • 권리자가 통보받은 날로부터 3일 내 신청서 및 담보를 제공한 경우 세관은 의심화물 압류
조사인증 및 처벌결정	• 세관은 압류일로부터 30일 근무일 내에 침해 협의가 있는 압류 화물이 상표권을 침해하였는지를 조사하여 처벌 여부를 확정

침해여부 확정?

YES → **모조품 몰수 및 벌금부과** • 화물가액 30% 이하의 벌금부과

NO → **통관** • 보관료는 담보금에서 공제

압류신청 (인민법원) • 권리침해 여부 확정불가 통지를 받은 경우 통지서 수령일로부터 20일 내에 인민법원에 압류신청 가능

[인터넷 쇼핑몰에서의 보호]

Q103.

中國商標

중국의 인터넷 쇼핑몰(타오바오, 찡동 등)에서 등록상표가 부착된 모조품이 판매되고 있을 경우 어떠한 조치를 취할 수 있는가?

중국의 온라인 쇼핑몰을 통한 전자상거래 규모는 이미 세계 최고 수준이며 매년 꾸준히 성장하고 있다. 그러나 이러한 온라인 쇼핑몰이 상표 침해제품의 주요 판매채널 역할을 하고 있기도 하다.

---

152 지재권실무가이드북—침해대응절차(특허청, 2019), p.6.

이러한 이유로 중국에서 규모가 큰 인터넷 쇼핑몰(타오바오, 찡동 등)은 자체적으로 지식재산권 보호를 위한 신고·접수·조사 체계를 갖추고 있다.

1. 타오바오(淘宝)에서의 침해고발[153]

타오바오는(淘宝)는 중국의 알리바바가 운영하는 중국 최대 규모의 온라인 쇼핑몰이다. 이곳에서 판매상의 상표권 침해가 빈번히 발생한다. 이에 대해 상표권자는 정기적인 모니터링을 통해 모조품 등의 판매 등에 대해 침해고발 등의 대응을 할 수 있다.

(1) 고발절차

① 타오바오의 지식재산권 보호플랫폼(ipp.alibabagroup.com)에 회원가입 후 상표권 침해 고발을 진행한다.

② 권리자의 신분증명과 지식재산권의 증명을 위해 개인신분증, 기업 또는 기타 조직의 존속 증명서류, 상표등록증이나 저작권등록증 등의 서류를 제출한다.

③ "나의 지식재산권(我的知识产权)"메뉴에서 "지식재산권 제출(提交知识产权)"을 클릭하여 관련된 지식재산권정보를 기입한 후 "동의서에 서명하는 것을 승인"하여 제출한다.

④ 지식재산권 정보에 대한 검증이 통과된 후 "침해고발(侵权投诉)"메뉴에서 "고발진행(发起投诉)"을 클릭한다.

⑤ 고발자료를 기입하여 제출 후, 처리결과를 확인한다.

---

153 商标实务指南(张锐主编, 法律出版社, 2017), pp.215-220.

(2) 고발처리 과정 및 기간

일반적으로 권리자가 지식재산권 침해고발을 제출한 날로부터 4일 이내에 고발처리 과정에 진입하며, 관련 규정에 부합되는 고발에 대해 타오바오는 3~10일 내로 해당 고발에 대한 처리를 완료하게 된다.[154] 구체적인 내부 처리과정은 다음과 같다.

타오바오 상표권 침해고발 처리절차[155]

피고발인 측은 침해통지서를 접수받은 뒤 3일 내로 상표권 등의 침해에 대해 정당한 권리가 있음을 증빙하는 서류를 제출해야 하며 기한이 도과된 경우 증빙서류 제출을 포기한 것으로 간주한다. 피고발인 측에서 미응대하여 벌점이 부과된 후에도 피고발인 측은 다시 증빙서류를 제출할 수 있는 기회가 있으며, 증빙서류 제출에

---

154 상표권 침해에 대한 처벌에 대해서는 타오바오에서 정한 〈모조상품 판매에 대한 인정, 처벌 및 실시세칙(淘宝网出售假冒商品认定和处罚规则与实施细则)〉을 참고하면 된다.
(http://rule.taobao.com/detail-506.htm?spm=a2177.7231193.0.0.s3Bkiw&tag=self&cId=91)
155 商标实务指南(张锐主编, 法律出版社, 2017), p.216.

대해 고발인(권리자) 측에서 정해진 기한(3일) 내에 대응하지 않을 경우, 타오바오에서 개입하여 3~5일 내에 처리한다.

(3) 상표침해행위 인정 및 처벌

타오바오에서 모조품 판매 등의 상표권침해행위에 대해서는 벌점을 부과하고 그에 상응하는 처벌을 한다. 주요 처벌내용을 보면 판매자의 모조품, 복제품 판매가 매우 엄중한 상황일 경우, 48점의 벌점부과와 아울러 계정폐쇄, 물품탑재 제한 등의 처벌을 가하고, 엄중할 경우에는 벌점 24점을 부과하고, 점포를 닫고 모든 상품을 내리게 하며, 21일간 상품 탑재 및 점포개장을 제한하는 등의 처벌을 가한다. 이 외에도 상황의 엄중에 따라 벌점을 부과하고 인터넷 회원 가입 제한 및 점포에 대한 감독강화 등의 조치를 취한다. 그리고 구매자의 권리보장을 위해, 판매상의 판매계정을 강제로 회수하고, 대금수납 및 현금출금기능 등을 취소하고, 잔여액 인출을 금지하는 등의 조치를 취한다.

2. 찡동(京东)에서의 침해고발[156]

(1) 고발자격

권리침해를 이유로 고발할 수 있는 자는 상표권자이며, 이해관계인으로 사용허락을 받은 사용권자도 가능하다. 직접 고발하거나 대리인에게 위임하여 고발할 수 있다.

---

156 商标实务指南(张锐主编, 法律出版社, 2017), pp.220-224.

(2) 고발절차

① 찡동에 우선 회원가입을 한 후, 로그인하여 고발플랫폼(https: //ipr.jd.com/edition)을 통해 고발장을 제출한다.

② 권리자에 관한 기본정보 등을 기입하고, 아래의 서류에 고발인의 서명 또는 회사 도장을 날인한 후 모두 제출해야 한다.

- 권리의 침해유형 선택 및 증명서류 제출(예를 들어 침해유형이 상표침해일 경우 상표등록증 제출)
- 침해혐의가 있는 판매제품의 구체적인 링크 표시
- 침해혐의가 있는 제품이 상표권을 침해하였다는 구체적인 내용과 이유를 명확하게 설명
- 침해혐의가 있는 제품과 관련된 사법판결, 행정재정서 등의 서류(필요한 경우)
- 대리인에게 위임하여 고발하는 경우 위임장 제출
- 고발인이 고발자료의 진실성, 합법성, 정확성에 책임진다는 승인서

③ 찡동에서는 고발신청을 접수한 후 3일 내로 심의하여, 절차에 합당한 고발에 대하여 수리하며, 절차가 합당하지 않은 고발에 대해서는 필요한 서류가 전부 제출되기까지 수리하지 않는다.

④ 찡동은 고발신청을 정식으로 수리한 날로부터 10일 내에 심사를 종료하며, 경우에 따라 피고발인 측에 침해를 구성하지 않는다는 증거자료를 제출할 기회를 준다. 이 경우 피고발인은 2일 내에 증거자료를 제출해야 한다.

⑤ 심사결과, 침해사실이 확인되면 찡동은 고발된 상품에 대하여 판매금지를 하거나, 관련된 판매정보를 삭제, 차단하거나

판매링크를 삭제하는 등의 조치를 취한다. 만약 침해사실이
성립되지 않거나 침해행위 존재여부에 대해 판단하기 어려울
경우 심사종료 2일 내에 해당결과를 고발인에게 통지한다.

⑥ 고발인이 처리결과에 대해 이의가 있을 경우, 새로운 증거자
료를 제출하여 다시 고발을 해야 한다. 만약 고발인이 고발을
다시 진행했지만 새로운 증거자료를 제출하지 않는다면 원래
의 처리결과를 유지한다.

찡동 상표권 침해고발 처리절차[157]

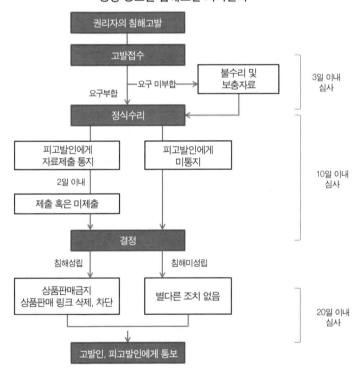

157 商标实务指南(张锐主编, 法律出版社, 2017), p.223.

참고 중국의 전자상거래법 제정(2019년 1월 1일 시행)

중국의 전자상거래법이 2019년 1월 1일부터 시행되었다. 중국의 전자상거래 규모는 2017년 약 24조 위안(한화 약 3,985조 원)으로 전년도와 비교했을 때 소폭 감소했지만, 여전히 중국전자상거래 시장은 성장 중이다. 그중 온라인 쇼핑이 23.3%(약 5.6조 위안, 한화 933조 원)로 많은 부분을 차지하고 있다.[158] 전자상거래와 관련된 권리관계를 명확히 하고 이를 규율하기 위해 새롭게 전자상거래법을 제정하였으며, 총 7개장 89개 조항으로 구성하였다.

중국의 전자상거래법은 전자상거래의 경영자, 계약체결 및 이행, 전자상거래와 관련된 분쟁해결, 전자상거래 촉진과 법률책임 등 5가지 분야에서 이를 명확하게 규정하고 있다. 주요 내용으로는 다음과 같다.[159]

1. 웨이상, 방송판매 등도 전자상거래 경영자 범주에 포함
   - 산업의 발전에 따라 소비자들의 제품 구입 수단에 큰 변화가 있었으며, 타오바오, 찡동, 샤오홍수 등 플랫폼 외 위챗 모멘트, 생방송 등 방식으로도 판매가 이루어지고 있음.
   - 전자상거래 플랫폼 경영자, 플랫폼 내 경영자, 자체 홈페이지나 기타 네트워크 서비스업을 통해 제품이나 서비스업을 판매하는 경영자를 포함함.

2. 타오바오 자영업자도 시장주체 공상등기를 해야 함.
   - 지금까지 개인이 온라인샵을 개설하면 공상등기를 할 필요가 없어 웨이상(微商)의 진입장벽은 없는 것과 다름없었으나, 동 법률 제정으로 전자상거래 경영자는 법에 의거하여 시장주체 등기가 의무화됨.

3. 소비자 알권리를 보호하고, 평가내역 조작 금지
   - 일부 판매자가 온라인 구매자 평가란에 좋은 후기를 남기도록 유인하는가 하면, 댓글알바를 고용해 '좋아요'를 누르도록 하는 경우를 자주 볼 수 있는데 이러한 소비자 후기 조작 등의 방식으로 거짓되거

---

158 iResearch 2017년 중국 전자상거래 검토보고서.
159 코트라 해외시장뉴스(2018.9.6., 상하이무역관)

나, 소비자가 오해할 수 있는 상업적 선전, 사기 행위를 모두 금지함.

4. 단골 바가지, 끼워팔기 등 설정 금지
  - 전자상거래 경영자는 제품이나 서비스업을 번들링할 경우 소비자가 명백히 알 수 있는 방법으로 고지해야 하고, 번들링을 기본설정으로 해서는 안 된다고 규정함.

5. 배송시간 엄수
  - 전자상거래 경영자는 약속한 바에 따라 기한 내 소비자에게 제품이나 서비스업을 교부해야 하고, 제품 운송 중 리스크나 책임을 질 필요가 있음을 밝히며, 다만 소비자가 다른 방법이나 조건으로 배송받기로 한 경우는 제외됨.

6. 보증금 반환에 불리한 조건 설정 금지
  - 전자상거래 경영자는 약정에 따라 소비자로부터 보증금을 받을 시, 환급방식과 절차를 반드시 명시해야 하며, 소비자에 불리한 조건을 설정해서는 안 된다고 밝힘.

7. 소비자의 권익을 침해하는 경우, 전자상거래 플랫폼이 책임부담
  - 전자상거래 플랫폼 경영자는 플랫폼 내 상품판매 혹은 서비스업 제공자가 사람과 재산안전 요구에 부합하지 않음을 알고 있어야 하며, 여타 소비자 권익을 침해하는 행위가 있음에도 필요한 조치를 취하지 않은 경우, 법에 의거하여 연대책임을 져야 함.

8. 악성댓글 임의 삭제 시 벌금형
  - 전자상거래 플랫폼 경영자는 신용평가제도를 완비하고 평가규칙을 공시해야 하며, 소비자들이 플랫폼 내 제품이나 서비스업에 대해 평가할 수 있도록 시스템을 구축해야 함.
  - 아울러 경영자는 소비자의 평가를 임의로 삭제해서는 안 됨.

9. 지식재산권 보호 규칙 확립
  - 전자상거래 플랫폼 경영자는 플랫폼 내 경영자가 지식재산권을 침해

하였음을 알거나 알게 된 경우 삭제, 은폐, 링크 단절, 교역과 서비스
업 중지 등의 필요한 조치를 취해야 하며, 조치를 취하지 않은 경우
침해자와 함께 연대책임을 져야 함.

10. 전자결제 관련 구체적 사항을 명시하고 안전을 보장해야 함
 - 전자결제가 정부가 정한 안전관리요구에 부합하지 않아 소비자에게
   손해가 발생할 경우 배상책임을 져야 함.
 - 수권을 받지 않은 결제로 인해 발생한 손실은 전자결제서비스업 제공
   자가 책임을 져야 하며, 소비자의 과실로 인한 손실임을 증명할 수 있
   을 경우에는 책임을 지지 않음.

제10장

상표권의 사법적 보호방안

[중국의 법원 구성]

기층인민법원(3,133개) → 중급인민법원(409개), 지식재산전문법원(3개) →
고급인민법원(32개) → 최고인민법원으로 4단계 구조이나 재판은 통상 2심제

　2019년 1월 1일부터 지식재산권소송(민사, 행정) 2심을 최고인민법원
으로 일원화하였다

　즉, 각 지방 고급인민법원이 관할하던 2심을 최고인민법원에서 관할
하고 있다. 이는 지식재산권 심리의 전문화와 관할 집중화를 통해 외국
기업의 평등한 지식재산권 보호 및 양호한 비즈니스 환경을 조성하게 될
것으로 전망된다.

*2019.1.1. 이전: 중급법원 혹은 지식재산권법원(1심)－고급법원(2심)－
최고인민법원(3심, 예외적)

*2019.1.1 이후: 중급법원 혹은 지식재산권법원(1심)－최고인민법원(2
심, 최종심)

[행정소송]

Q104.

상표권에 관한 행정소송의 종류와 그 내용은?

당사자는 상표평심위원회의 결정에 대해 불복할 경우 법원에 행정소송을 제기할 수 있다. 행정소송의 대상은 다음과 같다.

(1) 상표평심위원회의 거절불복심판 결정에 대한 불복(不服商评委关于商标驳回复审决定) 행정소송: 상표등록 출원인은 상표평심위원회의 거절불복심판 결정에 관해 불복할 경우 통지서 수령일로부터 30일 내에 인민법원에 제소할 수 있다.

(2) 상표평심위원회의 등록불허 심판 결정에 대한 불복(不服商评委关于不予注册复审决定) 행정소송: 피이의신청자(출원인)는 상표평심위원회의 등록불허 결정에 대해 불복할 경우, 통지서 수령일로부터 30일 내에 인민법원에 제소할 수 있다. 여기서 피이의신청자만이 행정소송을 제기할 수 있고 이의신청자는 제3자로 소송에 참여해야 한다.

(3) 상표평심위원회의 무효선고 결정에 대한 불복(不服商评委关于无效宣告裁定) 행정소송: 상표평심위원회의 무효선고 결정에 대해서 청구인 및 피청구인 모두 불복이 가능하다. 통지서 수령일로부터 30일 내에 인민법원에 제소할 수 있다. 인민법원은 상대방 당사자에게 제3자로 소송에 참가하라고 통지해야 한다.

행정소송의 제1심 법원은 북경시 지식재산전문법원이며 제2심은 최고인민법원이다.[160]

행정소송에서 원고는 사건관련 상표의 원(原)권리자이거나 양수인이며, 피고는 상표평심위원회이다.

행정소송을 제기하고자 하는 당사자는 ① 소장, ② 법인도장이 날인된 원고의 영업허가증 복사본, ③ 원고의 법정대표인 증명서류 원본, ④ 위임장 원본, ⑤ 상표평심위원회의 결정 및 서신봉투 원본을 준비하여야 한다.

원고가 외국인이나 외국기업일 경우, 신분증명서류 및 위임장은 공증을 받아서 제출해야 한다. 원칙적으로 상표평심위원회 결정 통지서 수령일로부터 30일내에 소장과 증거서류를 제출해야 하는데 원고가 이 기한 내에 공증인증 수속을 받기 어려운 점이 있다. 따라서 실무상으로 법원은 원고가 소송제기 시 우선 상기 문서의 복사본을 제출하고 공증인증을 거친 서류는 추후에 보완하도록 허용한다.

> **참 고   중국에서의 공증**
>
> 중국에서 침해행위 발견 시, 《섭외민사관계법률적용법》에 의거하여 해당 침해행위발생 지역 관할 법원에 보호를 청구할 수 있으며, 침해행위를 입증하기 위해서는 계쟁제품 확보 및 관련 자료 수집과 함께 공증을 거쳐야만 법원의 증거자료로 채택될 수 있다. 중국 법원은 증거의 형식요건에 대한 요구가 엄격하다. 따라서 권리자가 수집한 증거를 인정하지 않을 수도 있으므로 공증절차를 통하여 증거의 증거력 확보가 필요하

---

160 2018년까지는 행정소송에 관한 2심이 북경시 고급인민법원이었으나, 2019년 1월 1일부터 최고인민법원에서 관할한다.

며, 중국 이외의 지역에서 획득한 증거는 공증기관의 공증과 중국 대사관 또는 영사관의 인증 절차를 거쳐야 한다.

법정에서 사용되는 증거는 일반적으로 공증인에게 위탁하여 공증된 (증거보전 공증) 상표권 침해제품 물증(상표가 부착된 제품 등), 서면증거(영수증, 카탈로그, 제품설명서, 회계장부 등), 증인의 증언 등이 있다. 다만 모든 공증서가 절대적인 사실임을 뜻하지는 않으며, 반대의 증거가 제시될 경우 공증사실이 인정되지 않을 수 있는데, 공증사실이 인정되지 않으면 동 사실을 주장한 당사자가 입증책임을 져야 한다.

공증서는 중국 민사소송에서 입증능력이 매우 높은 증거로, 공증행위는 국가의 입증행위로 인정받는다. 공증기관은 엄격한 법적 절차를 거쳐 사실을 확인하고, 심사를 통하여 합법성을 지닌 문서를 작성한다.

Q105.

심판단계에서 제출되지 않았던 새로운 증거를 행정소송 단계에서 제출하면 법원은 이를 증거로 채택하는가?

피고가 행정절차에서 규정에 따라 원고에게 증거제출을 요청했으나 원고가 당연히 제출하여야 할 증거를 제출하기를 거부하고 소송단계에서 제출할 경우에 인민법원은 이를 채택하지 않는다.[161] 또한 원고 또는 제3자가 1심 절차에서 정당한 이유 없이 제출하지 아니하고 2심에서 제출한 증거는 법원이 이를 채택하지 않는다.[162] 다만, 상대방 당사자가 이에 동의할 경우 법원은 이를 증거로 채택할 수 있다.

---

161 행정소송증거에 관한 규정(关于行政诉讼证据若干问题的规定) 제59조.
162 행정소송증거에 관한 규정(关于行政诉讼证据若干问题的规定) 제7조 제2항.

행정소송 심리실무에서, 법원은 일반적으로 당사자가 제출한 "절대적 사유"에 대한 새로운 증거는 받아들이는 태도를 취하고 있으며, "상대적 이유"와 관련된 새로운 증거는 상표등록 단계에서의 입법 취지와 구체적인 상황에 따라 구분하여 처리하고 있다.

참 고 증거채택에 대한 법원의 태도

1. 증거를 제한하지 않은 사례
   증거를 제한할 경우 행정절차(무효선고제도)의 위법성을 구제할 수 없다는 이유 및 순환소송의 문제(다시 무효선고절차를 청구하여야 하므로)가 있다는 이유로 소송 중 새로이 제출한 증거 채택을 인정하였다(북경시 고급인민법원 2011년高行终字제1258호, 2013년高行终字제959호).

2. 증거를 제한한 사례
   무효선고절차에서 중요한 쟁점이었던 사항에 대한 증거를, 무효선고절차에서 충분히 제출할 능력이 있었음에도 제출하지 않고, 소송에서 제출한 경우 피고가 동의하지 않는 상황에서 법원은 이를 채택하지 않는다고 판시하였다(북경시 제1중급인민법원 2010년一中知行初字제1220호 및 북경시 고급인민법원 2006년高行终字제99호).

[민사소송]

Q106.

상표권 침해사건에 대한 소송 관할지와 소 제기 기간은 어떻게 되는가?

상표권 침해의 민사소송 제1심 사건은 원칙적으로 중급 이상의 인민법원 및 최고인민법원이 지정한 기층인민법원이 관할한다.[163] 실제로는 사건 금액에 따라 관할법원을 결정한다.[164] 다만, 각 고급인민법원은 본 관할구역의 상황에 따라 최고인민법원의 승인을 거쳐 대도시에서 1-2개의 기층 인민법원을 지정하여 제1심의 상표권 침해의 민사소송을 처리할 수 있다.[165]

상표권 침해사건에 대한 소송관할지는 다음을 포함한다.[166]

(1) 피고 소재지 법원

(2) 권리침해 행위지 법원: 구체적으로는 권리침해 상품의 생산지, 판매지, 침해상품 전시지역, 전시판매지역, 침해상품 광고 지역이 해당된다. 여러 개의 권리침해 행위지와 관련된 다수의 피고에 대해 제기한 공동소송은 원고가 그중 1개 피

---

163 북경시, 광저우시, 상하이시에서는 각각의 지식재산법원에서 제1심을 관할한다.

164 商标实务指南(张锐主编, 法律出版社, 2017), p.251.

165 상표사건관할 및 법률적용범위에 관한 해석(关于审理商标案件有关管辖和法律适用范围问题的解释) 제3조, 제4조.

166 상표사건관할 및 법률적용범위에 관한 해석(关于审理商标案件有关管辖和法律适用范围问题的解释) 제6조, 제7조.

고의 권리침해 행위지의 인민법원을 선택하여 제기할 수 있다. 그중 1개 특정 피고에 대해서만 제기한 소송은 동 피고의 권리침해 행위지의 인민법원이 관할권을 갖는다.

(3) 권리침해 상품의 보관 장소: 보관 장소란 대량 또는 주기적으로 보관하는 것을 말하며, 권리침해 상품의 은닉 소재지를 일컫는다.

(4) 압수·압류지: 이는 세관, 시장감독관리기관 등의 행정기관이 관련법에 의해 권리침해 상품을 압수·압류하는 소재지를 일컫는다.

중국에서 상표권 침해를 이유로 하는 소 제기의 제척기간은 2년이며, 권리자 또는 이해관계인이 침해행위를 안 날 또는 마땅히 알았어야 한 날로부터 계산한다. 권리자 또는 이해관계인이 2년이 경과한 후에 소를 제기하는 경우, 만약 침해행위가 제소 시에도 계속되고 있고 또한 권리가 유효한 기간 내라면 인민법원은 피고에게 침해행위를 중지하도록 판결하여야 하며, 침해로 인한 손해배상액은 권리자가 인민법원에 소를 제기한 날부터 소급하여 2년을 추산하여 계산한다.

상표권보호를 위한 임시조치로는 어떤 것이 있는가?

■ 상표법 제65조: 상표권자 또는 이해관계인은 타인이 자신의 등록상표
권을 침해하는 행위를 실시하고 있거나 곧 실시할 것이라는 증거가 있고,
이를 즉시에 제지하지 아니할 경우, 장래에 그의 합법적인 권익에 보충하
기 어려운 손해가 발생할 우려가 있을 경우, 법에 의하여 소를 제기하기
전에 인민법원에 관련 행위의 정지와 재산보전조치를 명할 것을 신청할
수 있다.
■ 상표법 제66조: 침해행위를 제지하기 위하여, 증거가 소멸할 수 있거나
이후에 증거를 취득하기 곤란할 경우, 상표권자 또는 이해관계인은 법에
의하여 소를 제기하기 전에 인민법원에 증거보전을 신청할 수 있다.

상표권자 또는 이해관계인은 상표권 침해로 인한 회복하기 어려
운 손해를 미연에 방지하기 위하여, 상표권 침해소송을 청구하기
전에 침해행위를 즉시에, 그리고 유효하게 제지하기 위한 임시보
호조치를 취할 수 있다. 임시보호조치로는 침해행위정지명령, 증
거보전조치 및 재산보전조치가 있다.

1. 침해행위정지명령

상표권자 또는 이해관계인은 타인이 자신의 상표권을 침해하는
행위를 실시하고 있거나 곧 실시할 것이라는 증거가 있고, 이를 즉
시 제지하지 않을 경우, 장래에 그의 합법적인 권익에 보충하기 어
려운 손해가 발생할 우려가 있는 경우, 소송을 제기하기 전에 법원

에 상표권 침해행위의 정지명령을 취해 줄 것을 신청할 수 있다. 관할법원은 침해행위지의 법원 또는 피신청인의 주소지의 법원이다.

신청인은 법원에 신청서를 제출해야 하는데 신청서에는 ⅰ) 당사자 및 그에 대한 기본상황, ⅱ) 신청의 구체적인 내용 및 범위, ⅲ) 신청의 이유(관련 행위를 즉시에 제지하지 아니할 경우, 상표권자 또는 이해관계인의 합법적인 권익에 보충하기 어려운 손해가 발생할 것이라는 구체적인 설명 포함)를 기재하여야 한다.[167] 신청인은 담보를 제공해야 하고, 담보를 제공하지 아니한 경우 법원은 신청을 각하해야 한다.

법원은 상표권자나 이해관계인이 제기한 상표권 침해행위 정지에 관한 소를 접수한 후 요건에 부합할 경우, 반드시 48시간 내에 서면결정을 내려야 하며, 결정이 내려지면 바로 집행하여야 한다. 법원은 이러한 관련 행위를 정지할 것에 관한 결정을 내린 후 5일 이내에 피신청인에게 통지하여야 한다. 법원이 상표권 침해행위를 정지시키는 결정을 할 경우, 신청인이 신청한 범위에 한정하여 결정해야 한다.[168] 또한 상표권 침해행위의 정지를 명하는 재정을 한 경우, 즉시 집행해야 한다.[169] 상표권 침해행위를 정지하는 결정의 효력은 일반적으로 최종심의 판결문 효력이 발생할 때까지 유지된다.[170]

---

167 상표권 침해행위정지 및 증거보전 적용 법률문제에 관한 해석(关于诉前停止侵权注册商标专用权行为和保全证据适用法律问题的解释) 제3조.
168 상표권 침해행위정지 및 증거보전 적용 법률문제에 관한 해석 제5조.
169 상표권 침해행위정지 및 증거보전 적용 법률문제에 관한 해석 제9조.
170 상표권 침해행위정지 및 증거보전 적용 법률문제에 관한 해석 제14조.

2. 증거보전조치

상표권자 또는 이해관계인은 상표권 침해소송을 제기하기 전에 상표권 침해행위를 제지하기 위한 증거가 소멸할 수 있거나 이후에 증거를 취득하기 곤란할 경우, 법원에 상표권 침해행위에 대한 증거보전조치를 신청할 수 있다. 관할법원은 침해행위지의 법원 또는 피신청인의 주소지 법원이다.

신청인은 법원에 신청서를 제출해야 하는데 신청서에는 ⅰ) 당사자 및 그에 대한 기본상황, ⅱ) 증거보전을 신청하는 구체적 내용, 범위 및 소재지, ⅲ) 보전을 신청한 증거가 증명하는 대상, ⅳ) 신청의 이유(증거가 멸실될 가능성이 있거나 이후에 취득하기 곤란하고, 당사자와 그 소송대리인이 객관적인 원인으로 스스로 수집할 수 없는 구체적인 설명 포함)를 기재하여야 한다.[171]

신청인의 증거보전조치가 피신청인의 재산에 손실을 초래할 가능성이 있는 경우 법원은 신청인에게 이에 상응하는 담보제공을 명할 수 있으며, 신청인이 담보를 제공하지 아니한 경우 법원은 신청을 각하한다.[172]

법원이 증거보전조치를 채택한 후 신청인이 15일 이내에 소송을 제기하지 아니할 경우 법원은 증거보전조치를 해제해야 한다.[173]

---

171 상표권 침해행위정지 및 증거보전 적용 법률문제에 관한 해석 제3조.
172 상표권 침해행위정지 및 증거보전 적용 법률문제에 관한 해석 제6조.
173 상표권 침해행위정지 및 증거보전 적용 법률문제에 관한 해석 제12조.

3. 재산보전조치

상표권자 또는 이해관계인은 타인이 자신의 상표권을 침해하는 행위를 실시하고 있거나 곧 실시할 것이라는 증거가 있고, 이를 즉시 제지하지 아니하면, 장래에 그의 합법적인 권익에 보충하기 어려운 손해가 발생할 우려가 있을 경우, 소를 제기하기 전에 법원에 재산보전조치를 명할 것을 신청할 수 있다. 관할법원은 침해행위지의 법원 또는 피신청인의 주소지 법원이다.

법원은 필요 시에는 당사자가 신청하지 아니한 경우에도 재산보전조치를 명할 수도 있다. 신청인은 담보를 제공해야 하고 담보를 제공하지 아니할 경우, 법원은 신청을 각하해야 한다. 재산보전의 방식은 봉인·압류·동결 또는 법률에 규정된 기타 방법을 포함한다.[174]

🔨 판례로 배우는 중국상표실무 (16)

● 상표권 침해를 인정하여 제소 전 보전신청을 인정한 판결 ●

[사건개요]

"The Voice of~" 프로그램은 네덜란드 Talpa社가 독창적으로 개발한 보컬 오디션 프로그램으로, 이와 관련된 상표권은 Talpa Content社에 속해 있다. 중국 찬싱社(이하 피신청인)는 권리자에게 권한을 부여받아 2012년부터 2015년까지 "中国好声音" 시즌 1~4를 제작하여 방영하였다. 중국 탕더社(이하 신청인)는 Talpa Content社와 Talpa Global社로부터 홍콩·마카오·타이완을 포함한 중국 지역에서 독자적으로 "中国好声音" 시즌 5~8 개발·제작·홍보·방영 및 프로그램과 관련하여 지식재산권

---

174 민사소송법 제103조.

행사에 대한 독점사용권(独占许可)을 승인받았다.

신청인은 피신청인이 자신의 허가 없이 무단으로 "中国好声音" 프로그램 명칭을 사용하고 이와 관련된 표지를 사용하여 "中国好声音" 시즌 5를 제작·홍보하였으며 이것은 미등록 저명상표 및 유명서비스 특유명칭권 침해에 해당한다고 주장하였다. 더불어 신청인은 "2016 中国好声音"이 당해 연도 6월에 촬영하기 시작하여 7월 방영 예정으로, 일단 프로그램이 방영될 경우 이로 인하여 입게 되는 피해는 보상하기 어려우므로 법원에 피신청인의 즉각적인 침해 금지 명령을 청구하였다.

〈신청인 관련 등록상표〉

상표① (제G1089326호)
- 제35류, 제38류, 제41류: 음악프로그램 제작, 공연 등 서비스 및 그룹음악활동

상표② (제G1098388호)
- 제9류, 제38류, 제41류: 음악프로그램 제작, 공연 등 서비스

[법원판단]

베이징 지식재산법원은 피신청인에게 보컬 오디션 프로그램의 홍보·선발·광고모집·프로그램 제작 중에 "中国好声音", "The Voice of China" 문자가 포함된 프로그램 명칭 및 상표①,② 사용을 즉각 중지하라고 선고하였다. 해당 프로그램은 6월에 녹화하여 7월 방영 예정으로, 일단 프로그램이 녹화 후 방영되는 순간 광범위하게 전파·확산되어 여러 많은 단계에서 신청인의 상표전용사용권이 침해될 수 있고 "2016 中国好声音"을 접하게 되면 관련 대중이 오인·혼동할 수 있으므로 신청인이 후속으로 제작하는 프로그램은 경쟁우위를 상실하여 이로 인해 입게 될 손해는 보상이 어렵다고 보았다[(2016)京73行保1号(2016년 6월 20일)].

[시사점]

본 사안은 중국 내에서 많은 주목을 끌었던 "제소 전 보전조치"에 대한 것으로, 소송 절차 단계에서 지식재산권의 보호역량을 강화한 전형적인 사례로 손꼽힌다. 본 판결이 선고된 이후, 2016년 7월 6일 "中国好声音"

를 방영하는 저쟝위성(방송사)는 법원의 사법결정에 따르겠다며《2016 中国好声音》프로그램 명칭을《中国新歌声》으로 변경하겠다고 발표하였다. 이로써 본 사안은 적시에 보전조치를 취하고, 권리자의 합법적 권익이 입을 손해를 미연에 방지하였다는 점에서 의의가 있다.

Q108.

상표권 침해 시 손해배상액 확정방법은?

■ 상표법 제63조: ① 상표전용권 침해 배상금액은 권리자가 침해로 인하여 입은 실제 손해에 따라 확정하고, 실제 손실을 확정하기 어려운 경우 침해자가 침해행위를 통하여 얻은 이익에 따라 확정할 수 있다. 권리자의 손실 또는 침해자가 얻은 이익을 확정하기 어려운 경우, 해당 상표사용허가 사용료의 배수를 참고하여 합리적으로 책정한다. 악의로 상표권을 침해하는 등 상황이 엄중한 경우, 상기 방법에 따라 책정한 액수의 1배 이상 5배 이하의 배상액을 확정할 수 있다. 배상액은 권리자가 권리침해행위를 제지하기 위한 합리적인 비용을 포함하여야 한다.

② 인민법원은 배상액을 확정하기 위하여 권리자가 입증책임을 다했으나, 침해행위와 관련된 회계장부, 자료를 침해자가 장악하고 있는 경우, 침해자에게 침해행위와 관련한 장부와 자료를 제출하도록 명할 수 있고, 침해자가 상기 자료들을 제공하지 않거나, 허위로 조작한 자료를 제공하는 경우 법원은 권리자의 주장과 제공된 증거를 참고하여 배상액을 판결할 수 있다.

③ 권리자가 침해행위로 인하여 입은 실제 손해액, 권리침해자가 침해행위로 얻은 이익 또는 등록상표 사용허가 비용의 책정이 어려운 경우, 법원은 침해행위의 심각한 정도에 따라 5백만 위안 이하의 배상금액을 결정할 수 있다.

상표법 제64조: ① 상표권자가 배상을 청구하였으나 침해혐의자가 상표권자는 등록상표를 사용하지 않았다고 항변할 경우, 법원은 상표권자에게 청구일 전 3년 이내에 그 등록상표를 실제 사용한 증거를 제출하도록 요구할 수 있고, 상표권자가 그 등록상표를 실제 사용한 사실을 증명할 수 없고, 침해행위로 인하여 받은 기타 손해도 증명하지 못할 경우, 침해혐의자는 배상할 책임이 없다.

② 등록상표권을 침해하는 상품인 것을 모르고 판매하였으나, 자신이 합법적으로 그 상품을 취득했음을 증명하고, 그 제공자를 설명할 수 있는 경우, 배상책임이 없다.

상표권침해에 대한 손해배상액은 아래와 같은 과정을 통해 결정한다.

(1) 권리자가 침해행위로 받은 실제손실 결정

(2) 실제손실을 결정하기 어려운 경우 침해자가 침해행위로 얻은 이익

(3) 권리자의 손실 또는 침해자가 얻은 이익을 결정하기 어려운 경우, 그 상표허가사용료의 배수를 참고하여 확정

(4) 만약 악의로 타인의 상표권을 침해하는 경우, 위와 같은 방법에 따라 책정된 액수의 1배 이상 5배 이하의 배상액을 확정할 수 있다.

(5) 권리자가 침해행위로 인하여 받은 실제 손실, 침해자가 침해행위로 인하여 얻은 이익 또는 등록상표의 허가사용료를 결정하기 어려운 경우, 인민법원은 침해행위의 상황에 근거하여 500만 위안 이하의 배상을 판결할 수 있다

상표권 침해소송이 제기되었을 때 침해자가 상표권자가 그 등록상표를 3년 이상 불사용하여 손해가 발생하지 않았다고 주장할 경우, 법원은 상표권자에게 과거 3년 내의 실제 사용증거 제출을 요구할 수 있다. 상표권자가 과거 3년 이내에 해당 등록상표를 실제 사용한 증거를 제출할 수 없고, 침해행위로 인한 기타 손실을 증명하지 못할 경우에는 고소당한 침해자는 배상의 책임을 지지 아니한다. 다만, 상표권에 대한 침해금지 책임은 여전히 부담한다.

또한 상표권 침해물품을 판매한 자가 침해물품인지를 모르고 판매한 경우에는 손해배상책임을 면할 수 있도록 하고 있다. 상표권 침해와 관련하여, 상표권을 침해하는 상품인지 모르고 판매하여, 당해 상품을 자신이 합법적으로 취득한 것임을 증명하고, 또한 그 제공자를 밝힐 수 있는 경우에는 배상책임을 지지 않는다. 따라서 침해품의 판매자는 침해물품임을 모른 데 과실이 있는지에 관계없이 침해물품의 제공자를 지목할 수 있으면 손해배상책임을 면한다. 다만, 이는 손해배상책임에 관한 규정일 뿐 그 밖의 침해행위 금지 책임은 여전히 부담하게 된다.

판례로 배우는 중국상표실무 (17)

"쓰리세븐(777)" 상표권 침해를 인정한 판결[175]

[사건개요]

쓰리세븐社(이하 "원고")는 손톱 미용도구를 생산·판매하는 한국 기업으로, "THREE SEVEN 777" 상표를 2011년 2월 21일에 등록받았다. 어우양지린(이하 "피고")이 자신의 허가 없이 등록상표 모조품을 판매하는 것을 발견하고는, 뤄허시 공상행정관리국에 모조품 판매를 신고하였고. 공상행정관리국은 피고에게 침해행위 중지, 계쟁제품 몰수, 벌금 2,000

위안을 선고하였다. 또한 원고는 피고의 모조품 판매 행위가 등록상표 침해에 해당하며, 피고의 침해행위로 인하여 경제적 손실이 초래되었다고 주장하면서 상표권 침해 소송을 제기하였다.

〈원고 등록상표(제25류 신발)〉

제8류 (제755805호): 손톱 미용도구 등

[법원판결]

원고가 증거로 제출한 피고 제품의 판매명세서(销售清单), 영수증, 매장 실물 정보 사진, 행정처벌결정서, 계쟁제품과 정품 실물 상표의 도안 비교 자료로 미루어 보아, 피고가 판매한 계쟁제품이 원고의 등록상표 침해 물품임이 입증된다고 하였다. 다만, 손해배상액과 관련하여, 중급인 민법원은 원고가 침해행위로 입은 손실이나 피고가 침해행위로 얻은 이익 또는 상표사용허가비 등을 바탕으로 산정하여야 하는데, 해당 관련자료 제출이 없었던 관계로, 등록상표의 "인지도(知名度), 피고의 판매규모 및 과실 정도(过错程度), 원고가 조사・증거입수(取证)・침해행위 저지를 위하여 지출한 비용" 등의 요소를 종합적으로 감안하여 3천 위안을 선고한다고 설명하였다[(2018)豫11民初55号].

[시사점]

본 사안은 우리 중소기업이 중국에서 상표권 침해물품을 판매하는 당사자를 상대로 승소한 사례에 해당한다. 본 사안은 원고가 행정구제 청구에 그치지 않고 사법구제 청구를 통하여 손해배상액을 인정받았다는 측면에서 우리 중소기업이 참조할만한 사례라 할 수 있다. 비록 원고가 청구한 금액에 미치지 못한 손해배상액을 선고받았으나 향후 징벌적 손해배상이 점차 강화되는 분위기라는 점에서 우리 기업이 권리 피침해 시 받을 수 있는 보상의 범위가 더욱 넓어질 수 있을 것으로 기대된다.

또한 중국 법원은 증거의 형식요건에 대한 요구가 엄격하므로, 권리자가 수집한 증거를 인정하지 않을 수도 있는 바 공증절차를 통하여 증거의 증거력 확보가 필요하며, 중국 이외의 지역에서 획득한 증거는 공증기관의 공증과 중국 대사관 또는 영사관의 인증 절차를 거쳐야 한다.

[형사소송]

Q109.

상표권 침해 시 형사처벌에는 어떠한 것이 있는가?

■ 상표법 제67조: ① 상표권자의 허가를 받지 아니하고, 동일한 상품에 상표권자의 등록상표와 동일한 상표를 사용하여 범죄를 구성할 경우, 피침해자의 손해를 배상하는 외에, 법에 의하여 형사책임을 추궁한다.
② 타인의 등록상표 표지를 위조 또는 허가를 받지 아니하고 제조하거나, 위조 또는 허가를 받지 아니하고 제조한 등록상표 표지를 판매하여 범죄를 구성할 경우, 피침해자의 손해를 배상하는 외에, 법에 의하여 형사책임을 추궁한다.
③ 등록상표를 위조한 상품인 것을 명백히 알고 한 판매가 범죄를 구성하는 경우, 피침해자의 손해를 배상하는 외에, 법에 의하여 형사책임을 추궁한다.

상표권 보호와 관련하여 상표권 침해자가 형사처벌을 받는 예는 매우 드물다. 상표권 침해에 대한 중국 사법당국의 기소표준이 매

---

175 IP-NAVI(국제지재권분쟁정보포털) IP Insight http://www.ip-navi.or.kr/board/boardList.navi

우 높기 때문이다. 따라서 중국에서 상표권 침해 행위 가운데 범죄를 구성하는 것은 극히 일부분에 한한다.

1. 등록상표 도용죄

상표권자의 허락을 받지 않고 동일 상품에 등록상표와 동일한 상표를 사용하여 범죄를 구성하는 경우에는 피침해자의 손해를 배상하는 외에 법에 따라 형사책임을 추궁한다. 형사책임의 대상이 되는 상표나 상품의 범위는 유사범위가 아닌 동일범위이다. 즉, 타인이 상표권자의 허락 없이 사용하는 상표와 상품이 상표권자의 상표 및 상품과 동일해야만 하며, 또한 상황이 심각한 경우에만 형사처벌의 대상이 된다. 3년 이하의 유기징역이나 구금에 처하고 벌금을 병과하거나 벌금만을 부과한다.

2. 등록상표 도용품 판매죄

등록상표를 도용한 상품이라는 것을 명백히 알고 판매하였고 그 판매금액이 비교적 큰 경우 형사처벌의 대상이 된다. 이 경우에는 3년 이하의 유기징역이나 구금에 처하고 벌금을 병과하거나 벌금만을 부과하며, 판매금액의 액수가 대단히 큰 경우에는 3년 이상 7년 이하의 유기징역에 처하고 벌금을 병과한다.[176]

---

176 중국 형법 제214조.

3. 등록상표 표장의 불법 제조 · 판매죄

타인의 등록상표 표장을 위조, 무단 제조하거나 또는 위조 무단
제조된 타인의 등록상표 표장을 판매하였으며 그 정도가 엄중한
경우에는 형사처벌의 대상이 된다. 이 경우에는 3년 이하의 유기
징역이나 구금, 감독에 처하고 벌금을 병과하거나 벌금만을 부과
한다. 정도가 특히 엄중한 경우에는 3년 이상 7년 이하의 유기징역
에 처하고 벌금을 병과한다.[177]

---

[177] 중국 형법 제215조.

제11장

10문 10답을 통해 알아보는 중국 반부정당경쟁법

중국 반부정당경쟁법(우리나라의 부정경쟁방지법 및 영업비밀보호에 관한 법률에 해당)은 1993년에 최초로 제정되어 운영되다가, 24년 만에 개정되어 2018년 1월 1일 개정법이 시행되었다(제1차 개정법).

제1차 개정법은 모호했던 부정경쟁행위 유형을 확대·구체화하고 인터넷 분야 등 새로운 부정경쟁행위를 추가해 공정한 경쟁질서 수립을 강화하는 데 초점을 맞추었다. 부정경쟁 행위로 규제될 수 있는 행위의 유형이 넓어져 우리기업의 권리보호 범위가 넓어지게 되었다. 특히, 상표를 등록하지 않아 상표법으로 보호받기 어려운 경우라도 '일정한 영향력'만 인정된다면 반부정당경쟁법으로 보호받을 수 있는 길이 열리게 되었다.

또한 제1차 개정법이 시행된 후, 2019년 4월 23일 개정법에 대한 수정[178]이 이루어졌다. 이번 수정은 영업비밀 관련 조항이 주요 대상이었으며, 이번 수정을 통해 중국은 영업비밀의 보호범위, 영

---

[178] 개정과 수정의 차이: 개정은 법정기관의 법률에 대한 전면적인 수정을 의미하며, 수정은 법정기관의 법률에 관한 일부분 또는 개별적인 수정을 뜻한다.

업비밀 침해행위의 처벌 수위를 더욱 강화했다.

[부정경쟁행위 유형]

Q1.

중국 반부정당경쟁법상 부정경쟁행위란 어떤 것이 있는가?

중국 반부정당경쟁법 제2조 제2항에서 부정경쟁행위 정의에 대해 규정하고 있으며, 구체적으로는 부정경쟁행위를 예시적으로 열거(동법 제6조 내지 제12조)하거나 일반조항(동법 제2조 제1항)을 두고 있다. 좀 더 구체적으로 살펴보면 다음과 같다.

(1) 타인의 '일정한 영향력이 있는' 상품명칭, 포장, 장식, 기업명칭, 사회조직명칭, 도메인 명칭, 웹사이트 명칭 등을 무단으로 사용하여 타인의 상품 또는 이들의 특정한 관계에 대해 오인을 초래할 수 있는 오인·혼동 행위(제6조)

(2) 거래상대방 직원이나 대리인 또는 거래에 영향을 미치는 기업이나 개인에게 거래기회 또는 경쟁우위를 도모하기 위해 물품구입 및 기타 수단으로 뇌물을 주는 행위(제7조)

(3) 상품의 성능, 기능, 품질, 판매상황, 고객평가 등에 대해 허위 또는 오인·혼동을 초래하는 허위홍보 행위(제8조)

(4) 절도, 뇌물, 사기 등의 부정당한 수단으로 권리자의 영업비밀을 침해하거나 불법취득한 영업비밀을 불법으로 사용하는 등의 행위(제9조)

(5) 불명확한 경품정보로 상품을 수령하는데 영향을 미치게 하거나, 그러한 상품이 있다고 거짓말하거나, 기만적인 방식으로 경품을 판매하는 행위(제10조)

(6) 허위정보 또는 혼동을 일으키는 정보를 날조, 전파하여 경쟁자의 상업이미지나 명예를 실추시키는 행위(제11조)

(7) 인터넷 특유의 기술수단을 이용하여 진행되는 부정경쟁 행위, 즉 링크삽입, 부정프로그램의 사용, 악의적 호환행위 등의 인터넷상의 부정경쟁행위(제12조)

이러한 부정경쟁의 주체는 경영자이며, 위의 부정경쟁행위의 결과로 기타 경영자나 소비자의 합법적인 권익에 피해를 입혀야 한다. 여기서 말하는 "소비자의 합법적 권익의 침해"란 그러한 부정경쟁행위로 인해 공정한 시장질서가 문란하게 되거나, 다른 경영자의 원가 또는 소비자가 물건을 선택하는 원가를 증가시키며 더 나아가 소비자의 복지와 권익에 피해를 입히는 것을 말한다. 다만, 경영자가 소비자의 합법적인 권익을 침해하는 행위에 대해서는, 경쟁관계나 경쟁질서행위와 관련이 없으면 동법의 부정경쟁행위에 속하지 않는다.

부정경쟁행위 유형 개요

혼동행위 (제6조)	〈객체: 일정한 영량력이 있는 표장〉 1) 상품명칭, 포장, 장식 2) 기업명칭, 상호, 필명, 예명 3) 도메인, 웹사이트명	〈방식〉 허가 없이 임의로 사용	〈결과〉 오인 초래

상업성뇌물 (제7조)	〈뇌물대상〉 1) 거래상대방 직원 2) 거래상대방의 대리인 혹은 수탁인 3) 직권 혹은 영향력을 이용하여 거래에 영향을 미치는 기업 혹은 개인	〈뇌물목적〉 거래기회 혹은 경쟁우위 도모	〈뇌물수단〉 재물 및 기타 수단

허위홍보 (제8조)	〈대상: 경영자의 상품 혹은 서비스 관련 정보〉 1) 상품 서비스의 자연적 속성 정보(성능, 품질 등) 2) 제공자 정보(자질, 영예, 유명인사와의 관계 등) 3) 시장 정보(가격, 판매상황, 사용자 평가 등)	〈형식 및 결과〉 내용이 허위이거나 오인·혼동 초래할 것

영업비밀침해 (제9조)	〈성립요건〉 1) 비밀성(대중에게 알려지지 않을 것) 2) 상업적 가치를 구비할 것 3) 비밀보장조치를 취할 것	〈침해 형식〉 1) 부정한 수단으로 취득(절도, 사기, 협박 등) 2) 불법 취득 후 불법 사용(누설, 타인의 사용허락) 3) 약정위반 혹은 비밀보장요구 위반 후 불법 사용

불법경품판매 (제10조)	〈불법경품판매 형태〉 1) 경품판매정보가 불명확하여 상을 타는 데 영향을 미치는 경우 2) 상품이 있다고 거짓말을 하거나, 내정자를 당첨시키는 등 사기방식으로 진행하는 경우 3) 거액의 상금을 걸고 하는 추첨행사

인터넷 부정경쟁 (제12조)	〈인터넷 부정경쟁 행위〉 1) 링크 삽입, 강제로 목표 건너뛰기 실행 2) 경영자가 합법적으로 제공한 인터넷 상품 혹은 서비스를 수정, 차단, 삭제하도록 사용자를 오도하고 기만하거나 강요하는 행위 3) 악의적으로 기타 경영자가 합법적으로 제공하는 인터넷 상품 혹은 서비스에 대해 비호환 성 조작을 가하는 행위 4) 기타 경영자가 합법적으로 제공하는 인터넷 상품 혹은 서비스의 정상적인 운영을 방해, 훼손하는 행위

Q2.

중국 반부정당경쟁법상 혼동행위는 구체적으로 어떤 것이며, 이에 해당하려면 어떠한 점을 고려해야 하는가?

> ■ 반부정당경쟁법 제6조: 경영자는 아래의 혼동행위로 타인의 상품 혹은 타인과의 특정관계가 존재하는 것으로 사람들을 오인하게 해서는 안 된다.
> ① 타인의 일정한 영향력이 있는 상품의 명칭·포장·장식 등과 동일 또는 유사한 표장을 무단으로 사용
> ② 타인의 일정한 영향력이 있는 기업명칭(약칭, 상호 등 포함), 사회조직 명칭(약칭 등 포함), 성명(필명, 예명, 번역명 등 포함)을 무단으로 사용
> ③ 타인의 일정한 영향력이 있는 도메인 주체부분, 웹사이트 명칭, 홈페이지 등을 무단으로 사용
> ④ 기타 타인의 상품 혹은 타인과 특정한 관계가 있는 것으로 사람들을 오인하게 하는 혼동행위

반부정당경쟁법상의 오인·혼동 행위란, 타인의 일정한 영향력이 있는 상품명칭, 기업 명칭이나 도메인 명칭 등을 무단으로 사용하여 사람들로 하여금 타인의 상품으로 오인하거나 타인과 어떤 관계가 있는 것으로 오인하는 행위를 말한다.

혼동행위의 대상은 '일정한 영향력이 있는' 표지이며, 구체적으로는 다음과 같다.

(1) 타인의 일정한 영향력이 있는 상품명칭, 포장, 장식 등
  명시적으로 열거되어 있는 상품명칭, 포장, 장식 이외에 명시되어 있지 않은 상표, 상품의 형상 등도 시각적인 것으로 표지의 역할을 하면 이에 해당한다.

(2) 일정한 영향력이 있는 기업의 명칭·약칭·상호와 사회조직의 명칭·약칭, 자연인의 성명·필명·예명·번역명 등

(3) 일정한 영향력이 있는 도메인네임의 주체, 인터넷 주소 명칭, 홈페이지 등

(4) 기타 타인의 상품 또는 타인과 특정한 관계가 있는 것으로 충분히 오인하게 할 수 있는 혼동행위

여기서 "일정한 영향력"이 무엇인지가 중요하다. 구법(1993년 제정법)에서는 일반 공중에게 널리 알려져 있을 것을 요구하는 '유명성(知名)'을 요건으로 하였으나, 개정법(2018년 1월 1일 시행법)에서는 이를 삭제하고, '일정한 영향력'이 있을 것을 요건으로 하였다. 일정한 영향력이 있는지 여부는 일반적으로 저명성보다는 낮은 정도의 인지도를 의미한다. 사안에 따라 개별적으로 판단해야 할 문제이긴 하나, 중국에서의 판매금액, 광고실적, 언론 보도내용, 수상기록 등이 판단에 영향을 줄 수 있다.

혼동의 결과는 타인의 상품 또는 타인과 특정한 관계가 있는 것으로 오인을 일으키는 것이다. 오인·혼동을 가져오는지에 대한 판단은 일반 공중이 가지는 일반적인 주의력을 기준으로 상품의 형상 등이 가지고 있는 전체적인 인상을 기준으로 판단한다.

법에 명시된 상품명칭, 포장, 장식 이외에 시각적으로 표현된 것이라면 명시되어 있지 않은 타인의 상품형상, 이미지 등도 보호대상으로 볼 수 있어, 타인의 상품의 형태를 모방한 경우에도 반부정당경쟁법상 보호받을 수 있다.

부정경쟁민사사건에 관한 최고인민법원 사법해석(2007년 2월 1일 반포) 제3조에서도 반부정당경쟁법 제6조의 '장식'에는 영업장의 장식, 영업도구의 모양, 종업원의 복장 등 독특한 스타일의 전체적인 이미지(trade dress)도 포함된다고 규정하고 있다.

판례로 배우는 중국 부정경쟁행위 실무(1)

● 타인의 포장장식 모방이 부정경쟁행위에 해당한다고 한 판례 ●

[사건개요]

원고(伊利公司)는 2012년부터 어린이 우유 "QQ성(QQ星)"시리즈 제품을 출시하였고, 피고(蒙牛公司)는 2015년에 어린이 우유 "미래성(未来星)"를 출시하였다. 이에 원고는 피고제품이 원고의 유명상품 특유의 포장장식을 침해하였다고 소를 제기하였다.

(원고의 제품 및 포장)　　　vs　　　(피고의 제품 및 포장)

[법원판결]

원고의 "QQ星" 제품의 광고선전비용, 판매액 및 시장점유율을 고려하여 유명상품으로 인정하였고, "QQ星"의 단품, 묶음, 세트 제품의 포장장식이 3D형태의 병모양, 도안, 배치, 색채 등의 요소를 결합하여 독특한 미감을 불러일으키고, 상품출처를 현저하게 나타내는 효과가 있어, 상품 특유의 표장, 장식으로 볼 수 있다.

법원은 원고의 "QQ星"시리즈와 피고의 "미래성(未来星)"시리즈를 상세히 비교한 후 양 상품의 포장, 장식이 전체적인 스타일이 유사하고 연관성이 있어, 소비자로 하여금 두 상품이 유사한 시리즈상품에 속하는 것으로 직감적으로 느껴진다고 판단하였다.

설사 두 상품이 전체적으로 유사하지 않다고 하더라고, 소비자의 주관적인 입장에서는, 여전히 혼동가능성이 존재한다고 판단하였으며, 이렇게 판단하는 원인은 해당 상품의 포장은 상표보다 더 중요한 인식작용을 하며, 해당 상품이 타깃으로 하는 소비자가 아동으로, 아동의 경우 특히 외부포장이 상표보다 더 큰 흡인력을 갖고 있기 때문이다.

따라서 피고 상품의 포장장식은 원고의 특유의 포장장식을 침해한 것으로 피고의 행위는 반부정당경쟁행위에 해당된다[북경시지식재산법원 (2017)京73民终203号(2017.3.1. 판결)].

판례로 배우는 중국 부정경쟁행위 실무 (2)

● 타인의 상표를 상호로 사용한 행위에 대한 사례 ●

[쟁점]

MISSHA의 중문상표에 해당하는 "谜尚"(미샹, mixiang)이란 문구가 피고의 상호에 사용되고 웹사이트 제품 사진에 해당 문구가 기재된 경우, 이를 부정경쟁행위로 볼 것인가 여부

谜尚	vs	碧奥泉 BIAOQUAN
원고(아이보신사)의 등록상표 * 한국기업 중국 자회사		피고(미샹화장품회사)의 등록상표 * 피고의 상호가 미샹(谜尚)

[사건개요]

원고는 피고가 웹사이트의 제품 사진에 "谜尚" 문구를 사용하고 "谜尚" 이라고 기재된 상품을 판매한 행위가, 일반소비자로 하여금 피고의 판매 제품이 원고의 상품인 걸로 그 출처를 오인·혼동케 하고, 등록상표의 인지도를 남용하려 했다는 이유로, 상표권 침해 및 부정경쟁소송을 제기 하였다.

[법원판단]

피고가 "谜尚" 문구를 상호에 사용한 것은 등록상표의 인지도에 "무임승차"하고자 한 주관적 악의가 있었다고 판단하고, 이는 마땅히 지켜야 할 공평·신의성실의 원칙에 위배된다. 또한 양사의 소비채널과 소비대상이 일치하며, 피고가 설립된 2014년 1월 27일 이전에 "谜尚" 상표가 2010년 7월 28일에 먼저 등록되었고, 이미 피고의 회사설립 이전에 원고의 등록상표가 일정한 인지도를 갖추고 있었으므로, 피고의 "谜尚" 문구 사용은 일반소비자의 오인·혼동을 유발할 수 있는 부정경쟁행위에 해당한다[광저우 지식재산법원(2016)粤73民终332号 민사판결. (2016.8.30. 선고)].

Q3.

상업성 뇌물로 인한 부정경쟁행위는 어떤 것인가?

■ 반부정당경쟁법 제7조: 경영자는 물품 구입 혹은 기타 수단으로 아래의 조직 혹은 개인에게 뇌물을 주어 거래 기회 혹은 경쟁우위를 도모해서는 아니 된다.
(1) 거래 상대방의 종업원
(2) 거래 상대방의 위탁을 받아 관련 사무를 처리하는 조직 또는 개인
(3) 직권 또는 영향력을 이용하여 거래에 영향을 줄 수 있는 조직 또는 개인

경영자는 거래활동 중 명시적인 방식으로 거래 상대방의 결제액을 할인해 주거나, 또는 중개인에게 커미션을 지급할 수 있다. 경영자가 거래 상대방의 결제액을 할인해 주거나, 중개인에게 커미션을 지급하는 경우, 사실대로 장부에 기입해야 한다. 할인을 받고 커미션을 받은 경영자도 사실대로 장부에 기입해야 한다.

경영자의 직원이 뇌물을 준 경우, 이를 경영자의 행위로 인정해야 한다. 단, 해당 직원의 행위가 경영자를 위해 거래 기회 또는 경쟁우위를 도모하기 위한 것과 무관하다는 것을 경영자가 증명할 만한 증거를 가진 경우는 제외한다.

상업성 뇌물공여행위도 부정경쟁행위의 하나로 규정하고 있다.

상업성 뇌물의 목적은 거래기회 혹은 경쟁우위를 도모하기 위함이다. 거래기회를 도모하거나 경쟁우위를 목적으로 이루어지는 뇌물행위인 경우에만 반부정당경쟁법상의 상업성 뇌물행위로 인정되므로, 일반적인 뇌물과는 본질적 특징이 다르다. '거래기회'는 경영자가 상업성뇌물을 통해 거래상대방과의 거래성공 가능성을 얻거나 그 가능성을 높이는 것을 말한다. '경쟁우위'는 경영자가 뇌물을 통해 경쟁자(직접적인 경쟁자과 잠재적 경쟁자 포함)에 대해 우세한 지위를 차지하게 되는 것을 말한다.

상업성 뇌물의 대상은 ① 거래상대방의 종업원, ② 거래상대방의 위탁을 받아 관련 사무를 처리하는 조직 또는 개인(예컨대, 거래상대방의 대리인, 수탁자 등), ③ 직권 또는 영향력을 이용하여 거래에 영향을 줄 수 있는 조직 또는 개인(주로 국가기관, 국영기업들인 경우가 많음) 등이다.

직원을 통한 뇌물행위의 경우 이를 경영자의 행위로 인정하고 있어 사용자인 회사 또한 임직원의 뇌물공여 행위에 대하여 책임을 부담하도록 하였다. 따라서 중국현지 법인을 두고 있는 경우 마케팅이나 홍보부서에 종사하는 직원들의 감독·관리를 철저히 하는 것이 좋다.

다만, 직원의 뇌물행위가 상업성 뇌물의 목적인 거래 기회 또는 경쟁우위를 도모하기 위한 것과 무관할 경우, 이를 증명할 만한 증거가 있으면 책임을 지지 않는다.

뇌물을 준 행위만 단속하고 뇌물을 받은 행위는 단속하지 않는다.

상업성 뇌물과 합법적 할인 및 커미션은 달리 취급하고 있다. 즉, 반부정당경쟁법에서 경영자는 거래상대방에게 할인 또는 중개인에게 정상적인 중개수수료(리베이트)를 지급할 수 있도록 규정하고 있다. 다만 경영자뿐만 아니라 거래상대방, 중개인도 장부에 해당 내역을 상세히 기재해야 한다.

Q4.

허위광고로 인한 부정경쟁행위는 어떤 것인가?

■반부정당경쟁법 제8조: 경영자는 그 상품의 성능, 기능, 품질, 판매상황, 고객평가, 수상기록 등에 대해 허위 혹은 사람들의 오해를 불러일으키는 상업홍보로 소비자를 속이거나, 오도해서는 아니 된다.
경영자는 허위거래를 작성하는 등의 방식으로 다른 경영자가 허위 혹은 사람들의 오해를 불러일으키는 상업홍보를 하는 것을 도와서는 아니 된다

상품의 성능, 기능, 품질, 판매상황, 이용자 평가, 수상내역 등에 대하여 허위홍보 또는 오해를 일으킬 수 있는 상업홍보를 함으로써 소비자를 기만하고 오도하는 행위는 부정경쟁행위에 해당한다.

허위홍보 대상은 경영자의 상품 혹은 서비스업과 관련한 정보인데 ① 상품/서비스업의 성능, 산지, 용도, 품질, 성분 등, ② 생산자, 경영자, 서비스업제공자의 자질, 자산규모, 수상실적, 유명기업이나 유명인사와의 관계 등, ③ 상품의 시장 정보 즉, 가격, 판매상황, 사용자 평가 등을 말한다.

부정경쟁행위가 되기 위해서는 허위홍보의 내용이 허위 혹은 사람들에게 오인을 초래하는 것이어야 한다. 예컨대 어떤 약품이 만병통치약이라고 선전하는 것, 국내 작업공방에서 만든 제품을 해외유명기업의 제품으로 선전하는 것, 일반 노동자가 만든 것을 국가일류 기술자가 만든 것으로 선전하는 것 등을 들 수 있다.[179] 이러한 허위홍보 결과, 소비자를 속이거나, 오도하는 객관적 결과가 있거나 그러한 가능성이 있는지 여부는, 허위 홍보가 구매행위에 대해 실질적인 영향을 미치는지의 여부 등을 판단해야 한다. 만약 허위선전에 사용된 정보들이 진실이 아니라 할지라도 구매여부를 결정하는데 실질적인 영향을 미치지 않는다면 허위홍보로 보기는 어렵다. 허위홍보와 과장된 예술적 표현과는 구분해야 한다. 예를 들어 화장품을 선전하면서 "오늘은 20세이지만 내년에는 18세가 될 것이다"라는 홍보문구가 실현 가능성이 없는 내용이긴 하지만 소비자들이 이것은 과장된 표현방법이라는 것을 알기에 이로 인해 속는다든가 오인을 초래하지는 않는 것이다. 이러한 선전이 허위

---

179 反不正当竞争法学系问答(王翔主编, 中国法律出版社, 2017), p.24.

홍보로는 볼 수 없다.[180]

거래장부를 허위로 조작하는 것, 즉 인터넷상거래 업체가 평가를 바꾸고 매출이 많은 것처럼 과장하고, 신용이 높은 매장인 것처럼 보이게 하는 행위들도 부정경쟁행위에 해당한다.

위에서 기술한 타인의 허위홍보를 '돕는' 행위도 금하고 있다.

🔨 판례로 배우는 중국 부정경쟁행위 실무(3)

• 허위광고를 인정한 판례 •

[쟁점]
피고가 자신의 제품인 침대와 가구를 판매하면서, 자사 상표인 "富丽真金"(푸리쪈찐, fulizhenjin) 대신 원고의 저명상표인 "富麗真金"을 표기한 행위가 부정경쟁에 해당하는지 여부

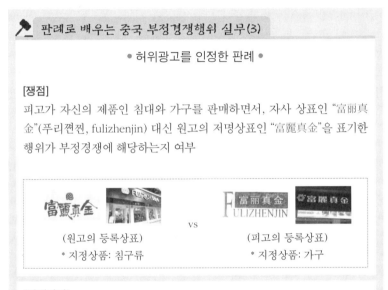

(원고의 등록상표)	vs	(피고의 등록상표)
* 지정상품: 침구류		* 지정상품: 가구

[법원판단]
피고가 제품포장, 설명서 자료 등에서 "富丽真金"의 "丽"자를 번체자로 표기한 "富麗真金"으로 바꾸어 표기하고, 매장간판, 홍보책자, 광고란에도 번체자인 "富麗真金"으로 표기한 것은 규범적 사용범위를 벗어난 것이다. 원고와 피고 상표의 지정상품이 다를지라도 침구용품과 매트리스는 수면과 관련하여 밀접한 연관성이 있는 제품군이므로, 일반 소비자가 제품 출처를 혼동하거나 양 당사자가 특정관계에 있는 걸로 오인할 수 있다고 판단하여 허위광고를 인정하였다.

---

180 反不正当竞争法学系问答(王翔主编, 中国法律出版社, 2017), p.25.

또한 경영자 간의 동종업계 경업관계가 없다고 하더라도, 부정한 수단으로 경쟁우위를 취하거나 타인의 경쟁우위를 훼손할 경우 여전히 부정경쟁행위에 해당한다[후난성 고급인민법원湘民終45号(2016.9.29.선고)].

Q5.

영업비밀침해로 인한 부정경쟁행위는 어떤 것인가?

■ 반부정당경쟁법 제9조: 경영자는 아래의 영업비밀 침해 행위를 해서는 아니 된다.

(1) 절도, 뇌물, 사기, 협박, 전자적 방식을 통한 침해 혹은 기타 부정한 수단으로 권리자의 영업비밀을 취득

(2) 이러한 수단으로 취득한 권리자의 영업비밀을 누설, 사용 혹은 타인에게 사용 허락

(3) 약정을 위반하거나, 권리자의 영업비밀 보호 유지 요구를 위반하여 확보한 영업비밀을 누설, 사용 혹은 타인에게 사용 허락

(4) 타인의 비밀유지의무 위반을 교사, 유인, 방조하거나 권리자의 영업비밀 유지와 관련한 요구를 위반하거나, 타인이 권리자의 영업비밀을 취득, 누설, 사용 또는 허락

경영자 외에 기타 자연인, 법인 그리고 법인이 아닌 조직이 위와 같은 법조항을 위반하는 행위를 하였을 경우, 이 역시 영업비밀을 침해한 것으로 간주한다.

제3자가 영업비밀 권리자의 직원, 퇴사한 직원 혹은 기타 기업, 개인이 상기 조항에서 열거한 위법행위를 하는 것을 확실히 알거나, 당연히 알면서도 여전히 영업비밀을 누설, 사용하거나, 타인에게 사용을 허락하는 경우, 영업비밀 침해로 간주한다.

본 법에서 말하는 영업비밀은 대중이 알지 못하는 상업적 가치가 있으며, 권리자에 의해 비밀보장 조치가 취해진 기술정보와 경영정보를 가리킨다.

■ 반부정당경쟁법 제32조: 영업비밀 침해에 대한 민사재판 과정 중 영업비밀 권리자는 미리 증거를 제공해야 하고, 주장된 영업비밀에 대해 이미 비밀유지 조치를 취하고 있다는 것을 증명해야 한다. 그리고 영업비밀이 침해당했다는 것을 합리적으로 표명해야 하며, 침해혐의자는 권리자가 주장하는 상업 비밀이 본 법 규정의 영업비밀에 속하지 않는다는 것을 증명해야 한다.

영업비밀 권리자는 미리 증거를 제공해야 하며, 영업비밀이 침해당했다는 것을 합리적으로 표명해야 한다. 그리고 아래와 같은 증거 중 하나를 제시해야 하며, 침해혐의자는 영업비밀을 침해한 행위가 없었다는 것을 증명해야 한다.

(1) 침해혐의자가 영업비밀을 취득한 경로나 기회가 있었다는 것을 나타내는 증거 및 그 사용한 정보가 해당 영업비밀과 실질적으로 같다는 증거

(2) 영업비밀이 침해혐의자에 의해 이미 폭로, 사용 또는 폭로, 사용될 위험이 있다는 것을 나타내는 증거

(3) 영업비밀이 침해혐의자에 의해 침해됐다는 것을 나타내는 기타 증거

영업비밀로 인정되기 위한 조건은 ① 비밀성(상대성, 비배타성을 가지고 소속분야 직원이 쉽게 알 수 있는 것은 불포함)이 있어야 하고, ② 상업적 가치(경제가치 혹은 경쟁우위, 직접/현실 및 간접/잠재적 가치 포함)가 있어야 하며, ③ 비밀보장조치(다양한 방식, 가치/취득 난이도와 서로 매칭)를 해야 하고, ④ 비밀의 내용이 기술정보, 경영정보(제조법, 공법, 물품 공급원 정보, 생산판매전략, 입찰문서 내용 등) 등 영업정보이어야 한다.[181]

---

181 영업비밀의 범위와 관련, 개정법에서는 기술정보와 경영정보를 가리킨다고 하였으나, 수정법에서는 기술정보, 경영정보에 국한하지 않고 "기술 및 경영정보 등 영업정보"로 영업비밀의 범위를 확장하였다.

영업비밀 침해 주체는 기업의 경우 현재 근무 중인 직원뿐만 아니라 '퇴사한 직원'과 '거래에 영향을 미칠 수 있는 제3자'까지 해당된다. 또한 경영자 이외에 기타 일반인, 법인 그리고 법인이 아닌 조직들도 영업비밀 침해 주체에 해당된다.[182]

영업비밀의 침해형식은 ① 부정한 수단으로 취득(절도, 뇌물, 사기, 협박, 전자적 방식을 통한 침해[183] 등)하거나, ② 불법 취득한 영업비밀을 불법사용(누설, 개인 사용, 타인 사용)하거나, ③ 약정 위반 혹은 비밀보장 요구를 위반하여 확보한 영업비밀을 누설, 사용 혹은 타인에게 사용을 허락하거나, ④ 타인의 비밀유지의무 위반을 교사, 유인, 방조 또는 타인이 권리자의 영업비밀을 취득, 누설, 사용, 허가하는 방식이다. 또한 ⑤ 경영자 이외에 기타 자연인, 법인 등이 영업비밀 관련 법 조항을 위반하였거나, ⑥ 제3자가 영업비밀 침해를 확실히 알거나, 당연히 아는데도 여전히 불법 사용(위법적인 출처, 명확히 알고 당연히 아는 정보, 불법 사용)하는 것도 영업비밀 침해로 간주한다.

---

182 수정법에서 영업주체를 확대하였다. 기타 자연인에는 변호사, 국가 공무원 등도 책임주체의 범위에 포함될 수 있다. 비록 경영자는 아니지만 상업 비밀에 관련될 수 있기 때문이다.
183 수정법에서 추가된 것으로 인터넷이 발달함에 따라 해킹 기술 등의 수단으로 상업 비밀을 취득할 수 있게 되어, 영업비밀 침해 수단에 포함시켰다.

불법경품 판매로 인한 부정경쟁행위는 어떤 것인가?

> ■ 반부정당경쟁법 제10조: 경영자의 경품 판매 실시는 아래에 해당되어
> 서는 아니 된다.
> (1) 상의 종류, 수상조건, 상금 혹은 상품 등 경품판매정보가 불명확하여
>   상품을 타는 데 영향을 미치는 경우
> (2) 상품이 있다고 거짓말을 하거나, 고의로 내정자를 당첨시키는 사기방
>   식으로 경품 판매를 하는 경우
> (3) 추첨제 경품 판매, 최고상 상금이 5만 위안을 넘는 경우

경품 판매는 경영자가 상품 판매 혹은 서비스업 제공에 있어서, 판매나 서비스업 제공과는 별도로 추가적으로 구매자에게 물품, 돈 혹은 기타 경제적 이익을 제공하는 것을 말한다.

불법적인 경품판매의 형태는 ① 경품판매정보가 불명확하여 상을 타는 데 영향을 미쳐 소비자가 합리적으로 기대하는 상금 혹은 상품을 획득할 수 없는 경우, ② 상품이 있다고 거짓말을 하거나, 내정자를 당첨시키는 등의 사기방식으로 경품판매를 하는 경우(실제로 상품이 없거나, 형편없는 상품인 경우, 내부 혹은 외부 직원을 내정한 경우 등), ③ 거액의 상금을 걸고 하는 추첨행사(투기 도박심리를 조장, 경품 획득을 위한 물품구매 강요 등) 등의 형태이다.

다만, 거액의 상금을 걸고 하는 추첨행사라 할지라도 모든 구매자에게 상금을 주고 상품가치에 상당한 경품이 증정되어 도박 성격이 약하다거나, 운이 아닌 체력이나 IQ, 특기 등으로 수상자가 상품을 획득한 경우는 본 조항이 적용되지 않는다.[184]

상업적 비방으로 인한 부정경쟁행위는 어떤 것인가?

■ 반부정당경쟁법 제11조: 경영자는 허위정보 혹은 오도성 정보를 날조, 유포해서는 아니되며, 경쟁상대의 사업상의 평판, 상품 명성을 손상시켜서는 아니 된다.

상업적 비방 대상은 주로 동일 또는 유사한 상품이나 서비스업을 생산 판매하는 경쟁대상 간에 발생하는 것이 가장 일반적이다. 그 외에도 유사한 기능을 갖추거나, 또는 상호 대체가 가능한 업종 간(예: 휴대폰과 카메라 간)에도 발생할 수 있다. 또한 경영자 간에 소비자의 주의력이나 구매력 등을 쟁탈하려는 상업적 이익이 충돌하는 경우에도 발생할 수 있다.[185]

상업비방의 행위는 허위정보 혹은 오도성 정보를 날조하고, 유포하는 것이다. 허위정보 혹은 오도성 정보가 경쟁대상에 영향을 줘야 하기에 '유포'가 필수적이다. 유포방법은 광고, 영화, 신문, 잡지, 인터넷 등 대중전파 방식의 유포, 박람회 등의 거래장소에서의 유포 등 다양한 방식이 있다.

이러한 상업비방의 결과, 경쟁상대의 사업상 평판, 상품 명성을 손상시켜야 한다. 평판과 명성에는 상품 품질, 사회적 관계, 공익 이미지, 기업문화가 포함된다.

---

184 反不正当竞争法学系问答(王翔主编, 中国法律出版社, 2017), p.37.
185 反不正当竞争法学系问答(王翔主编, 中国法律出版社, 2017), p.39.

Q8.

인터넷상의 부정경쟁행위의 구체적인 행위는 어떠한 것이 있는가?

■ 반부정당경쟁법 제12조: 경영자가 인터넷을 이용하여 생산경영활동에 종사하는 경우, 본 법의 각 항목 규정을 준수해야 한다. 경영자는 기술수단을 이용하여 고객의 선택에 영향을 미치는 방식 혹은 기타 방식을 통해 아래와 같이 기타 경영자가 합법적으로 제공하는 인터넷 상품 혹은 서비스업의 정상적인 운영을 방해, 훼손하는 행위를 해서는 아니 된다.

(1) 기타 경영자의 동의 없이 그가 합법적으로 제공하는 인터넷 상품 혹은 서비스업에 링크 삽입, 강제로 건너뛰기 등을 실행하는 행위

(2) 사용자를 오도하고 속이고 강요하여 기타 경영자가 합법적으로 제공하는 인터넷 상품 혹은 서비스업을 수정, 폐쇄, 삭제하게 하는 행위

(3) 악의적으로 기타 경영자가 합법적으로 제공하는 인터넷 상품 혹은 서비스업에 대해 비호환성 조작을 가하는 행위

(4) 기타 경영자가 합법적으로 제공하는 인터넷 상품 혹은 서비스업의 정상적인 운영을 방해, 훼손하는 행위

인터넷상의 부정경쟁행위는 2가지의 유형으로 나타난다.

첫째는, 전통적인 부정경쟁행위가 인터넷상으로 확장된 것이다. 예를 들어 인터넷을 통한 혼동행위, 허위광고, 상업적 비방 등의 부정경쟁행위이다. 이러한 인터넷상의 부정경쟁행위는 전통적인 부정경쟁행위와 비교할 때 인터넷상에서 발생한다는 것 외에는 별다른 실질적인 차이가 없다.

두 번째는, 인터넷 영역에서의 특수한 것으로서, 기술적 수단을 이용하여 부정경쟁행위를 일으키는 것이다. 이것은 전통적인 부정경쟁행위와는 다르게 인터넷기술의 발달에 따라 나타난 새로운 부

정경쟁행위로 개정법에서 새롭게 도입된 규정이다.

이러한 인터넷상의 부정경쟁행위로는 ① 다른 경영자의 동의 없이 합법적으로 제공한 인터넷 제품 또는 서비스업 중에 링크를 삽입하여 강제적으로 이동시키는 행위 ② 합법적으로 제공한 인터넷 제품 또는 서비스업을 수정, 차단, 삭제하도록 하여 사용자에게 잘못 안내하거나 기만하는 행위, ③ 악의적으로 다른 경영자가 합법적으로 제공한 인터넷 제품 또는 서비스업에 대해 호환되지 않도록 하는 행위, ④ 다른 경영자가 합법적으로 제공한 인터넷 제품 또는 서비스업의 정상운행을 방해하거나 파괴하는 기타행위를 부정경쟁행위로 보고 있다.

🔨 **판례로 배우는 중국 부정경쟁행위 실무(4)**

● 인터넷상의 부정경쟁행위를 인정한 판례 ●

[쟁점]
바이두(百度)社가 타 사이트(다중디엔핑大众点评)의 이용자 리뷰정보를 무단 사용한 행위가 부정경쟁행위로 인정되는지 여부

> ### 한타오(汉涛)社   vs   바이두(百度)社

[법원판단]
바이두社가 다중디엔핑 정보를 사용한 것과 그 사용방식은 다중디엔핑의 서비스업을 실질적으로 대체하였으며 이는 한타오社의 이익에 손실을 초래하였다고 인정하였다.
다중디엔핑의 이용자 리뷰 정보는 한타오社(大众点评의 경영자)의 핵심 경쟁자원 중 하나로 한타오社에게 경쟁우위를 주는 상업적 가치가 있으

므로 바이두社의 행위는 한타오社의 손실을 야기하였으며, 상업도덕 및 신의성실의 원칙의 위반 및 부정당성에 해당하여 부정경쟁행위를 구성한다고 판결하였다[상해시 지식재산법원(2017.8.30. 선고)].

[부정경쟁행위 구제조치]

Q9.

타인의 행위가 부정경쟁행위에 해당되는 경우 어떠한 민·형사상의 구제조치를 취할 수 있는가?

■ 반부정당경쟁법 제17조: ① 경영자가 본 법의 규정을 위반하고 타인의 손실을 초래한 경우 반드시 법에 의거하여 민사책임을 져야 한다.

② 경영자의 합법적 권익이 부정경쟁 행위로 인해 손실을 입은 경우 법원에 소송을 제기할 수 있다.

③ 경영자가 부정경쟁 행위로 인해 입은 손실에 대한 배상액은 실제손실로 확정하며, 실제손실을 산정하기 어려운 경우 침해자가 침해로 인해 획득한 이익으로 확정한다. 경영자가 악의적으로 영업비밀를 침해하는 행위를 하였고 상황이 심각할 경우, 위에 서술한 방법에 따라 확정한 금액의 1배 이상 5배 이하의 금액을 배상한다. 또한 배상액에는 경영자가 침해행위를 제재하기 위해 소요된 합리적 지출비용도 포함되어야 한다.

④ 경영자가 본 법 제6조, 제9조의 규정을 위반하고 침해행위로 인해 권리자가 입은 실제손실과 침해자가 획득한 이익을 산정하기 어려운 경우, 인민법원에서 침해행위의 경위에 따라 권리자에게 500만 위안 이하의 배상을 하도록 한다.

먼저, 반부정당경쟁법 제17조에 의해, 경영자의 합법적 권익이 부정경쟁행위로 손해를 입은 경우, 인민법원에 소송을 제기할 수 있다. 이 경우, 경영자가 부정경쟁행위로 인해 입은 손해에 대한 배상액은 실제손실을 입은 금액으로 확정하며, 실제손실을 산정하기 어려운 경우에는 침해자가 얻은 이익으로 확정한다.

2019년 수정법에서는 경영자가 악의적으로 영업비밀을 침해하고 그 상황이 엄중할 경우, 권리자가 침해당함으로 인해 발생한 실제 손해 또는 침해자가 침해로 인해 얻은 이익의 1배 이상 5배 이하의 금액을 배상하도록 하였다.

또한 배상액에는 경영자가 침해행위를 저지하기 위해 지출한 합리적 비용도 포함한다. 다만, 권리자가 입은 실제손실과 침해자가 획득한 이익을 산정하기 어려운 경우, 법원에서 침해행위를 고려하여 권리자에게 500만 위안 이하의 배상을 하도록 명할 수 있다.[186]

다음으로, 반부정당경쟁법 제31조 규정에 의해, 동법의 규정을 위반하여 범죄를 구성할 경우에는 형사책임을 추궁할 수 있다. 구체적인 형사책임에 대해서는 〈중화인민공화국 형법〉의 규정에 의거한다.

---

186 2019년 수정법에서 법정손해배상금을 기존 300만 위안에서 500만 위안으로 상향 조정했다.

민·형사상의 구제조치 이외에 중국 시장감독관리국이 실시하는 행정조사는 어떠한 조치를 취할 수 있는가?

■ 반부정당경쟁법 제13조: 감독검사부서는 부정경쟁 행위의 혐의에 대하여 조사함에 있어서 다음과 같은 조치를 취할 수 있다.

(1) 부정경쟁 행위의 혐의가 있는 장소에 진입하여 검사를 진행한다.

(2) 피조사 경영자, 이해관계자 및 기타 관련 업체, 개인에게 질문하고, 관련 상황을 설명하도록 요구하거나 피조사 행위와 관련한 기타 자료를 제공하도록 요구한다.

(3) 부정경쟁 행위의 혐의와 관련한 협의, 장부, 영수증, 서류, 기록, 업무서신 및 기타 자료를 조회하고 복제한다.

(4) 부정경쟁 행위의 혐의와 관련한 재물을 압류 및 봉인한다.

(5) 부정경쟁 행위의 혐의가 있는 경영자의 은행계좌를 조회한다.

위에 규정한 조치를 취할 시, 반드시 감독검사부서 담당자에게 서면보고하고 승인을 받아야 한다. 상기 조항 제4항, 제5항에 규정한 조치를 취할 시, 시급 이상의 인민정부 감독검사부서 담당자에게 서면보고하고 승인을 받아야 한다.

감독검사부서가 부정경쟁 행위의 혐의에 대하여 조사할 시, 반드시 〈중화인민공화국 행정강제법〉 및 기타 관련 법률, 행정법규의 규정을 준수하여야 하며, 조사처리 결과를 적시에 사회에 공개하여야 한다.

■ 반부정당경쟁법 제14조: 감독검사부서가 부정경쟁행위의 혐의에 대하여 조사 시, 피조사 경영자, 이해관계자 및 기타 관련 업체, 개인은 반드시 사실대로 관련 자료 또는 상황을 제공하여야 한다.

■ 반부정당경쟁법 제15조: 검독검사부서 및 그 업무담당자는 조사과정에서 알게 된 영업비밀에 대하여 비밀유지 의무를 진다.

■ 반부정당경쟁법 제16조: 부정경쟁 행위의 혐의에 대하여 어떠한 업체 및 개인은 감독검사부서에 신고할 권리가 있으며, 감독검사부서는 신고를 접수한 후 반드시 법에 의거하여 적시에 처리해야 한다.

감독검사부서는 반드시 신고접수 전화번호, 사서함 또는 전자메일 주소를 사회에 공개하여야 하며, 신고자를 보호하여야 한다. 실명으로 신고하고 관련 사실 및 증거를 제공한 것에 대하여 감독검사부서는 반드시 조사 처리 결과를 신고자에게 알려야 한다.

부정경쟁행위 위반여부에 대한 행정조사는 현급이상 인민정부의 시장감독관리 업무를 담당하는 부서에서 직권으로 조사를 하거나 신고에 의해 실시한다. 감독·검사부서(현급 이상의 지방시장감독관리국)는 부정경쟁행위와 관련된 조사가 필요한 경우 아래와 같은 조사를 실시할 수 있으며 조사관은 비밀유지 의무가 있다.

(1) 부정경쟁 혐의가 있는 장소에서의 현장조사이다. 현장조사는 사실관계를 명확하게 파악할 수 있는 중요한 것으로 경영자의 부정경쟁 혐의가 발견되면 실시하는 것이 일반적이다. 이를 통해 증거를 확보하고 부정경쟁행위 사실여부를 확인하게 된다.

(2) 부정경쟁행위에 대한 사실관계를 조사하기 위한 회사나 개인 등 관련자에 대한 조사·심문이다. 피조사자는 감독·검사부서의 요구에 따라 자료를 제출하거나 사실관계에 대해 충분히 설명해야 한다.

(3) 부정경쟁행위 혐의와 관련한 증거를 획득하기 위해 당사자 간의 협의내용, 관련 장부, 영수증, 서류 등의 자료를 조회하고 복사할 수 있다.

(4) 부정경쟁행위 혐의와 관련된 재물을 압류하거나 봉인할 수

있다. 동산, 부동산 모두 가능하며 당사자가 재산을 은닉하거나 사용하는 것을 제한하기 위한 위함이다.

(5) 부정경쟁행위 혐의가 있는 경영자의 은행계좌를 조회할 수 있다.

만약 상기 조사를 거절, 방해하는 경우 감독·검사부서는 개인에게는 5천 위안 이하, 기관에 대해서는 5만 위안 이하의 벌금을 부과할 수 있다.

행정조사 결과 부정경쟁행위가 인정되면 감독·검사부서는 그 행위의 중지를 명하고 부정경쟁행위 유형에 따라 상품을 몰수하며, 벌금을 부과하거나, 필요한 경우 사업자 등록을 말소한다.[187]

---

187 반부정당경쟁법 제18조 내지 제23조.

부정경쟁행위에 해당할 경우 행정처벌 내용

위반내용	벌금 등의 내용(제18조~제23조)
오인·혼동금지 (제6조)	• 불법행위 중지명령 및 상품몰수 • 불법영업금액이 5만 위안 이상인 경우 불법영업액 금액 5배 이하의 벌금 또는 불법영업금액이 없거나 5만 위안 이하인 경우 25만 위안 이하의 벌금을 함께 부과 • 불법행위가 엄중한 경우에는 사업자등록증 말소
상업적 뇌물제공 금지(제7조)	• 불법소득 몰수 • 10만 위안 이상 300만 위안 이하의 벌금 부과 • 불법행위가 엄중한 경우에는 사업자등록증 말소
허위홍보 금지 (제8조)	• 불법행위 중지 명령 • 20만 위안 이상 100만 위안 이하의 벌금 부과 (단, 엄중한 경우에는 100만 위안 이상 200만 위안 이하 벌금) • 불법행위가 엄중한 경우에는 사업자등록증 말소
영업비밀침해 금지(제9조)	• 불법행위 중지 명령 • 10만 위안 이상 100만 위안 이하의 벌금부과 (단, 엄중한 경우에는 50만 위안 이상 500만 위안 이하의 벌금)
위법한 경품판매 금지(제10조)	• 불법행위 중지 명령 • 5만 위안 이상 50만 위안 이하의 벌금
상업적 비방 금지 (제11조)	• 불법행위 중지 명령 • 10만 위안 이상 50만 위안 이하의 벌금 (단, 엄중한 경우에는 50만 위안 이상 300만 위안 이하의 벌금)
인터넷상의 부정경쟁행위 금지(제12조)	• 불법행위 중지 명령 • 10만 위안 이상 50만 위안 이하의 벌금 (단, 엄중한 경우에는 50만 위안 이상 300만 위안 이하의 벌금)

부 록

〈부록 1〉 중국 제4차 개정 상표법과 종전법 비교

종전 〈중국 상표법〉 (2013.8.30. 3차 개정, 2014.1.1. 시행)	4차 개정 〈중국 상표법〉 (2019.4.23. 4차 개정, 2019.11.1. 시행) (4차 개정부분 밑줄 표시)
제4조 자연인, 법인 또는 기타 조직이 생산 경영활동에서 그 상품 또는 서비스에 대하여 상표전용권을 취득해야 하는 경우 상표국에 상품 상표등록을 출원해야 한다. 본 법의 상품상표와 관련된 규정은 서비스상표에 적용된다.	**제4조** 자연인, 법인 또는 기타 조직이 생산 경영활동에서 그 상품 또는 서비스에 대하여 상표전용권을 취득해야 하는 경우 상표국에 상품 상표등록을 출원해야 한다. <u>사용을 목적으로 하지 않는 악의적 상표등록출원은 거절해야 한다.</u> 본 법의 상품상표와 관련된 규정은 서비스상표에 적용된다.
제19조 상표대리기구는 성실과 신의의 원칙에 입각하여 법률과 행정법규를 준수해야 하고, 의뢰인의 위탁에 따라 상표등록출원이나 기타 상표업무를 처리해야 한다. 또한 대리과정에서 알게 된 의뢰인의 영업비밀에 대해, 비밀보호 의무가 있다. 위탁인의 등록출원 상표에 본 법이 규정하는 등록될 수 없는 상황이 존재하는 경우, 상표대리기구는 위탁인에게 이를 정확히 알려야 한다. 상표대리기구는 위탁인의 등록출원 상표가 본 법 제15조와 제32조에서 규정한 상황에 해당한다는 사실을 인지하고 있거나 인지해야 할 경우 이를 수임할 수 없다. 상표대리기구는 그 상표등록출원 대리서비스 외에, 기타 상표의 등록출원을 할 수 없다.	**제19조** 상표대리기구는 성실과 신의의 원칙에 입각하여 법률과 행정법규를 준수해야 하고, 의뢰인의 위탁에 따라 상표등록출원이나 기타 상표업무를 처리해야 한다. 또한 대리과정에서 알게 된 의뢰인의 영업비밀에 대해, 비밀보호 의무가 있다. 위탁인의 등록출원 상표에 본 법이 규정하는 등록될 수 없는 상황이 존재하는 경우, 상표대리기구는 위탁인에게 이를 정확히 알려야 한다. 상표대리기구는 위탁인의 등록출원 상표가 본 법 <u>제4조</u>, 제15조와 제32조에서 규정한 상황에 해당한다는 사실을 인지하고 있거나 인지해야 할 경우 이를 수임할 수 없다. 상표대리기구는 그 상표등록출원 대리서비스 외에, 기타 상표의 등록출원을 할 수 없다.
제33조 초보심사결정하고 공고한 상표에 대해 공고일로부터 3개월 이내에 선(先)권리자나 이해관계자가 본 법 제13조 제2항, 3항, 제15조, 제16조 제1항, 제30조, 제31	**제33조** 초보심사결정하고 공고한 상표에 대해 공고일로부터 3개월 이내에 선(先)권리자나 이해관계자가 본 법 제13조 제2항, 3항, 제15조, 제16조 제1항, 제30조, 제31

조, 제32조의 규정위반으로 보는 경우, 또는 임의인이 본 법 제10조, 제11조, 제12조의 규정위반으로 보는 경우 상표국에 이의를 제기할 수 있다. 공고기간 내 이의신청이 없으면 등록을 허가하고 상표등록증을 발급하며 이를 공고한다.	조, 제32조의 규정위반으로 보는 경우, 또는 임의인이 본 법 <u>제4조,</u> 제10조, 제11조, 제12조, <u>제19조 제4항</u>의 규정위반으로 보는 경우 상표국에 이의를 제기할 수 있다. 공고기간 내 이의신청이 없으면 등록을 허가하고 상표등록증을 발급하며 이를 공고한다.
제44조 기등록된 상표가 본 법 제10조, 제11조, 제12조 규정을 위반했거나 사기수단이나 기타 부당한 수단으로 등록을 취득한 경우, 상표국은 해당 등록상표에 대해 무효선고를 내린다. 기타 기업 및 사업단위나 개인은 상표평심위원회에 해당 등록상표에 대해 무효선고를 청구할 수 있다. (이하 생략)	**제44조** 기등록된 상표가 본 법 <u>제4조,</u> 제10조, 제11조, 제12조, <u>제19조 제4항</u> 규정을 위반했거나 사기수단이나 기타 부당한 수단으로 등록을 취득한 경우, 상표국은 해당 등록상표에 대해 무효선고를 내린다. 기타 기업 및 사업단위나 개인은 상표평심위원회에 해당 등록상표에 대해 무효선고를 청구할 수 있다. (이하 생략)
제63조 상표전용권 침해의 배상액은 권리자가 침해로 인해 입은 실제 손해에 따라 결정한다. 실제 손해액을 산정하기 어려운 경우 권리침해자가 침해행위로 얻은 이익에 따라 산정할 수 있다. 권리자의 손해나 권리침해자가 얻은 이익을 산정하기 어려운 경우 해당 상표허가권의 사용료의 배수를 참조하여 합리적으로 산정한다. 악의적인 상표전용권의 침해와 정황이 심각한 경우 상술한 방법에 따라 산정한 액수의 1배에서 3배 이하를 배상액으로 확정할 수 있다. 배상액은 권리자가 권리침해행위를 제지하기 위해 사용한 합리적 지출을 포함해야 한다. (중략) 권리자가 권리침해로 인해 입은 실제손해, 권리침해자가 권리침해로 얻은 이익, 등록상표사용허가료의 산정이 어려운 경우 인민법원에서 권리침해행위의 경중을 근	**제63조** 상표전용권 침해의 배상액은 권리자가 침해로 인해 입은 실제 손해에 따라 결정한다. 실제 손해액을 산정하기 어려운 경우 권리침해자가 침해행위로 얻은 이익에 따라 산정할 수 있다. 권리자의 손해나 권리침해자가 얻은 이익을 산정하기 어려운 경우 해당 상표허가권의 사용료의 배수를 참조하여 합리적으로 산정한다. 악의적인 상표전용권의 침해와 정황이 심각한 경우 상술한 방법에 따라 산정한 액수의 1배에서 <u>5배 이하</u>를 배상액으로 확정할 수 있다. 배상액은 권리자가 권리침해행위를 제지하기 위해 사용한 합리적 지출을 포함해야 한다. (중략) 권리자가 권리침해로 인해 입은 실제손해, 권리침해자가 권리침해로 얻은 이익, 등록상표사용허가료의 산정이 어려운 경우 인민법원에서 권리침해행위의 경중을 근

거로 3백만 위안 이하의 배상을 판결한다.	거로 5백만 <u>위안</u> 이하의 배상을 판결한다. <u>인민법원이 상표분쟁사건을 심리하여, 권리자의 청구를 받아들이는 경우, 가짜 등록상표를 부착한 상품에 대해서, 특별한 상황을 제외하고, 폐기를 명령한다. 가짜 등록상표 상품을 만들기 위한 주요한 재료, 도구에 대해서 폐기를 명하고, 보상하지 않는다. 특별한 상황이 있는 경우, 전술한 재료, 도구의 상업적 유통을 금지하고, 보상하지 않는다.</u> <u>가짜 등록상표를 부착한 상품은 가짜 등록상표를 제거해도 상업적 유통이 금지된다.</u>
제68조 상표대리기구의 행위가 아래 중 1개에 해당하는 경우 공상행정관리부문에서 기한 내 시정을 명하고 동시에 경고하며 1만 위안 이상 10만 위안 이하의 벌금을 물린다. 직접적 책임이 있는 실무자와 기타 직접 책임자에게 경고하고 5천 위안 이상 5만 위안 이하의 벌금을 물린다. 범법행위가 성립한 경우 법에 의거하여 형사책임을 추궁한다. (1) 상표업무 처리과정에서 위조, 변경하거나 또는 위조, 변경된 법률문서, 인장, 서명을 사용한 경우 (2) 타 상표대리기구를 비방하는 등의 수단으로 상표대리업무를 유치하거나 기타 부당한 수단으로 상표대리업계 질서를 어지럽힌 경우 (3) 본 법 제19조 제3항, 제4항의 규정을 위반한 경우 상표대리기구가 전 항에서 규정한 행위에 해당하는 경우 공상행정관리부문에서 신용상황을 기록하고 보관한다. 정황이 심각한 경우 상표국, 상표평심위원회에서 해당 상표대리기관에 대해 영업중지를 결정하고 이를 공지할 수 있다.	**제68조** 상표대리기구의 행위가 아래 중 1개에 해당하는 경우 공상행정관리부문에서 기한 내 시정을 명하고 동시에 경고하며 1만 위안 이상 10만 위안 이하의 벌금을 물린다. 직접적 책임이 있는 실무자와 기타 직접 책임자에게 경고하고 5천 위안 이상 5만 위안 이하의 벌금을 물린다. 범법행위가 성립한 경우 법에 의거하여 형사책임을 추궁한다. (1) 상표업무 처리과정에서 위조, 변경하거나 또는 위조, 변경된 법률문서, 인장, 서명을 사용한 경우 (2) 타 상표대리기구를 비방하는 등의 수단으로 상표대리업무를 유치하거나 기타 부당한 수단으로 상표대리업계 질서를 어지럽힌 경우 (3) 본 법 <u>제4조,</u> 제19조 제3항, 제4항의 규정을 위반한 경우 상표대리기구가 전 항에서 규정한 행위에 해당하는 경우 공상행정관리부문에서 신용상황을 기록하고 보관한다. 정황이 심각한 경우 상표국, 상표평심위원회에서 해당 상표대리기관에 대해 영업중지를 결정하고 이를 공지할 수 있다.

상표대리기구가 성실과 신의의 원칙을 위반하고 의뢰인의 합법적 권익을 침해한 경우 법에 의거하여 민사책임을 져야 하고 상표대리업계는 정관 규정에 따라 징계해야 한다.	상표대리기구가 성실과 신의의 원칙을 위반하고 의뢰인의 합법적 권익을 침해한 경우 법에 의거하여 민사책임을 져야 하고 상표대리업계는 정관 규정에 따라 징계해야 한다. 악의적 상표등록출원에 대해서, 상황에 따라 경고, 벌금부과 등 행정처벌 한다. 악의적으로 상표소송를 제기하는 경우, 인민법원은 법의 의거하여 처벌한다.

〈부록 2〉 상표관련 관납료

업무명칭	관납료 기준	비고
상표출원료	300위안	지정상품 10개 초과 시 초과 1개마다 30위안 추가
단체표장출원료	1500위안	
증명표장출원료	1500위안	
등록증재발급비	500위안	
상표양도신청비	500위안	
존속기간갱신등록출원비	1000위안	
거절불복심판비	750위안	
이의신청료	500위안	
무효심판청구비	750위안	
상표사용허가계약서등록비	150위안	
상표대리인 변경	250위안	
불사용취소신청비	500위안	

서식 1: 대리인위임장

商 标 代 理 委 托 书
(示范文本)

委托人 ＿＿＿＿＿＿＿＿＿＿＿＿＿＿＿＿是＿＿＿＿＿＿＿国国籍,
依＿＿＿＿＿国法律组成, 现委托＿＿＿＿＿＿＿＿＿＿＿＿＿＿代
理＿＿＿＿＿＿＿＿＿＿商标的如下 "✔"事宜。

위임인 ＿＿ 는 ＿＿ 국적이며, ＿＿국 법률에 의거, ＿＿에 ＿＿ 다음 "✔"표시
한 상표의 대리를 의뢰한다.

□ 商标注册申请(상표등록출원)
□ 商标异议申请(상표이의신청)
□ 商标异议答辩(상표이의답변)
□ 更正商标申请/注册事项申请(상표출원
/등록사항정정신청)
□ 变更商标申请人/注册人名义/地址(출
원인/등록인/주소변경)
□ 变更集体商标/证明商标管理规则/集体
成员名单申请(단체표장/증명표장관리
규칙/단체구성원명단변경신청)
□ 变更商标代理人/文件接收人申请(상표
대리인/문서접수인 변경 신청)
□ 删减商品/服务项目申请(상품/서비스
업 감축신청)
□ 商标续展注册申请(상표갱신신청)
□ 转让/移转申请/注册商标申请书(양도/
이전신청)
□ 商标使用许可备案(상표사용허가등록)
□ 变更许可人/被许可人名称备案(허가인
/피허가인명칭변경등록)
□ 商标使用许可提前终止备案(상표사용

허가사전종료등록)
□ 商标专用权质权登记申请(상표전용권
질권등기신청)
□ 商标专用权质权登记事项变更申请(상
표전용권질권등기사항변경신청)
□ 商标专用权质权登记期限延期申请(상
표전용권질권등기기한연기신청)
□ 商标专用权质权登记证补发申请(상표
전용권질권등기증 재발급신청)
□ 商标专用权质权登记注销申请(상표전
용권질권등기말소신청)
□ 商标注销申请(상표말소신청)
□ 撤销连续三年不使用注册商标申请(3년
불사용 등록상표취소신청)
□ 撤销成为商品/服务通用名称注册商标
申请(상품/서비스업보통명칭으로 인한
등록상표취소신청)
□ 撤销连续三年不使用注册商标提供证
据(3년불사용 등록상표취소 관련 증거)
□ 撤销成为商品/服务通用名称注册商标
答辩(상표/서비스업 보통명칭으로 등록

상표취소에 대한 답변)

□ 补发变更/转让/续展证明申请(변경/양도/갱신증명재발급 신청)

□ 补发商标注册证申请(상표등록증재발급 신청)

□ 出具商标注册证明申请(상표등록증발급 신청)

□ 出具优先权证明文件申请(우선권증명서류발급 신청)

□ 撤回商标注册申请(상표등록취소 신청)

□ 撤回商标异议申请(상표이의취소 신청)

□ 撤回变更商标申请人/注册人名义/地址(상표출원인/등록인명칭주소 변경 취소 신청)

□ 变更集体商标/证明商标管理规则/集体成员名单申请(단체표장/증명표장관리규칙/단체구성원명단 변경신청)

□ 撤回变更商标代理人/文件接收人申请

(상표대리인/문서접수인 변경철회신청)

□ 撤回删减商品/服务项目申请(상품/서비스업 감축철회신청)

□ 撤回商标续展注册申请(상표갱신등록취소신청)

□ 撤回转让/移转申请/注册商标申请(등록상표 양도이전 취소 신청)

□ 撤回商标使用许可备案(상표사용허가등록취소)

□ 撤回商标注销申请(상표말소철회신청)

□ 撤回撤销连续三年不使用注册商标申请(3년불사용취소신청을 취소하는 신청)

□ 撤回撤销成为商品/服务通用名称注册商标申请(상품/서비스업의 보통명칭으로인한 등록상표취소신청에 대한 취소신청

□ 其他_____(기타)

委托人地址 *위임인주소* _____

联 系 人 _____*연락인*_____

电 话 _____*전화*_____

邮 政 编 码 _____*우편번호*_____

委托人章戳(签字) *위탁자 날인서명*

年   月

商 标 注 册 申 请 书

申请人名称(中文)：*(출원인명칭(중문))*

(英文)：　　*(영문)*

申请人国籍/地区：*(출원인 국적/주소)*

申请人地址(中文)：*(출원인 주소(중문))*

(英文)：　　*(영문)*

邮政编码：*(우편번호)*

联系人：*(연락인)*

电话：*(전화)*

代理机构名称：*(대리기구명칭)*

外国申请人的国内接收人：*(외국출원인의 국내접수인)*

国内接收人地址：*(국내접수인 주소)*

邮政编码：*(우편번호)*

商标申请声明：集体商标(단체표장)　　　证明商标(증명표장)

(상표출원성명)

以三维标志申请商标注册(입체표장으로 상표등록출원)

以颜色组合申请商标注册(색채조합으로 상표등록출원)

以声音标志申请商标注册(소리표장으로 상표등록출원)

两个以上申请人共同申请注册同一商标
(2인 이상의 출원인 공동으로 동일상표 출원)

要求优先权声明：基于第一次申请的　基于展会的优先　优先权证明文件
(우선권성명)　　优先权(제1차 출원　权(전시회의 우선　后补(우선권증명
　　　　　　　의 우선권에 기초)　권에 기초)　　　문서보완)

申请/展出国家/地区：출원/전시회출품국가

申请/展出日期：출원/출품시기

申请号：출원번호

下框为商标图样粘贴处。图样应当不大于10×10cm，不小于5×5cm。以颜色组合或者着色图样申请商标注册的，应当提交着色图样并提交黑白稿1份；不指定颜色的，应当提交黑白图样。以三维标志申请商标注册的，应当提交能够确定三维形状的图样，提交的商标图样应当至少包含三面视图。以声音标志申请商标注册的，应当以五线谱或者简谱对申请用作商标的声音加以描述并附加文字说明；无法以五线谱或者简谱描述的，应当使用文字进行描述；商标描述与声音样本应当一致。

(아래 네모칸에 상표견본을 붙일 것. 견본은 10×10cm보다 커서는 안 되고, 5×5cm보다 작으면 안 됨. 색채상표 혹은 착색된 도형상표출원은, 착색된 도형과 흑백본을 각각 제출해야 함. 색채를 지정하지 않을 경우 흑백도형을 제출할 것. 입체표장으로 출원 시, 입체형식의 견본을 제출해야 하고, 제출된 상표견본은 최소한 3면 투시도이어야 함. 소리상표출원은, 오선보 혹은 악보로 상표의 소리를 표현하고, 문자로 부가적인 설명을 해야 함; 오선보 혹은 악보로 설명할 수 없는 경우, 문자를 사용하여 설명해야 함. 상표 설명과 소리견본은 일치해야 함)

商标说明：*(상표설명)*

类别：*(유별)*
商品/服务项目：*(상품/서비스업)*

类别：*유별*
商品/服务项目：*상품/서비스업*

驳回商标注册申请复审申请书
（首页）

申请商标：*(출원상표)*

类别：*(상품류)*

申请号/国际注册号：*(출원번호/국제등록번호)*

商标局发文号：*(상표국발송번호)*

申请人名称：*(청구인명칭)*

通信地址：*(주소)*

邮政编码：*(우편번호)*

联系人：*(연락자)*

联系电话(含区号)：*(연락처)*

商标代理机构名称：*(상표대리기구명칭)*

联系人：*(연락자)*

联系电话(含区号)：*(연락번호)*

是否需要提交补充证据材料：是 □ ；否 □

(보충증거자료 제출 여부)

申请人章戳(签字)　　　　　　　　商标代理机构章戳

　　　　　　　　　　　　　　　　代理人签字：

　年　月　日　　　　　　　　　　　年　月　日

驳回商标注册申请复审申请书
（正文样式）

申请人名称：*(청구인명칭)*

通信地址：*(주소)*

法定代表人或负责人姓名：*(법정대표자 혹은 담당자 성명)*

职务：*(직무)*

商标代理机构名称：*(상표대리기구 명칭)*

地址：*(주소)*

评审请求与法律依据：*(심판청구 및 법률근거)*

事实与理由：*(사실 및 이유)*

附件：*(첨부)*

申请人章戳(签字)

商标代理机构章戳

代理人签字：

年　　月　　日

商 标 异 议 申 请 书

被异议商标：*(피이의신청상표)*

被异议类别：*(피이의신청상품류)*

商标注册号：*(상표등록번호)*

初步审定公告期：*(초보심사공고시기)*

被异议人名称：*(피이의신청인명칭)*

被异议人地址：*(피이의신청인주소)*

被异议人代理机构名称：*(피이의신청인대리기구명칭)*

异议人名称：*(이의신청인 명칭)*

异议人地址：*(이의신청인 주소)*

邮政编码：*(우편번호)*

联系人：*(연락자)*

电话：*(전화)*

是否提交补充材料：　　　是 □　　　否 □

(보충자료제출여부)

异议人代理机构名称：*(이의신청인대리기구명칭)*

异议请求和事实依据：*(이의청구 및 사실근거)*

异议人章戳(签字)：　　　　　　　　　代理机构章戳：

代理人签字：

注册商标无效宣告申请书
(首页)

争议商标：*(분쟁상표)*

类别：*(상품류)*

注册号/国际注册号：*(등록번호/국제등록번호)*

★引证商标：*(인용상표)*

★类别：*(상품류별)*

★申请号/注册号/国际注册号：*(출원번호/등록번호/국제등록번호)*

申请人名称：*(청구인명칭)*

通信地址：*(주소)*

邮政编码：*(우편번호)*

联系人：*(연락자)*

联系电话(含地区号)：*(연락번호)*

商标代理机构名称：*(상표대리기구명칭)*

联系人：*(연락자)*

联系电话(含地区号)：*(전화번호)*

被申请人名称：*(피청구인명칭)*

地址：*(주소)*

是否需要提交补充证据材料：是 □ ；否 □

(보충증거자료 제출여부)

申请人章戳(签字)　　　　　　　　商标代理机构章戳

　　　　　　　　　　　　　　　　代理人签字：

　　年　月　日　　　　　　　　　　年　月　日

注册商标无效宣告申请书
（正文样式）

申请人名称：*(청구인명칭)*

通信地址：*(주소)*

法定代表人或负责人姓名：*(법정대표자 혹은 담당자 성명)*

职务：*(직무)*

商标代理机构名称：*(상표대리기구명칭)*

地址：*(주소)*

被申请人名称：*(피청구인명칭)*

地址：*(주소)*

评审请求与法律依据：*(심판청구 및 법률근거)*

事实与理由：*(사실 및 이유)*

附件：*(첨부)*

申请人章戳(签字)　　　　　　　　商标代理机构章戳

　　　　　　　　　　　　　　　　代理人签字：

　　　　　　　　　　　　　　　　　年　月　日

商标不予注册复审申请书
（首页）

被异议商标：(*피이의신청상표*)

类别：(*상품류별*)

申请号/国际注册号：(*출원번호/국제등록번호*)

商标局发文号：(*상표국발송번호*)

申请人名称：(*출원인명칭*)

通信地址：(*주소*)

邮政编码：(*우편번호*)

联系人：(*연락자*)

联系电话(含区号)：(*전화번호*)

商标代理机构名称：(*상표대리기구명칭*)

联系人：(*연락자*)

联系电话(含区号)：(*연락번호*)

原异议人名称：(*원이의신청인명칭*)

地址：(*주소*)

是否需要提交补充证据材料：是 □ ; 否 □

(*보충증거자료 제출여부*)

申请人章戳(签字)　　　　　　　　商标代理机构章戳

　　　　　　　　　　　　　　　　代理人签字：

　　年　月　日　　　　　　　　　　年　月　日

商标不予注册复审申请书
（正文样式）

申请人名称：*(출원인명칭)*

通信地址：*(주소)*

法定代表人或负责人姓名：*(법정대표자 혹은 담당자 성명)*

职务：*(직무)*

商标代理机构名称：*(상표대리기구명칭)*

地址：*(주소)*

原异议人名称：*(원이의신청인 명칭)*

地址：*(주소)*

评审请求与法律依据：*(심판청구 및 법률근거)*

事实与理由：*(사실 및 이유)*

附件：*(첨부)*

申请人章戳(签字)　　　　　　　　　　商标代理机构章戳

　　　　　　　　　　　　　　　　　　代理人签字：

　　年　月　日

★本申请书副本＿＿份

撤销连续三年不使用注册商标申请书

申请人名称：*(청구인명칭)*

申请人地址：*(청구인주소)*

邮政编码：*(우편번호)*

联系人：*(연락자)*

电话：*(전화번호)*

代理机构名称：*(대리기구명칭)*

商标注册人：*(상표등록자)*

商标注册号：*(상표등록번호)*

商标：*(상표)*

类别：*(상품류별)*

撤销商品/服务项目：*(취소상품/서비스업 품목)*

撤销理由：*(취소이유)*

申请人章戳(签字)：　　　　　　　　　　代理机构章戳：

代理人签字：

转让/移转申请/注册商标申请书

转让人名称(中文)：*(양도자명칭(중문))*

(英文)：*(영문)*

转让人地址(中文)：*(양도인 주소(중문))*

(英文)：*(영문)*

受让人名称(中文)：*(양수인명칭(중문))*

(英文)：*(영문)*

受让人地址(中文)：*(양수인주소(중문))*

(英文)：*(영문)*

邮政编码：*(우편번호)*

联系人：*(연락자)*

电话：*(전화번호)*

外国受让人的国内接收人：*(외국양수인의 국제수령인)*

国内接收人地址：*(국내수령인 주소)*

邮政编码：*(우편번호)*

代理机构名称：*(대리기구명칭)*

商标申请号/注册号：*(상표출원번호/등록번호)*

是否共有商标：*(공유상표여부)*　□ 是　　□ 否

转让人章戳(签字)：　　　　　　　　受让人章戳(签字)：

代理机构章戳：　　　　　　　　　　代理人签字：

商标使用许可备案表

许可人名称(中文)：*(허가인 명칭(중문))*

　　　　(英文)：*(영문)*

许可人地址(中文)：*허가인 주소*

　　　　(英文)：

被许可人名称(中文)：*피허가인 명칭*

　　　　　(英文)：

被许可人地址(中文)：*피허가인 주소*

　　　　　(英文)：

邮政编码：*우편번호*

联系人：*연락자*

电话：*전화번호*

代理机构名称：*대리기구명칭*

商标注册号：*상표등록번호*

是否共有商标*(상표공유여부)*：□ 是　　　□ 否

再许可*(재허가여부)*：□ 是

许可人原备案号：*허가인 원등록번호*

许可期限：*허가기간*

许可使用的商品/服务项目(分类填写)：*사용을 허가한 상품/서비스업*

许可人章戳(签字)：　　　　　　　　被许可人章戳(签字)：

代理机构章戳：　　　　　　　　　　代理人签字：

商标专用权质权登记申请书

质权人名称(中文)：*(질권자명칭(중문))*

　　　　　(英文)：*(영문)*

质权人地址：*(질권자 주소)*

法定代表人：*(법정대표자)*

电话(含地区号)：*(전화)*

邮政编码：*(우편번호)*

代理机构名称：*(대리기구명칭)*

出质人名称(中文)：*(질권설정자 명칭(중문))*

　　　　　(英文)：*(영문)*

出质人地址：*(질권설정자 주소)*

法定代表人：*(법정대표자)*

电话(含地区号)：*(전화)*

邮政编码：*(-우편번호)*

代理机构名称：*(대리기구명칭)*

出质商标注册号：*(질권설정상표등록번호)*

担保债权数额：*(담보채권액수)*

质权登记期限：*(질권등기기한)*　　　自　　　　　至　　　　　。

质权人章戳(签字)：　　　　　　　　出质人章戳(签字)：

代理机构章戳：　　　　　　　　　　代理机构章戳：

代理人签字：　　　　　　　　　　　代理人签字：

이종기 (李宗基)

한국변리사, 중국 중과(中科, China Science) 특허법인 근무(現), KAIST 지식재산전략 최고
위(AIP) 과정 강사(現)

주요경력 특허청 상표심사관, 상표심판관 등 역임, 중국 국가지식산권국(특허청) 파견관
근무 등

학 력 중국 사회과학원 법학석사(지식재산권 전공), 부산대 법학과 졸업

저 서 国外及我国港澳台专利申请策略(해외특허출원전략): 2018년 중국 출판, 공저
韓国商标法(한국상표법): 2013년 중국 출판

E-mail aroma4275@naver.com

정일남(丁一男)

한국변리사(40기), 특허청 서기관(現)

주요경력 다익종합법률사무소 · 법무법인 정평 근무, 특허청 경력채용(산업재산정책과, 건
설기술심사과, 상표심사정책과, 산업재산보호정책과 등 근무)

학 력 중국 인민대학교 법학박사(지식재산권 전공), 중국 산동대학교 법학석사, 경희대 건
축공학과 졸업

논 문 商业外观保护制度研究(트레이드드레스 보호제도 연구, 박사논문)
论非传统商标的法律保护(비전형상표보호연구, 석사논문)

E-mail jin_pat@naver.com

중국진출 첫걸음
중국상표 톡 톡
-
초판 인쇄 2019년 11월 1일
초판 발행 2019년 11월 8일
-
지은이 이종기 · 정일남
펴낸이 이방원
-
펴낸곳 세창출판사
신고번호 제300-1990-63호
주소 03735 서울시 서대문구 경기대로 88 냉천빌딩 4층
전화 02-723-8660 팩스 02-720-4579
이메일 edit@sechangpub.co.kr 홈페이지 www.sechangpub.co.kr
-
ISBN 978-89-8411-912-3 93360